W0379339

*Si vous désirez recevoir le catalogue de nos parutions,
il vous suffit d'écrire à la maison d'édition
en mentionnant vos nom et adresse.*

LA MAGIE
DE CROIRE

Cet ouvrage a été publié sous le titre original:
THE MAGIC OF BELIEVING
par Prentice-Hall Inc. Englewood Cliffs, New Jersey, U.S.A.
Copyright ©1976 by Claude M. Bristol

Copyright ©1979 par
Les éditions Un monde différent ltée
Pour l'édition en langue française
Dépôts légaux 3e trimestre 1979
Bibliothèque Nationale du Québec
Bibliothèque Nationale du Canada

Cinquième édition, 1993

Conception graphique de la couverture:
PHILIPPE BOUVRY

Traduit de l'anglais par:
JOHANNE BÉLANGER

ISBN-2-9200-0018-7

Claude M. Bristol

LA MAGIE DE CROIRE

Les éditions Un monde différent ltée
3925, Grande-Allée
Saint-Hubert (Québec)
Canada J4T 2V8

«Tout est possible à celui qui croit.» (Marc 9:23)

Table des matières

Introduction

Chapitre I: Comment j'en suis arrivé à exploiter le pouvoir de la foi 13

Chapitre II: Expériences psychiques 41

Chapitre III: Qu'est-ce que le subconscient? 65

Chapitre IV: La suggestion est une puissance 75

Chapitre V: L'art de la perception mentale 107

Chapitre VI: La libération du subconscient par la technique du miroir 143

Chapitre VII: Comment transmettre vos pensées 163

Chapitre VIII: Les femmes et la magie de croire 199

Chapitre IX: La foi concrétise les rêves 237

Introduction

«L'erreur, cher Brutus, n'est pas dans nos astres, mais en nous-mêmes; nous sommes des subalternes.»
— Shakespeare

D'une façon générale, les gens s'intéressent plus à eux et à leur réussite qu'à n'importe quoi d'autre. Pour cette raison, ce livre de Claude M. Bristol, devrait avoir un très grand succès.

Dans un langage direct et simple, M. Bristol y énonce certains principes de base concernant la concentration de toutes les facultés mentales pour la réalisation d'objectifs pratiques. Il illustre ces possibilités par des histoires vécues, plusieurs par lui-même, d'autres observées lors de sa longue carrière de journaliste et d'homme d'affaires. Il a beaucoup voyagé dans le monde entier et a très longtemps étudié ce qu'on appelle *les choses de l'esprit.*

Claude Bristol a, depuis vingt ans, aidé les gens à s'aider eux-mêmes et je me suis familiarisé avec ce que l'auteur a fait de son thème durant cette période. De plus, je connais intimement les personnes mentionnées dans ce livre intéressant, ainsi que les différents succès qu'elles ont obtenus.

M. Bristol est convaincu que nous pouvons atteindre n'importe quel but, à condition d'en être persuadé, et il présente de nombreuses preuves à l'appui de cette idée. Il ne prétend pas être un psychiatre, mais ses remarques sur les rapports existant entre le moral et la santé sont excessivement intéressantes.

La magie de croire ne plonge pas dans l'occulte. Mais ce livre n'élimine pas non plus les possibilités d'existence de la télépathie et de la puissance du subconscient.

La magie de croire devrait être une inspiration pour quiconque le lit attentivement parce que, dans son développement et sa documentation, c'est une illustration très claire qui nous démontre comment une personne vraiment intéressée peut atteindre ses ambitions en se servant de sa *force mentale.*

Ayant combattu lors de la Première Guerre mondiale, ayant été en contact avec les soldats de la Deuxième Guerre mondiale, et étant conscient des problèmes d'après-guerre, j'aimerais voir ce livre entre les mains de chaque homme ou femme ayant repris la vie civile et de tous ceux qui veulent vraiment se tailler une place dans les années à venir.

Palmer Hoyt
Éditeur
Denver Post
Denver, Colorado

I/Comment j'en suis arrivé à exploiter le pouvoir de la foi

Y a-t-il quelque chose, une force, un facteur, une puissance, une science — appelez cela comme vous voulez — que quelques-uns comprennent et utilisent pour vaincre leurs difficultés et parvenir à un succès éminent? Je crois fermement que cela existe, et c'est mon devoir, dans cette première interprétation complète du sujet, d'essayer de vous l'expliquer afin que vous puissiez vous en servir à votre tour.

Il y a environ quinze ans, l'éditeur financier d'un grand journal de Los Angeles, après avoir assisté à certaines conférences que j'avais données à des hommes d'affaires de cette ville, et après avoir lu ma brochure *T.N.T - It rocks the earth* (T.N.T. La Terre est Ébranlée), écrivit:

> «Vous avez capté de là-haut quelque chose de mystique — quelque chose qui explique le mystère de la coïncidence, le secret de ce qui rend l'homme chanceux.»

Je me suis aperçu qu'il y avait là matière à réflexion, mais à aucun moment je n'ai vu quoi que ce soit de mystique à ce mystère, sauf peut-être dans la mesure où la majorité des gens l'ignore. Secret que les gens riches se sont toujours partagé à travers les siècles mais, pour une raison quelconque, que l'homme de la rue n'a jamais compris.

Il y a quelques années, lorsque j'ai commencé à enseigner cette science par l'intermédiaire de conférences et de ma brochure, je n'étais pas certain de bien me faire comprendre par tous; mais maintenant que j'ai vu ceux qui l'ont utilisée doubler et tripler leurs revenus, bâtir leur entreprise de façon florissante, acheter des maisons à la campagne, et créer des fortunes colossales, je suis convaincu que n'importe quelle personne intelligente, sincère avec elle-même, peut atteindre le but qu'elle se fixe. Je n'avais pas l'intention d'écrire un deuxième livre, bien que plusieurs me le demandaient; mais il y a quelques mois, une femme travaillant dans le domaine de l'édition et qui avait vendu plusieurs exemplaires de ma première brochure, a réussi à me convaincre en disant: «Vous avez un devoir à remplir envers les anciens officiers de service, et envers tous ceux qui cherchent à se faire une place dans un monde d'après-guerre; vous devez mettre à leur portée l'essence de *T.N.T. - It rocks the earth* (T.N.T. La Terre est Ébranlée), et de tout ce qui a fait le sujet de vos conférences. Tous les ambitieux veulent aller de l'avant et vous avez démontré que vous possédez un secret qui peut aider n'importe qui; vous devez le faire connaître.»

Il m'a fallu un certain temps pour me faire à l'idée, mais ayant été soldat à la Première Guerre mondiale, surtout en France et en Allemagne, officier actif dans les organismes d'anciens combattants et, pendant plusieurs années, membre d'une commission d'État venant en aide à la réhabilitation des anciens soldats, hommes et femmes, je me suis rendu compte qu'il n'était pas facile de se tailler une place dans un monde dont on a été séparé pendant longtemps. C'est en pensant à tous ces gens et à tous les hommes et femmes faisant preuve d'ambition que je désire sincèrement aider, que j'écris ce livre détaillé et complet sur *LA MAGIE DE CROIRE*.

Je sais qu'il existe dans ce pays des forces puissantes oeuvrant à nous dominer, en substituant une sorte de régime au système de compétition, qui a fait de l'Amérique, la plus grande des nations. Ces forces essaient de détruire l'initiative et la pensée individuelle qui sont nôtres depuis que les premiers colons ont foulé cette terre en défiant la tyrannie du monde ancien. Je crois que nous devons garder la richesse d'esprit de nos ancêtres, car si nous ne le faisons pas, nous risquons d'être dominés dans toutes nos entreprises par une poignée d'hommes qui nous réduiront à l'esclavage. C'est donc pour aider à développer l'initiative et la pensée individuelle que ce livre a été écrit.

Puisque je suis conscient du fait que ce livre peut tomber dans les mains de quelques-uns qui pourraient me qualifier de fou ou d'écervelé, laissez-moi vous dire que j'ai plus de cinquante ans, que je me suis longtemps débattu dans les affaires et que j'ai aussi un bon nombre d'années d'expérience en tant que journaliste. J'ai débuté comme journaliste à la section policière; or ces jounalistes sont entraînés à recueillir les faits et à ne rien prendre pour acquis. Puis, pendant deux ans, j'ai été chroniqueur religieux dans un grand journal métropolitain; pendant cette période, j'ai été en contact étroit avec des prêtres et des chefs de divers sectes et cultes, des psychiatres, des guérisseurs divins, des spirites, des Scientifiques chrétiens, des Nouveaux Penseurs, des chefs d'unité, des adorateurs du soleil et d'idoles, et aussi de quelques infidèles et païens.

Gypsy Smith, un évangéliste anglais très connu, faisait à ce moment-là une tournée en Amérique et, comme j'avais pris l'habitude de m'asseoir sur l'estrade soir après soir, pour voir les gens se pousser, quelques-uns sanglotant et d'autres criant hystériquement, je commençais à me poser des questions.

Je me suis encore posé des questions alors que j'accompagnais les policiers qui répondaient à un appel concernant une émeute, au cours de laquelle quelques

Holy Rollers, dans un moment d'hystérie renversèrent un poêle à bois et mirent le feu à leur salle de réunion. Lorsque j'ai assisté à ma première et dernière réunion des Shakers, je me posais des questions, comme je le faisais au cours de nombreuses réunions spirites. Et lorsque j'ai entendu les témoignages des Scientifiques chrétiens lors de leur réunion du mercredi soir... Lorsque j'ai été témoin d'un groupe de blancs immergés dans l'eau glacée d'un torrent et ressortant, claquant des dents et criant *Alleluia*... Lorsque je voyais les danses rituelles des Indiens pour appeler la pluie. Billy Sunday m'a laissé perplexe comme, plus tard, l'a fait Aimee Semple McPherson.

En France, pendant la Première Guerre, je m'émerveillais de la foi simple du paysan et du pouvoir de l'aumônier du village. Les histoires des soi-disant miracles de Lourdes, et celles d'autres miracles semblables se produisant ailleurs étaient également très intéressantes. Lorsque j'ai vu, dans une vieille église romaine très connue, des femmes âgées monter à genoux un immense escalier afin de contempler une urne sacrée — exercice déjà difficile pour un jeune athlète — je me suis émerveillé.

Les affaires m'ont mis en contact avec les Mormons, et lorsque j'ai entendu parler de l'histoire de Joseph Smith et des révélations faites sur les tablettes d'or, je me suis encore étonné. Les Dukhobors de l'Ouest du Canada, qui enlevaient leurs vêtements lorsqu'ils étaient insultés, m'ont aussi impressionné. Au cours d'un voyage en Hawaii, j'ai entendu parler des pouvoirs des kahunas qui pouvaient, en priant, disait-on, apporter la vie ou la mort aux gens. Les puissants pouvoirs attribués aux kahunas m'ont profondément marqué.

À mes débuts comme journaliste, j'ai vu un excellent médium essayer d'invoquer les esprits devant un public railleur et antagoniste. Le juge lui avait promis la liberté s'il arrivait à faire parler les esprits dans la salle d'audience. Les esprits ne se sont pas matérialisés et je me demandais pourquoi, car les partisans du médium avaient prétendu avoir assisté à de remarquables séances antérieures.

Plusieurs années plus tard, on m'a demandé d'écrire une série d'articles sur ce que l'on appelle *la combine des diseurs de bonne aventure*. J'ai tout visité, des phrénologues gitans à ceux qui lisent dans la boule de cristal, des astrologues aux médiums spirites. Il m'a été donné d'entendre les prétendues voix de vieux guides indiens révélant le passé, le présent et prédisant l'avenir, et j'ai aussi entendu la voix de parents dont je ne connaissais même pas l'existence.

À plusieurs reprises, je me suis retrouvé dans une chambre d'hôpital où certains mouraient, alors que d'autres, apparemment plus atteints, guérissaient rapidement. J'ai connu des gens paralysés partiellement qui se sont rétablis en quelques jours. J'ai connu des gens qui disaient avoir vaincu leurs rhumatismes et leur arthrite en portant un bracelet de cuivre autour du poignet - d'autres par guérison mentale. De parents et d'amis, j'ai entendu des histoires sur la disparition subite des verrues sur les mains. J'ai souvent entendu parler de gens qui se sont laissé mordre par des serpents à sonnettes et qui sont demeurés en vie; j'ai entendu des centaines de récits de guérison et d'événements mystérieux. De plus, je me suis familiarisé avec la vie des personnages illustres, j'ai rencontré et interviewé des hommes et des femmes remarquables dans tous les domaines des réalisations humaines, et je me suis souvent demandé qu'est-ce qui les avaient menés au sommet. J'ai vu des entraîneurs prendre des équipes de baseball et de football apparemment médiocres et leur infuser quelque chose qui les a fait gagner. Pendant la Dépression, j'ai vu des organismes de ventes, en mauvaise posture, faire une brusque volte-face et réussir dans les affaires comme jamais auparavant.

Je suis très curieux de nature et j'ai toujours éprouvé le besoin de connaître l'explication et la réponse. Ce désir ardent m'a mené en des lieux étranges, m'a aidé à comprendre plusieurs cas bizarres et m'a incité à lire tous les livres traitant de religion, cultes, sciences physiques et mentales sur lesquels j'ai pu mettre la main. J'ai lu littéralement des milliers de livres sur la psychologie moderne, la métaphysique, l'alchimie, le vaudou, le yoga, la théosophie, les Scientifiques chrétiens, l'Unité, la Vérité, la Pensée nouvelle, le Couéisme et plusieurs autres se rattachant à ce que j'appelle les choses de l'esprit, et sur les philosophies et enseignements des grands maîtres du passé.

Plusieurs étaient absurdes, d'autres étranges et beaucoup, très profonds. Peu à peu, j'ai découvert qu'un fil d'or traversait tous les enseignements et que ces derniers donnent des résultats positifs à tous ceux qui les acceptent sincèrement et les appliquent; et ce fil, c'est la foi. La foi est ce même élément ou facteur qui fait que des gens se guérissent par l'esprit, que d'autres atteignent un niveau très haut de réussite et qui produit des résultats absolument incroyables pour tous ceux qui l'acceptent. Comment la foi permet d'accomplir de tels miracles, c'est quelque chose que l'on ne peut expliquer; mais n'en doutez point, la magie de croire existe. *La magie de croire* est une phrase qui a occupé toutes mes pensées.

Je suis convaincu que les sociétés secrètes et les confréries se partagent un *secret des dieux* que très peu de membres saisissent, et la conclusion en est «qu'aucun esprit ne peut recevoir la vérité tant qu'il n'est pas prêt à la recevoir». Dans une communauté, on remet aux candidats un livre très approfondi (qui doit être étudié parallèlement aux autres), qui expose à qui peut les comprendre, les secrets de la vie à condition d'en suivre les doctrines; mais très peu le lisent, commentant qu'il est trop calé. Je suis également convaincu que quelques-uns de ces organismes comme les sociétés secrètes, qui ont une connaissance et une compréhension de la vie ont recours à des paraboles et à de fausses interprétations pour tromper le grand public.

Lorsque *T.N.T. - It rocks the earth* (T.N.T. La Terre est Ébranlée) a été publié pour la première fois, je pensais qu'il serait facile à comprendre car je l'avais écrit simplement; mais, au cours des années, je me suis aperçu que des lecteurs protestaient car il était trop condensé, alors que d'autres déclaraient qu'ils n'y comprenaient rien. J'avais assumé que la plupart des gens avaient déjà entendu parler du pouvoir de la pensée. Je m'étais trompé, et j'ai réalisé que très peu de gens, comparativement à ce que je croyais, comprenaient le sujet. Plus tard, pendant que je donnais des conférences dans des clubs, des organismes de vente et d'affaires j'ai découvert que bien qu'énormément de gens s'intéressaient au sujet, je devais l'expliquer en détail. Finalement, j'ai décidé d'écrire ce livre en des termes populaires, avec l'espoir que cela aiderait les gens à atteindre leur but dans la vie.

La science de la pensée est aussi vieille que l'homme lui-même. Les sages de tous les siècles l'ont connue et utilisée. La seule chose que l'écrivain a fait, c'est d'exprimer le sujet en langue moderne, attirant ainsi l'attention du lecteur sur ce que font les esprits éminents d'aujourd'hui pour justifier les grandes vérités apparues au cours des siècles.

Heureusement pour le monde, les gens en arrivent enfin à croire que la force mentale existe, et je crois que des millions de gens aimeraient en savoir plus et obtenir des preuves.

Je vais donc commencer par vous raconter quelques expériences personnelles espérant qu'en les apprenant, vous comprendrez mieux les principes fondamentaux de cette science. Au début de 1918, j'ai atterri en France en tant que simple soldat, sans être attaché à aucun régiment. En conséquence, il a fallu plusieurs semaines avant que mon dossier militaire, nécessaire pour que je touche une solde, me rejoigne. Pendant ce temps, je n'avais même pas l'argent pour acheter de la gomme à mâcher, des bonbons, des cigarettes et autres choses semblables, car le peu d'argent que j'avais avant d'embarquer, était passé à la cantine de bord pour pallier à la monotonie du menu. Chaque fois que je voyais un homme allumer une cigarette ou mâcher de la gomme, je pensais que je n'avais pas d'argent pour m'en offrir. Bien sûr, je mangeais et l'armée m'habillait et me fournissait un toit, mais je devenais acerbe parce que je n'avais pas d'argent et que je n'avais aucun moyen d'en obtenir. Un soir, alors que je me dirigeais vers l'avant d'un train bondé et que le sommeil était hors de question, je décidai qu'en revenant à la vie civile, «j'aurais beaucoup d'argent». C'est à ce moment-là que ma vie a changé.

C'est vrai, j'ai beaucoup lu dans ma jeunesse; la lecture de la Bible était obligatoire dans notre famille. Jeune, je me suis intéressé à la télégraphie sans fil, à la radiologie, aux appareils à haute fréquence et autres dispositifs électriques similaires, et j'avais lu tous les livres que j'avais pu trouver sur ces sujets. Mais alors que j'étais familiarisé à des termes tels que radiations, fréquences, vibrations, oscillations, influences magnétiques, etc., ils ne signifiaient rien pour moi, en dehors du domaine de l'électricité. Peut-être que la première notion d'un rapport entre l'esprit et les influences électriques ou vibratoires m'est venue alors que je terminais mes études de droit, un professeur m'ayant donné un vieux livre de Thomson Jay Hudson intitulé *Law of Psychic Phenomena* (Loi des Phénomènes Psychiques). Je ne l'ai lu que superficiellement. Je n'ai pas compris ce livre ou mon esprit n'était pas encore prêt à en recevoir les vérités profondes, car, lorsqu'en cette soirée décisive du printemps de 1918, je me suis dit qu'un jour je serais riche, je ne savais pas que je posais les fondations de toute une série de causes entraînant la libération des forces qui m'apporteraient la réussite. Comme de fait, la pensée que je pouvais bâtir une fortune par la seule force de mon esprit et de la foi ne m'est jamais venue à l'idée.

Sur ma carte d'identité de l'armée, j'étais classé comme journaliste. Je suivais des cours de l'école militaire afin d'obtenir un diplôme, mais le cours a été annulé au moment où je finissais; c'est pourquoi la plupart d'entre nous ont été envoyés en France comme soldats. Mais je me considérais comme un journaliste compétent et je savais qu'une meilleure place m'attendait dans l'A.E.F.; pourtant comme beaucoup d'autres, je me suis retrouvé en train de pousser des brouettes et de traîner des obus et autres munitions lourdes. Un soir, dans un dépôt de munitions près de Toul, les choses se sont mises à bouger. J'ai reçu l'ordre de me présenter chez le commandant, lequel m'a demandé qui je connaissais à l'état-major de l'armée. Je n'y connaissais personne, je ne savais même pas où il se trouvait, et le lui dit. Alors, il m'a montré un papier ordonnant que je me rende immédiatement au bureau de l'état-major. Une voiture et un chauffeur étaient prévus et le lendemain matin, je me retrouvais à l'état-major, responsable du bulletin de l'avance journalière. Je ne dépendais, à ce poste, que d'un colonel.

Pendant les mois qui ont suivi, j'ai souvent pensé à la commission à laquelle j'avais droit. Puis peu à peu, les maillons ont commencé à former une chaîne. Un jour, comme ça, un ordre est arrivé, entraînant ma mutation au journal de l'armée, le *Stars and Stripes;* j'avais toujours eu envie d'y appartenir, mais je n'avais jamais rien fait pour cela. Le jour suivant, comme je m'apprêtais à partir pour Paris, j'ai été convoqué chez le colonel qui me montra un télégramme signé par le bureau du capitaine-adjudant de l'état-major demandant si je pouvais être envoyé en mission. Le colonel me demanda si j'aimais mieux partir ou travailler au journal de l'armée. Prévoyant que la guerre allait bientôt se terminer et sachant que je serais plus heureux parmi les journalistes, je lui ai répondu que j'aimais mieux être transféré au *Stars and Stripes*. Je n'ai jamais su qui avait envoyé ce télégramme, mais les choses étaient maintenant de mon côté.

Après l'armistice, mon désir de quitter l'armée se faisait de plus en plus fort. Je voulais commencer à amasser cette fortune, mais le *Stars and Stripes* ne cessa sa publication qu'à l'été 1919, et je n'arrivais à la maison qu'en août. Cependant, les forces que j'avais inconsciemment déclenchées étaient déjà à l'oeuvre. Il était à peu près 9h30 lorsque le jour suivant mon arrivée, j'ai reçu un coup de fil du président d'un club au sein duquel j'avais été très actif. Il me dit d'appeler un homme assez haut placé dans le domaine de l'investissement bancaire et qui avait lu un article parlant de mon retour; celui-ci avait exprimé le désir de me rencontrer avant que je ne reprenne le travail de journaliste. Je lui ai donc téléphoné, et deux jours plus tard, je commençais une longue carrière de banquier, qui m'a plus tard mené à la vice-présidence d'une société bien connue de la côte du Pacifique.

Alors que mon salaire n'était pas très élevé au début, j'ai vite compris que j'étais dans un domaine où les occasions de gagner beaucoup d'argent ne manquaient pas. Comment j'allais réussir, je l'ignorais, mais «je savais» que je posséderais cette fortune à laquelle je pensais. Et en moins de dix ans, non seulement j'avais amassé une fortune importante, mais j'étais l'un des principaux actionnaires de la compagnie et j'avais effectué plusieurs excellents placements à l'extérieur. Pendant ces années, j'ai toujours eu devant moi l'image mentale de la richesse.

Nombreuses sont les personnes qui, en rêvassant ou en parlant au téléphone, se mettent à gribouiller - elles dessinent ou tracent sur papier des contours étranges. Mon gribouillage à moi était celui du signe de piastre comme ceux-là $$$$$-$$$$-$$$-$$, et ce, sur chaque morceau de papier qui passait sur mon bureau. Les chemises de classement, placées sur mon bureau quotidiennement étaient recouvertes de ces signes, tout comme l'étaient les annuaires téléphoniques, les carnets de brouillon, et les lettres importantes. Je veux que mes lecteurs le sachent parce que cela donne une idée des mécanismes mis en oeuvre pour l'application de cette magie qui sera expliquée en détail plus tard.

Au cours des années passées, j'ai pu me rendre compte que les problèmes qui tracassaient le plus les gens étaient les problèmes financiers, et depuis la guerre avec la concurrence, des millions de gens connaissent les mêmes problèmes. Cependant, peu importe à quelles fins cette science est utilisée, elle vous permettra d'atteindre votre but comme vous le démontre l'histoire qui suit.

Peu après que l'idée *T.N.T. - It rocks the earth* (T.N.T. La Terre est Ébranlée) me soit venue, et avant que j'entreprenne de l'écrire, j'ai décidé de faire un voyage en Orient et m'embarquai sur l'Empress of Japan, reconnu pour son excellente cuisine. Lors de mes voyages au Canada et en Europe, j'ai pris goût au fromage des trappistes (fabriqué par les moines trappistes du Québec), et n'ayant pu le trouver au menu du bateau, je me suis plaint en riant au commissaire, lui disant que je n'avais pris ce bateau que pour avoir ce fameux fromage. Il répondit qu'il était désolé, mais qu'il n'y en avait pas. Mais plus j'y pensais, et plus j'avais envie de ce fromage. Un soir de fête sur le bateau, en regagnant mes quartiers après minuit, j'ai remarqué qu'une grande table avait été dressée dans l'une des pièces et que dessus trônait la plus grosse meule de fromage que j'aie jamais vue. C'était un fromage des trappistes. Plus tard, je demandai au commissaire où il l'avait trouvé et il me répondit: «J'étais certain de ne pas en avoir à bord au moment où vous m'en avez parlé, mais vous sembliez en avoir tellement envie que j'ai fouillé tous les magasins du bateau. Nous l'avons trouvé dans une réserve de secours, au fond de la cale.» Et même dans ce voyage, les choses étaient de mon côté car je n'avais droit qu'au service régulier; pourtant, je me suis assis à la table du capitaine, qui m'a souvent invité dans ses quartiers et à l'accompagner lorsqu'il passait le bateau en revue.

Évidemment, le traitement de faveur dont j'avais été l'objet m'avait plu et à Honolulu, je me mis à penser qu'il serait agréable de recevoir une telle attention sur le chemin du retour, que je devais faire sur un autre bateau. Un après-midi, j'ai eu soudain l'envie de regagner le continent; je suis arrivé au guichet peu avant la fermeture et je me suis renseigné sur les places disponibles. On m'informa qu'un bateau partait le lendemain à midi et qu'il ne restait plus qu'un seul passage. Je l'ai acheté et le lendemain, quelques minutes avant midi, en montant sur la passerelle, je pensais: «Ils t'ont traité comme un roi sur l'Empress of Japan. Tu devrais au moins t'asseoir à la table du capitaine. Tu t'assoiras à la table du capitaine.»

Le bateau partit et comme il s'éloignait du port, le commissaire appela les passagers afin de leur désigner leur table. La moitié des places étaient déjà données lorsque j'arrivai devant lui. Il me demanda mon billet, que je plaçai sur la table. Il y jeta un coup d'oeil et me regarda en disant: «Oh! oui! table A, chaise numéro 5. C'était la table du capitaine et j'étais assis directement en face de lui. Plusieurs choses se sont passées sur ce bateau, directement liées au sujet de ce livre, la plus étonnante étant une fête donnée soi-disant en l'honneur de mon anniversaire - une idée du capitaine, car mon anniversaire était passé depuis plusieurs mois.

Plus tard, lorsque je donnais des conférences, j'ai pensé qu'il serait bon d'avoir une lettre du capitaine prouvant cette histoire et je lui ai écrit. il a répondu: «Vous savez, il arrive dans la vie que nous ayons l'impulsion de faire telle ou telle chose. Cette journée-là, j'étais assis devant la porte de ma cabine et j'observais les passagers monter à bord; et en vous voyant arriver, j'ai eu envie de vous avoir à ma table. Cela ne s'explique pas, pas plus que je ne saurais expliquer comment je mouille fréquemment mon bateau au bon endroit au quai, au premier abord.»

Les gens qui ont entendu cette histoire - ceux qui ne savent rien de la magie de croire - ont déclaré qu'il s'agissait d'une coïncidence. Je suis convaincu du contraire, et je suis convaincu que le capitaine, qui en sait long sur cette science, sera d'accord avec moi. Il y avait des dizaines de personnes sur ce bateau, beaucoup plus importantes que moi. Rien ne me distinguait des autres, étant de ceux qui passent inaperçus dans la foule. Ce n'étaient donc pas mes vêtements ou l'allure que j'avais qui fit que le capitaine me retint parmi des centaines de passagers pour m'accorder son attention.

En vous expliquant cette science pratique, je sais que le sujet a déjà été traité sous tous les angles, du point de vue religieux ou métaphysique, mais je sais aussi que beaucoup de gens se replient sur eux-mêmes dès qu'il est question de religion, de sciences occultes ou de métaphysique. Donc, je la présente dans le langage d'un homme d'affaires qui croit qu'une pensée sincère, un style clair et simple transmettront le message aux lecteurs.

Vous avez souvent entendu dire que si vous êtes persuadé de pouvoir faire quelque chose, vous pouvez le faire. Un vieux proverbe latin dit: «Soyez sûr de l'avoir, et vous l'aurez.» La foi est une force suffisante vous permettant d'arriver à vos fins. Si vous êtes malade et intimement convaincu de votre guérison, il y a de fortes chances pour que vous guérissiez. C'est la foi ou la confiance qui se trouve en vous qui entraîne les résultats extérieurs et matériels. Je parle de gens normaux sur les plans physique et mental. Je n'irais pas dire à une personne infirme qu'elle pourra réussir au football ou au baseball, pas plus que je n'irais déclarer à une femme sans attrait qu'elle peut se transformer en beauté du jour au lendemain. Mais ces choses *pourraient* arriver, et sont arrivées; et je suis certain que plus nous en saurons sur la puissance de l'esprit, plus nous verrons de ces guérisons jugées aujourd'hui impossibles par le corps médical. Enfin, il ne me viendrait jamais à l'idée de décourager quelqu'un - car tant de choses peuvent se produire et l'aider à réaliser ses rêves - et ces choses sont ce qu'on appelle l'*Espoir*.

Le docteur Alexandre Cannon, un scientifique britannique et physicien célèbre, dont les livres traitant du sujet complexe de la pensée sont très controversés ici et à l'étranger, déclare que bien qu'aujourd'hui, un homme ne peut se reconstituer une nouvelle jambe (comme un crabe régénère une nouvelle pince), il le pourrait s'il n'en avait pas rejeté la possibilité. Cet éminent scientifique déclare que si l'on modifie notre façon de penser la plus profonde, l'homme pourra régénérer une nouvelle jambe aussi facilement que le crabe peut régénérer une nouvelle pince. Je sais qu'une telle déclaration peut paraître absurde ou pour le moins incroyable, mais qui nous dit que cela ne se produira pas un jour?

Je dîne souvent avec un groupe de médecins, tous spécialistes dans diverses branches de la médecine et de la chirurgie, et je sais que si je leur soumettais une idée pareille, ils me conseilleraient d'aller consulter un psychiatre. Je dois pourtant avouer que quelques-uns de ces médecins, surtout ceux récemment issus de nos meilleures universités, ne s'opposent plus au fait que l'esprit joue un rôle essentiel dans les maladies et leur guérison.

Quelques semaines avant que je rédige ce chapitre, un voisin est venu me voir pour m'expliquer comment ses verrues avaient disparu. Il m'a dit que pendant son séjour à l'hôpital, il errait dans le hall où un autre convalescent parlait avec un ami. L'ami disait au second patient: «Vous aimeriez que vos verrues disparaissent? D'accord. Je vais les compter et elles disparaîtront.» Mon voisin me dit qu'il observa la scène et demanda: «Pendant que vous y êtes, compteriez-vous les miennes aussi?» Ce qui fut fait, et mon voisin n'y pensa plus jusqu'au moment où il regarda ses mains, le lendemain de sa sortie de l'hôpital. «Les verrues avaient disparu» me dit-il.

Un jour, j'ai raconté cette histoire à un groupe de médecins, et un ami, spécialiste très connu, a grogné, disant: «Absurde!» Cependant, face à lui, se trouvait un autre médecin qui avait récemment enseigné dans une institution médicale. Il est venu à mon aide, en déclarant que l'on connaissait des cas où la suggestion avait réellement guéri les verrues.

Bien que j'aie envie de demander s'ils savaient qu'en janvier 1945, le Collège des Médecins et Chirurgiens de l'Université de Columbia avait mis sur pied la première clinique psychoanalytique et psychosomatique du pays afin d'étudier le subconscient et la relation existant entre l'esprit et le corps, je n'ai rien dit car ils étaient trop nombreux pour discuter. J'étais certain, cependant, qu'aucun d'eux ne se rappelait que, plusieurs années auparavant, les journaux et revues médicales avaient raconté comment Heim, géologue suisse, avait réussi à enlever des verrues par simple suggestion, et avaient également décrit la méthode d'un autre spécialiste suisse, le professeur Block, qui utilisait la psychologie et la suggestion aux mêmes fins.

Depuis cette conversation, une publicité considérable a été faite sur les découvertes du docteur Frédérick Kalz, Canadien renommé, qui déclare calmement que la suggestion fonctionne dans bien des cas, même pour guérir des verrues infectieuses causées par un virus. Dans un article paru dans le *Canadian Medical Association Journal* en 1945, le docteur Kalz a révélé que: «Dans tous les pays du monde, on a recours à la magie pour guérir les verrues... Cela peut aller des toiles d'araignées dont on recouvre la verrue à l'enterrement d'oeufs de crapauds à un carrefour à la nouvelle lune; toutes ces méthodes magiques sont efficaces si le patient *y croit vraiment.*» Et décrivant le traitement de patients atteints de maladies de la peau, il a ajouté: «J'ai souvent prescrit l'onguent, essayé sans succès par d'autres médecins, et j'ai pu constater une guérison rapide simplement pour avoir prononcé des paroles encourageantes.» Il a également parlé des traitements de radiothérapie qui sont très suggestifs et qui peuvent donner des résultats même lorsque le technicien oublie d'allumer l'appareil. Des expériences faites par fausses irradiations systématiques confirment cette observation. Dans l'ouvrage du docteur Kalz, nous trouvons des exemples de la *magie de croire* donnant de réels résultats dans la guérison des verrues et des maladies de la peau.

Une autre fois, mes amis médecins et moi discutions de télépathie et j'ai fait remarquer que plusieurs des plus grands étudiants et savants y croyaient, mentionnant que le regretté docteur Alexis Carrel, membre du Rockefeller Institute for Medical Research, était fermement convaincu de l'existence du phénomène et qu'il avait dit que la science détenait la preuve que l'homme pouvait transmettre sa pensée à d'autres, même à très grande distance. Cela se passait quelques mois avant la mort de ce grand scientifique.

«Oh, c'est un vieux sénile», a déclaré un spécialiste assis à notre table, membre de l'American Medical Association, très connu dans le pays.

Je l'ai regardé avec étonnement car, lorsque le docteur Carrel a énoncé ses idées dans ce livre remarquable intitulé *Man the Unknown* (L'Homme, cet Inconnu) et publié en 1935, il a été considéré comme scientifique et recherchiste médical à la pointe des idées. On se souviendra qu'il avait obtenu le prix Nobel pour ses recherches médicales.

Je n'en veux pas au monde médical. Au contraire, car d'une façon générale, ses membres sont sincères, compétents, ils ont l'esprit large, et un certain nombre que j'estime beaucoup, sont parmi mes meilleurs amis. Cependant, j'ai raconté des histoires pour insister sur le fait que certains spécialistes médicaux, surtout ceux qui se bornent à l'étude de leur seul domaine, refusent d'accepter tout ce qui peut déranger l'enseignement reçu et leur croyances dogmatiques. Cette résistance ne se limite pas à la profession médicale, car de nombreux spécialistes de tous les domaines, y compris celui des affaires, ne connaissent rien en dehors de leur spécialité et ferment leur esprit à toute idée surpassant leur imagination. Souvent, j'ai offert à ces spécialistes de leur prêter des livres; et ils me répondaient, après avoir pris connaissance du sujet, qu'ils n'étaient pas intéressés.

Voilà le paradoxe. Des hommes et des femmes bien renseignés dans leur domaine respectif, condamneront par ignorance, l'idée de la puissance mentale et ne feront rien pour approfondir le sujet; *et pourtant chacun d'eux, s'il a réussi, l'a inconsciemment utilisée.* Je le répète, nombreux sont ceux qui ne croient que ce qu'ils veulent bien croire ou ce qui les arrange, rejetant tout le reste. Des hommes dont les idées ont permis l'éclosion de notre civilisation, ont été hués, dénigrés, et même crucifiés par les ignorants de leur temps. En écrivant ce livre, je pense à l'auteur anglais Marie Corelli qui s'est fait connaître dans le monde entier, au siècle dernier.

«L'idée même qu'un être (humain) ait assez de chance pour bénéficier de certains avantages que d'autres, par indolence ou indifférence, n'ont pu acquérir, suffit à provoquer l'envie du faible ou la colère de l'ignorant... Il est impossible qu'un profane puisse comprendre clairement la nature du monde mystique et spirituel qui l'entoure et il s'ensuit que les enseignements et les principes de ce monde spirituel sont comme un livre plus ou moins hermétique - un livre que le profane n'ose ouvrir que très rarement. C'est pour cette raison que les sages ont caché la plus grande partie de leurs connaissances à la masse, car ils connaissaient les limites des esprits bornés et des préjugés... Ce que le sot ne peut apprendre, il en rit, pensant que par son rire, il démontre sa supériorité et non son idiotie latente.»*

Cependant, les grands chercheurs et penseurs du monde, y compris de nombreux scientifiques connus, ne se cachent plus et discutent librement du sujet, en donnant le résultat de leurs expériences. Le regretté Charles P. Steinmetz, ingénieur connu de la Compagnie Générale Electrique, a déclaré peu avant sa mort: «Les découvertes les plus importantes des cinquante prochaines années se feront dans le domaine du spiritisme - le domaine de l'esprit - de la pensée.» Le docteur Robert Gault, alors qu'il était professeur de psychologie à l'Université Northwestern, a soi-disant déclaré: «Nous n'en sommes qu'aux balbutiements du savoir sur les pouvoirs psychiques latents de l'homme.»

On a beaucoup écrit et parlé des puissances mystiques, des forces inconnues, de l'occultisme, de la métaphysique (qui dépasse la science), de la physique de l'esprit, de la psychologie (science de l'esprit), de la magie blanche et noire, et autres sujets du même genre, ce qui fait que la plupart des gens croient que tout cela fait partie du surnaturel. Certains en font peut-être partie, mais j'en ai conclu que la seule chose inexplicable de ces puissances est qu'elles ne peuvent se manifester sans la foi.

Pendant ces années où j'ai participé à des déjeuners et réunions d'affaires, où je suis allé dans des organismes de vente, où j'ai parlé de cette science à la radio, atteignant

* Tiré de *The Life Everlasting* de Marie Corelli

des milliers d'auditeurs, j'ai vu des résultats que l'on pourrait qualifier de phénoménaux.

Et, comme je l'ai déjà dit, ceux qui ont appliqué cette science à leur entreprise, ont doublé, triplé et quadruplé leurs revenus. Dans certains cas, des résultats encore plus grands ont été observés. Mes dossiers sont remplis de lettres de gens de toutes les couches sociales, me disant ce que cette science leur a apporté. Par exemple, je pense à Ashley C. Dixon, dont le nom est connu de milliers d'auditeurs de la côte nord-ouest du Pacifique et qui, il y a quelques années, m'écrivit de son propre chef pour me faire savoir que cette science lui avait permis de gagner plus de $100 000. Il dit qu'il avait étudié ce sujet de façon académique, mais qu'il était sceptique jusqu'à l'âge de 43 ans, lorsqu'avec seulement $65 en banque, en chômage et sans emploi en vue, il a décidé de se prouver à lui-même que cette science donnerait des résultats. M. Dixon m'a permis d'utiliser sa lettre de laquelle je cite les extraits suivants:

«Puis votre livre *T.N.T.* est paru. Il exposait, de façon pratique, tout ce que je savais déjà. C'était comme voir les chutes du Niagara pour la première fois. On sait qu'un tel endroit existe; mais la confirmation, c'est le contact personnel, c'est comme ça que *T.N.T.* m'exposa en noir sur blanc les principes que je connaissais et que j'avais mis en pratique. Il s'agissait de quelque chose que je pouvais lire et utiliser jour après jour. Retenir les idées jusqu'à ce qu'elles soient complètement démontrées.

«Qu'est-ce que cela m'a rapporté en termes de dollars? C'est là la question de monsieur Tout-le-Monde. Il veut savoir que cela se concrétisera de façon matérielle, en dollars. Voici la réponse. Depuis l'âge de 43 ans, alors que je n'avais pas un sou et que je cherchais le moyen de nourrir ma famille, j'ai touché $100 000. La plus grande partie de cette somme étant sous forme de primes d'assurance payées et de rentes viagères. J'ai vendu mon commerce qui m'avait coûté $5 000 (somme que j'avais empruntée) pour $30 000, et je travaille maintenant sur un contrat de dix ans qui me rapportera $50 000 net si je flâne et plus, si je me donne la peine de travailler. Je ne me vante pas, j'énonce ce qui m'est arrivé au cours des dix dernières années... On ne peut y arriver du jour au lendemain, mais on peut y parvenir.»

En 1934, au plus fort de la Dépression, le directeur du *Better Business Bureau* de l'une des plus grandes villes de la côte du Pacifique, a entendu parler des résultats obtenus par les sociétés et particuliers qui mettaient en application mes principes. Il s'est penché sur mon travail. Plus tard, il m'a félicité publiquement et m'a écrit ce qui suit:

«Lorsque j'ai déclaré que ces principes ont contribué plus que tout autre facteur à stimuler l'économie de cette dernière année, je me suis basé sur les déclarations de directeurs qui ont utilisé ces principes avec succès... Lorsque j'ai entendu parler pour la première fois des résultats incroyables que vous obteniez, j'ai été sceptique - ils étaient trop absurdes pour être vrais - mais après étude, en parlant à des directeurs de sociétés qui appliquaient ces principes et à des vendeurs qui avaient doublé et triplé leurs revenus, après avoir assisté à plusieurs de vos conférences et m'être familiarisé avec le sujet, la force énorme et dynamique à la base de tout cela ne pouvait plus être mise en doute. Tous ne comprendront pas immédiatement, mais les compagnies et individus qui accepteront ce don et qui l'appliqueront peuvent s'attendre à des résultats étonnants et extraordinaires. Vous l'avez complètement démontré, et nous ne pouvons que vous remercier de transmettre aux autres ce que vous avez appris.»

Depuis, cet homme a atteint un niveau très élevé dans les affaires dans une autre ville et il m'a récemment écrit pour me dire qu'il avait de nouvelles preuves à l'appui des résultats positifs de cette science.

En commençant ce livre, j'ai décidé de vérifier auprès de quelques compagnies et particuliers qui m'avaient déjà écrit pour me faire part des résultats obtenus par l'application de ces principes. Tous sans exception, m'ont parlé des progrès constants qu'ils avaient faits depuis qu'ils m'avaient écrit la première fois. L'un des récits les plus remarquables, est celui de M. Dorr Quayle, dont le nom est bien connu parmi les amputés de guerre américains et qui s'est longtemps occupé des blessés de guerre dans le Nord-Ouest. En 1937, il m'a écrit:

«Au début, il n'a pas été facile d'accepter complètement vos idées, mais ma condition physique et les circonstances m'ont forcé à m'y tenir jusqu'à ce que je comprenne. C'était une preuve en soi. Voyez-vous, en février 1924, j'ai été frappé de paralysie partielle des membres inférieurs, ce qui m'obligeait à me déplacer avec des béquilles, lentement, et sur de très courtes distances. Pour une personne qui était très active dans le monde des affaires (directeur de banque) cette inactivité forcée n'était pas facile à accepter. Je l'ai endurée, car je recevais une pension du gouvernement - mon invalidité étant due à des blessures de guerre. Mais en 1933, le gouvernement a changé d'idée et a cessé de me verser cette pension, ce qui m'a obligé à gagner ma vie. J'étais sur le point de perdre ma maison et d'autres propriétés. Il n'y avait là rien de drôle et l'avenir se présentait mal.

«Le besoin m'a donc obligé à mettre en pratique les principes que vous avez si bien expliqués. Les utiliser, c'est prouver leur efficacité. J'ai peut-être été favorisé, car il m'était impossible d'abandonner la compagnie d'assurance et de comptabilité que j'avais montée parce que je ne pouvais pas accomplir n'importe quel travail à cause de mon invalidité. Mais, la persévérance entraîne la confiance en soi et une attitude mentale positive suivie d'une action en accord avec ses principes se concrétise par la réussite. Je n'ai pas atteint le degré de réussite désiré, mais cela ne me dérange plus puisque j'ai un bon niveau de vie, j'ai gardé mes propriétés, et je connais la formule qui mène à la plus grande des réussites. Lorsque vous savez tout cela, vous n'avez plus peur et plus rien ne vous empêche de mener une vie où tout va bien.»

La première fois que j'ai rencontré M. Quayle, il venait d'ouvrir son commerce, avec bureau placé à l'avant d'un atelier de plomberie. Dans les années qui suivirent, ce fut un plaisir de le voir déménager d'un endroit à l'autre, sa compagnie prenant de plus en plus d'importance, jusqu'à ce qu'il occupe tout le premier étage d'un édifice de l'une des principales rues d'une métropole de l'Ouest. Sachant que l'histoire de sa réussite était remarquable, je lui ai demandé la permission de publier sa première lettre. Il m'a répondu:

«Je vous en prie, si vous croyez que cela peut en aider d'autres. En même temps, vous pourrez ajouter que j'occupe maintenant tout un édifice et que j'emploie vingt-deux personnes. Je viens tout juste d'acheter un terrain commercial sur la rue Sandy entre la 28e et la 29e avenue, et j'ai l'intention d'y faire construire l'édifice qui abritera mes bureaux. Je souhaite sincèrement que tous puissent profiter de votre enseignement.»

Je ne savais pas encore, au moment où je commençais à comprendre cette science, que plus tard, j'allais écrire un livre sur ce sujet. Ma première idée était de l'utiliser pour sauver ma compagnie de la faillite; j'étais alors vice-président d'une société d'investissements bancaires très connue. La Crise Économique nous avait durement touchés et nous nous dirigions droit vers la banqueroute. Je ne sais pas si j'ai été inspiré ou non, mais je sais que j'ai dicté la première ébauche de ma brochure en moins de cinq heures, sans notes ou références de quelque sorte devant moi. Au moment où j'ai eu l'idée de la brochure, les mots *conscience cosmique* me traversèrent l'esprit; mais ils ne signifiaient encore rien. Ce n'est qu'après que *T.N.T. - It rocks the Earth* (T.N.T. La Terre est Ébranlée) fut publié et lu par un auteur féminin de New York que j'ai compris la signification des mots *conscience cosmique*. Elle m'a écrit ce qui suit:

«Je vivais littéralement de cette philosophie (celle exposée dans *T.N.T.*) depuis dix ans. Elle m'a fait débarquer à New York sans argent. Elle m'a fait vendre mes manuscrits chez les éditeurs alors que j'avais un emploi minable à $30 par semaine... Elle m'a permis d'aller en Europe plusieurs fois et de m'acheter des renards argentés.»

Dans cette lettre, elle m'a exhorté à lire le livre *Cosmic Consciousness* du docteur Richard Maurice Bucke, disant qu'il contenait des récits extraordinaires d'expériences vécues de l'illumination. Je l'ai lu et j'ai été stupéfait de découvrir que mes expériences étaient en fait parallèles aux illuminations décrites et expliquées par le docteur Bucke. Dans la première ébauche de ma brochure, j'avais décrit en détails mon expérience avec la *lumière blanche éblouissante*, mais j'ai ensuite porté moins d'emphase à ce récit, car un ami qui l'avait lu m'avait dit: «Les gens ne sauront pas de quoi tu parles lorsque tu te réfères à cette *lumière blanche* - certains pourraient penser que tu es devenu fou.» Je l'ai donc modifié; mais ceux d'entre vous qui connaissent les *illuminations cosmiques* et qui ont lu mon premier livre comprendront ma référence à la *lumière*, même si j'ai en quelque sorte obscurci l'image sur les conseils de mon ami. Cependant, le souvenir de cette expérience demeurera parce qu'en quelques secondes, j'ai acquis plus de connaissances et j'ai compris plus de choses que durant des années de lecture et d'étude.

C'est à la même époque qu'une lueur m'a fait comprendre que si ma compagnie allait à sa ruine, ce n'était pas à cause d'événements extérieurs, mais à cause de l'état d'esprit négatif de ses membres et employés. Nous succombions à la panique; nous avions peur que la Dépression sape notre moral et nous entraîne au désastre financier, et ce sont nos idées de ruine qui attiraient la catastrophe. J'ai pensé que tout ce qu'il suffisait de faire pour sauver la société et commencer à combattre la Dépression, était de modifier la façon de penser de toutes les personnes rattachées à notre organisme. C'est ce que je fis; et, comme l'a déclaré Frank W. Camp, qui a écrit l'introduction à ma brochure, on a eu tôt fait de constater «la plus remarquable des transformations tant au niveau des individus que de la société».

Je sais que certaines de mes déclarations peuvent être ridiculisées par des psychologues scolaires, mais l'Amérique connaît aujourd'hui des milliers de personnes qui se prouvent que cette science fonctionne. Pour vous, lecteur, il s'agit de savoir si oui ou non ces principes donneront des résultats positifs; la seule façon, c'est d'essayer.

Lorsque vous aurez recours à cette science que je partage avec vous avec l'assurance que peu importe la façon dont vous l'utiliserez, vous aurez des résultats, je tiens à vous répéter l'avertissement donné dans ma brochure:

NE L'UTILISEZ JAMAIS DANS UN BUT MÉCHANT OU NUISIBLE.

Depuis que l'homme existe, deux grandes forces subtiles sont à l'oeuvre - le bien et le mal. Toutes deux sont terriblement puissantes. Le principe qui est à leur base est la puissance mentale - la concentration de la puissance mentale. Il semble parfois que le mal domine, et parfois que c'est le bien qui triomphe. C'est la puissance mentale qui a permis que des empires existent et nous savons maintenant comment elle peut les détruire - l'histoire enregistre les faits.

Si vous lisez ce livre en méditant, vous comprendrez comment on peut utiliser cette science avec une force extrêmement destructive, ou à des fins positives. Elle est comme toute force naturelle, comme l'eau et le feu qui sont parmi les plus grands bienfaiteurs de l'humanité. Mais tous deux peuvent entraîner des catastrophes, selon l'usage, bon ou mauvais, que l'on en fait.

Par conséquent, prenez bien soin de ne jamais mal utiliser cette science des *choses de l'esprit*. Je n'insisterai jamais assez, car si vous l'employez à de sinistres ou nuisibles fins, elle reviendra comme un boomerang et vous détruira comme elle en a détruit tant d'autres au cours des siècles. Il ne s'agit pas de paroles en l'air mais d'un avertissement sérieux.

II/Expériences psychiques

Afin de mieux comprendre notre thème, le lecteur devrait réfléchir sur la pensée elle-même et sur son phénomène. Personne ne sait ce qu'est exactement la pensée, sinon une espèce d'action mentale; mais comme avec l'électricité, élément inconnu, nous en voyons les manifestations partout. Nous la voyons dans les actions et expressions d'un enfant, chez une personne âgée, chez les animaux, et en fait, dans tout ce qui vit, mais à des degrés variés. Plus nous contemplons et étudions la pensée, plus nous réalisons sa force et ses pouvoirs illimités.

Regardez autour de vous en lisant ceci. Si vous êtes dans une pièce meublée, vos yeux vous disent que vous regardez un certain nombre d'objets inanimés. C'est vrai en ce qui concerne la perception visuelle mais en réalité, vous regardez des pensées ou des idées qui se sont matérialisées par le truchement du travail créateur d'êtres humains. C'est une pensée qui est à la base des meubles, des vitres, des rideaux et revêtements.

L'automobile, le gratte-ciel, les avions puissants qui traversent la stratosphère, la machine à coudre, la minuscule épingle, mille et une choses, oui, des millions d'objets, d'où proviennent-ils? D'une seule source. De cette force étrange - la pensée. En poussant l'analyse, nous nous apercevons que ces réalisations, et en fait tout ce que nous possédons, résulte d'une pensée créatrice. Ralph Waldo

Emerson a déclaré que l'ancêtre de toute action est la pensée; lorsque nous savons cela, nous commençons à comprendre que notre monde est gouverné par la pensée et que toute chose extérieure a sa contrepartie dans l'esprit. Comme l'a déclaré Bouddha il y a plusieurs siècles: «Tout ce que nous sommes est le résultat de ce que nous avons pensé.»

Votre vie même est votre pensée et le résultat du processus de votre pensée. Votre chair, vos os, vos muscles peuvent être réduits à 70% d'eau et à quelques produits chimiques de faible valeur, mais c'est votre esprit et ce que vous pensez qui font de vous ce que vous êtes. Le secret de la réussite n'est pas à l'extérieur, mais à l'intérieur des pensées de l'homme.

D'une manière figurative, la pensée fait des Pygmées des géants, et transforme souvent les géants en Pygmées. L'histoire est pleine de récits sur la pensée qui rend forts les faibles et affaiblit les forts, et nous en avons sans cesse la preuve autour de nous.

Vous ne pouvez manger, vous habiller, courir après l'autobus, conduire une automobile, marcher ou lire un journal - vous ne pouvez même pas lever un bras - sans une impulsion préalable de la pensée. Bien que vous puissiez considérer ces mouvements comme plus ou moins automatiques ou causés par quelques réflexes physiques, derrière chaque acte posé dans votre vie, quel qu'il soit, se trouve cette force formidable et puissante: la pensée. La façon dont vous marchez, dont vous vous comportez, vos paroles, votre façon de vous habiller, reflètent votre façon de penser. Une allure débraillée indique un laisser-aller de la pensée, alors qu'une tenue droite et alerte dénote la confiance et la force intérieure. Vous reflétez ce que vous êtes. Vous êtes le produit de vos pensées. Vous êtes ce que vous pensez être.

La pensée est à la base de toute richesse, de toute réussite, de tous les gains matériels, de toutes les grandes découvertes et inventions, et de toute réalisation. Sans elle, il n'y aurait pas de grands empires, de fortunes colossales, de voies de chemins de fer transcontinentales, de confort moderne; bref, nous n'aurions pas progressé depuis la préhistoire.

Vos idées, celles qui dominent, déterminent votre caractère, votre carrière, votre vie de tous les jours. Ainsi, il devient facile de comprendre ce que l'on veut dire en affirmant que les idées d'un homme le font ou le détruisent. Et lorsque nous avons compris qu'il ne peut y avoir d'action ou réaction, bonne ou mauvaise, sans la force génératrice de la pensée, on comprend cette phrase de la Bible: «L'homme récolte ce qu'il a semé». Et ces mots de Shakespeare: «Il n'y a rien de bien ou de mal, mais la pensée le fait ainsi.»

Sir Arthur Eddington, physicien anglais renommé, a dit que dans une certaine mesure encore non connue, l'univers dans lequel nous vivons est une création de nos esprits; alors que le regretté Sir James Jeans également connu dans le même domaine, a émis l'hypothèse que l'univers ne serait peut-être que la création de la pensée de quelque grand esprit universel, coordonnant les esprits de tous les hommes. Il est clair que les plus grands savants et penseurs de notre époque se font maintenant l'écho des idées des sages de l'antiquité et qu'ils confirment le principe fondamental exposé dans ce livre.

Depuis les tous débuts de la création, ce sont ceux qui possédaient le secret de la puissance mentale qui ont façonné les moules de l'humanité. Tous les grands chefs religieux, les rois, les guerriers, les hommes d'État ont compris cette science, ont appris que les gens agissent conformément à leurs pensées et obéissent à la pensée des autres, surtout si elle est plus forte et plus persuasive que la leur. Par conséquent, les hommes puissants et dynamiques ont toujours influencé les peuples en agissant sur leurs esprits, les menant parfois à la liberté, parfois à l'esclavage. Jamais l'histoire n'a connu de période comme la nôtre, où il nous faut à tout prix étudier nos pensées, essayer de les comprendre, et apprendre à les utiliser afin d'améliorer notre vie en ayant recours à cette puissance qui gît en chacun de nous.

Il fut un temps où j'aurais ri de ceux qui parlaient de la force magnétique de la pensée, de la corrélation entre la pensée et l'objet, de la façon dont elle peut affecter les gens et les choses inanimées, même à distance. Mais je ne ris plus, pas plus que ceux qui soupçonnent ou connaissent sa puissance, car tout être intelligent en vient, tôt ou tard, à s'apercevoir que la pensée peut changer le monde.

Le regretté George Russell, éditeur et poète écossais, est censé avoir dit que nous devenons ce que nous contemplons. Sans aucun doute, nous devenons ce que nous envisageons, et il l'a très bien prouvé dans sa vie personnelle, en devenant un grand écrivain, un conférencier, un peintre et un poète.

On ne doit cependant pas oublier que plusieurs de nos idées, les idées que nous pensons, ne sont pas les nôtres, ne viennent pas de nous. Nous sommes façonnés également par les idées d'autrui; par ce que nous entendons dans notre vie sociale, ce que nous lisons dans les journaux, revues et livres, ce que nous entendons au cinéma, au théâtre et à la radio; par les remarques surprises dans une conversation, en passant - et ces pensées nous bombardent constamment. Celles qui s'accordent avec nos idées personnelles, nous permettant une vision plus large de notre vie, sont utiles. Mais il y a souvent des pensées qui nous bouleversent, qui attaquent notre confiance en nous-même, nous détournant ainsi de nos buts. Ce sont ces pensées qui entraînent l'apparition des problèmes, et je vous indiquerai plus loin comment vous en protéger.

Peu de gens attachent de l'importance au principe de cause à effet quand il est question de l'esprit, ou saisissent complètement ce que l'on entend par: «Tout est à l'intérieur; rien à l'extérieur» ou «L'esprit est la source de toute puissance» et ainsi de suite. Je crois que la meilleure explication qui puisse être donnée est celle qui a paru dans l'article publié dans le *Commercial and Financial Chronicle* (10 décembre 1932). Cette revue a été considérée pendant plus de cent ans comme la «Bible du monde des affaires et de la finance», et avec la permission d'Herbert D. Seibert, l'éditeur, j'en reproduis un extrait. Il s'intitule *El Dorado.*

> L'El Dorado, pays riche comme aucun autre en or et en bijoux s'étend devant la porte de chaque individu. Un filon gît sous vos pieds: La chance est à portée de votre main. Tout est à l'intérieur, rien à l'extérieur, bien qu'il semble souvent que les hommes et les peuples, par chance aveugle, par avarice, par force ou par ambition, tombent sur un filon et s'éloignent en voguant sur la mer tranquille de la prospérité... L'homme, en tant qu'individu et en tant que collectivité, a droit à une vie d'abondance. C'est le fait le plus évident. La religion et la philosophie l'affirment, l'histoire et la science le prouvent. «Qu'ils puissent avoir la vie et qu'ils puissent en profiter», c'est la loi. Que cherchez-vous? Payez-le et emportez-le. Les réserves sont illimitées, mais plus l'objet de vos désirs est précieux, plus le prix en est élevé. Contre tout ce que nous obtenons, nous devons troquer l'or de nos esprits...

Où se cache l'or trouvé par les tout-puissants? Lorsque quelqu'un découvre l'or de l'espirt, il le met de côté. Lorsqu'il se trouve, il découvre la liberté, les richesses, la réalisation et la prospérité. Des paroles savantes? Non, l'évidence la plus manifeste de l'histoire de l'Amérique et des biographies de tous les temps. La preuve concrète est présente dans les événements de tous les jours, même si nous refusions de la voir. Rien d'important, de durable, de puissant, ou d'émouvant n'a jamais été accompli, ni ne le sera, sauf par des hommes qui ont découvert en eux, l'or de l'esprit qui donne l'autorité, la puissance, et entraîne la réussite. Les hommes qui se connaissent savent que les biens matériels et les idées ont une contrepartie ou base spirituelle. Ils la voient dans l'argent, dans le mérite. La loi de l'offre et de la demande ne représente pas, pour l'homme avisé, qu'un principe économique; c'est la concrétisation d'une loi spirituelle. De tels hommes en quête de liberté voient le même principe à l'oeuvre dans la gravitation, les affinités chimiques, l'univers et l'homme...

L'Amérique a longtemps été le plus grand des El Dorado, la scène sur laquelle un très grand nombre d'hommes à la recherche d'eux-mêmes se sont attelés à la richesse et aux miracles de la pensée pour s'enrichir et enrichir le reste de l'humanité. L'exploitation n'existe pas; c'est une pluie de cadeaux que peuvent facilement acheter les esprits libres, et mise à la disposition de tous conformément à la loi du libre échange exprimée par le Propriétaire Permanent, Initial et Premier Producteur. À l'homme d'action qui s'est découvert, tout l'argent, le mérite et les biens matériels qu'il désire...

Mackay, O'Brien, Hearst et Fair, jeunes et braves Américains de 1849, ont trouvé l'or en eux-mêmes avant de le découvrir en Californie. C'était inévitable. «S'il y a de l'or là-bas, s'étaient-ils dit, nous aurons notre part...» Était-elle grande, la richesse spirituelle d'un homme comme James J. Hill, libre de lui-même, qui a construit la *Great Northern Railroad*, d'un désert à l'autre, dans un pays inculte où personne ne vivait. Sa folie a créé un empire. Par sa force spirituelle, il a transformé des plaines et forêts en milliers d'El Dorado, par cette même force, il a contrôlé tout l'or et le crédit nécessaires aux marchés d'Amsterdam et de Londres et il a permis à des millions d'Américains de découvrir de l'or par eux-mêmes dans le Nord-Ouest.

Quelques années avant de mourir, Thomas A. Edison a déclaré: «Les idées viennent de l'espace. Cela peut sembler bizarre et incroyable, mais c'est vrai. Les idées viennent de l'espace.» Edison devait sûrement le savoir parce que peu d'hommes ont reçu ou émis autant d'idées que lui... Que chaque homme découvre l'El Dorado qui se trouve en lui. La puissance est là, en abondance. La source en est inépuisable. Comme les pères sacerdotaux de l'Église l'ont dit, on ne peut recevoir plus que le vase peut contenir. La puissance ne manque pas, c'est la volonté qui manque. Lorsque quelqu'un se connaît, sa volonté est automatiquement orientée vers l'El Dorado.

Par une imagination fertile et puissante, toute chose peut se concrétiser. Le grand alchimiste Paracelse a dit: «L'esprit humain est si grand qu'aucun homme ne peut le décrire; si nous pouvions vraiment comprendre l'esprit de l'homme, plus rien ne nous serait impossible sur cette terre. C'est par la foi que l'imagination se fortifie et se complète, car il n'est que trop vrai que le doute en ternit la perfection. La foi doit renforcer l'imagination car la foi engendre la volonté». La foi est personnelle, individuelle. Le salut, sous quelque angle qu'on le considère, est personnel. La foi vient avec la découverte de soi-même. Cette découverte personnelle entraîne une vue plus claire de l'identité par rapport à l'éternité. Des hommes autoritaires et forts ont bâti cet El Dorado qu'est l'Amérique. «Homme, connais-toi toi-même», sache qui tu es, c'est là le commandement éternel et suprême. Ceux qui se connaissent vivent dans un El Dorado; ils s'abreuvent à la fontaine de Jouvence et sont sans cesse en possession de tout ce qu'ils désirent.

Ces mots de Paracelse valent la peine que vous les relisiez et que vous les étudiiez plus à fond, car lorsque vous en aurez compris le sens et découvert comment appliquer le principe, vous saurez mieux comment réussir dans vos entreprises. Cependant, j'aimerais préciser qu'à lui seul le travail, même acharné, n'apporte pas la réussite. Le monde est plein de gens qui ont travaillé dur sans obtenir de résultats. Il faut quelque chose de plus que le travail: la pensée créatrice et la foi inébranlable en votre capacité de mener à bien vos idées. Les gens couronnés de succès dans l'histoire, ont réussi grâce à leur pensée. Leurs mains n'étaient là que pour aider leur cerveau.

Un autre point important, essentiel à la réussite, est que votre désir devienne une obsession, qu'il domine vos idées, que vos actes soient coordonnés et votre énergie concentrée vers ce seul but, qu'il s'agisse de la richesse, de la gloire, d'un titre ou de la connaissance, peu importe; chacun a sa propre conception de la réussite. Mais quel que soit votre but, vous l'atteindrez à condition de ne vivre que pour lui. C'est tout un mandat, me direz-vous. Pas du tout; en utilisant la force dynamique de la foi, vous pouvez mettre en branle toutes vos forces intérieures qui vous aideront, en retour, à atteindre votre but. Si vous êtes marié, souvenez-vous de l'expérience stimulante et émouvante que vous avez vécue en courtisant la jeune fille que vous vouliez épouser. Ce n'était certainement pas un travail énervant - au contraire admettrez-vous - mais qu'utilisiez-vous, sinon cette même science, bien qu'inconsciemment. Le désir de faire d'elle votre compagne occupait la première place dans votre esprit, du moment où vous en avez eu l'idée jusqu'à votre mariage. La pensée, la foi vous accompagnaient tout au long de la journée et peut-être même dans vos rêves.

Maintenant que vous avez une meilleure idée du rôle de la pensée et du désir dans votre vie de tous les jours, la première chose à faire est de déterminer avec précision ce que vous voulez. Partir de l'idée générale d'une volonté de réussite, comme le désirent la plupart des gens, est trop vague. Vous devez avoir une image mentale très claire dans votre esprit. Demandez-vous, où est-ce que je vais? Quel est mon but? Ai-je évoqué ce que je veux vraiment? Si la réussite se mesure en termes de richesse, pouvez-vous en fixer le montant en chiffres? Si c'est en termes de réalisations, pouvez-vous les décrire d'une manière précise?

Je pose ces questions, car dans les réponses se trouvent des facteurs qui détermineront votre vie entière dès aujourd'hui. Aussi étrange que cela puisse paraître, il n'y a même pas une personne sur cent qui puisse répondre à ces questions. La plupart des gens pensent qu'ils aimeraient réussir, mais en dehors de cela, tout est vague. Ils vivent au jour le jour, s'imaginant que s'ils ont un emploi aujourd'hui, ils l'auront demain et que d'une façon ou d'une autre, on prendra soin d'eux lorsqu'ils seront vieux. Ils sont comme un bouchon de liège flottant sur l'eau, sans but, entraîné par-ci par-là par les courants, rejeté sur le rivage, pour éventuellement couler, trop imbibé d'eau.

Par conséquent, il est essentiel que vous sachiez exactement ce que vous voulez dans la vie. Vous devez savoir où vous allez et vous devez toujours avoir un but. C'est là l'idée générale; il importe peu que vous vouliez *un* emploi ou un *meilleur* emploi, une nouvelle maison, un chalet à la campagne, ou une nouvelle paire de chaussures. Pour l'obtenir, votre but doit tourner à l'idée fixe.

Il y a une grande différence entre un besoin et un désir. Par exemple, vous pouvez avoir *besoin* d'une nouvelle voiture pour travailler et vous pouvez en *désirer* une afin de faire plaisir à votre famille. Celle nécessaire à votre travail, vous l'acquerrez par nécessité. Celle destinée à votre famille, vous essaierez de l'avoir le plus vite possible. Pour cette voiture, il vous faudra fournir un effort supplémentaire parce que c'est quelque chose que vous n'avez jamais eu auparavant, quelque chose qui s'ajoutera à vos responsabilités, et qui vous obligera à tirer de nouvelles ressources en vous-même et à l'extérieur. C'est le désir de quelque chose de nouveau, différent, quelque chose qui va changer votre vie, qui vous pousse à cet effort supplémentaire; et c'est la puissance de la foi qui met en branle les forces intérieures qui vous permettent d'intégrer à votre vie ce que j'appelle les *plus-values*.

Il faut donc commencer par le désir si vous voulez accomplir quelque chose ou avoir plus que vous avez présentement. C'est la force fondamentale de la motivation dont nous disposons tous, et sans un désir dévorant, rien ne peut être accompli ou gagné. Cependant, comme nous le verrons, il faut plus que le désir.

Je sais que les métaphysiciens affirment que les idées sont des choses. Elles le sont peut-être dans un sens général; mais en autant que l'effet sur l'individu est en cause, elles ne deviennent réelles que lorsque nous leur donnons la vie par notre pensée ou par le mécanisme de notre imagination.

À prime abord, ceci peut paraître étrange, mais tout va s'éclaircir lorsque j'aurai fait quelques comparaisons. Par exemple, on vous dit de porter des caoutchoucs lorsque vous sortez sous la pluie. Nous avons tous entendu la remarque: «Sinon tu vas attraper froid.» Cette idée n'a jamais eu le moindre effet sur moi. Je n'ai jamais porté de caoutchoucs depuis mon enfance. J'ai eu les pieds mouillés des centaines de fois et souvent pendant plusieurs heures, et pourtant, je ne peux me souvenir d'avoir attrapé un rhume. Certaines personnes ont une peur terrible des courants d'air mais j'ai souvent pensé que si elles attrapaient froid c'était plus par peur que par conséquence des courants d'air. Je m'assieds tous les jours en plein courant d'air et la nuit je dors dans une chambre d'angle ayant des fenêtres de deux côtés, que j'ouvre par n'importe quel temps et par lesquelles pénètre le vent. Je n'ai jamais attrapé de rhume car je n'y ai jamais pensé.

Cependant, je ne conseille pas aux personnes accoutumées à porter des caoutchoucs de s'en passer, et je ne suggère pas non plus aux personnes qui ont peur des courants d'air de s'y exposer. Les habitudes et convictions de toute une vie et leurs conséquences ne changent pas du jour au lendemain.

Pendant des siècles, des penseurs exceptionnels ont déclaré que l'homme pouvait, par son esprit, provoquer les événements et contrôler la matière, et plus vous étudierez cette science, plus vous vous rendrez compte de la puissance étonnante de votre esprit.

Le créateur de Sherlock Holmes, A. Conan Doyle, membre de la *British Society for Psychic Research* (Société Britannique de Recherche Psychique) pendant plusieurs années, a déclaré qu'il était persuadé que dans la pensée se trouvait une puissance constructive et destructive apparentée à cette «foi avec laquelle on peut déplacer des montagnes.» Il a dit que, bien que les résultats soient concluants, il n'avait aucune idée de ce qu'était cette puissance venant de l'esprit de l'homme et qui pouvait séparer les molécules d'un solide vers lequel on l'envoyait. Je sais que les matérialistes vont se moquer d'une telle affirmation. Mais pensez à ce que l'on fait avec des radars, et aux ondes radio qui traversent le bois, la brique, le métal et autres, soi-disant objets solides. Si des ondes de la pensée peuvent être syntonisées, pourquoi ne pourraient-elles pas alors affecter les molécules des objets solides?

Certains joueurs professionnels affirment qu'une forte influence mentale joue un rôle dans les prétendus coups de chance dans les jeux de hasard comme les cartes, les dés, la roulette, etc. Je connais un homme qui peut entrer dans une tabagie, se diriger vers le tableau de jeu et en quelques coups, remporter les meilleurs prix. Un jour, je lui ai demandé comment il s'y prenait et il me répondit: «Je ne m'approche jamais d'un tableau de jeu à moins d'être en forme, c'est-à-dire persuadé de gagner. J'ai remarqué que s'il y avait le moindre doute dans mon esprit, je ne gagnais pas. Mais je ne me souviens pas d'une seule fois où le numéro n'est pas sorti, alors que l'idée de gagner était ancrée dans mon esprit avant même que je commence à jouer.»

Balivernes, dites-vous. Mais attendez. Savez-vous que les facultés de psychologie des grandes universités ont déjà effectué des expériences pour déterminer si l'esprit possède le pouvoir d'influencer les objets matériels, et que ces expériences ont déjà démontré l'existence d'un tel pouvoir? Alors que ces expériences n'ont pas fait l'objet d'une très grande publicité, des articles ont été publiés de temps en temps, donnant les faits principaux.

Les travaux les plus remarquables sont sûrement ceux qui ont été faits à l'Université de Duke où le Dr J.B. Rhine et ses associés ont démontré que la psychokinésie, nom donné à la puissance mentale influençant les objets matériels, va plus loin qu'une simple théorie. Les dés, (oui, ces bons vieux dés de l'armée utilisés pour jouer) étaient jetés par un moyen mécanique pour éliminer toute possibilité d'influence personnelle et de tricherie. Depuis 1934, année où ces expériences débutèrent, il y a eu de nombreux essais au cours desquels les dés ont été jetés des millions de fois. Les résultats étaient tels que le docteur Rhine a déclaré: «Il n'y a pas de meilleure explication en dehors de celle que le sujet influence les dés sans qu'il y ait pourtant de contact physique. Par la concentration mentale sur certains chiffres, tout en étant à distance du dispositif mécanique et des dés, les sujets ont très souvent été capables de contrôler les dés. Dans un certain nombre d'expériences, les résultats obtenus par la psychokinésie ont réfuté toutes les statistiques mathématiques, à savoir qu'il existe tant de chances sur un million pour que certaines combinaisons numériques ressortent plusieurs fois de suite.»

Méditez là-dessus quelques minutes et voyez ce que cela signifie pour vous. Ces expériences vous donnent une idée de ce que l'on veut dire par «La pensée crée à son image», «La pensée est liée à l'objet», «La pensée attire ce sur quoi elle se concentre», et autres affirmations du même genre, entendues pendant des années. Souvenez-vous que c'est Job qui disait: «La chose que je craignais le plus est venue à moi.» Nos craintes ont la même puissance créatrice et magnétique pour attirer les ennuis que les pensées constructives et positives, qui nous amènent des résultats positifs. Alors, peu importe le caractère de la pensée, elle crée à son image. Lorsque l'homme en devient conscient, il a alors une idée de la puissance mystérieuse qui est à sa portée.

Cependant, je m'en tiens à la théorie qui veut que la pensée crée et exerce un contrôle dans une mesure encore inconnue de l'homme, mais qu'elle ne peut le faire que selon son degré, son intensité, sa qualité émotive, la profondeur des sentiments, ou le niveau des vibrations. En d'autres termes, les pensées que l'on peut comparer à la longueur d'ondes et à la puissance d'une station radiophonique, ont une force créatrice et de contrôle exactement proportionnelle à leur constance, intensité et puissance.

Bien que plusieurs explications aient été données, personne ne sait si la pensée est une forme d'énergie électrique ou quelque chose d'indéfini. Ayant moi-même effectué certaines expériences dans cette branche de l'électricité connue sous le terme de *haute-fréquence* sur laquelle ce grand génie, Nicola Tesla, nous a ouvert la voie, lorsque j'évoque la pensée et ses radiations ou vibrations, je fais instinctivement le lien avec l'électricité et ses phénomènes. De cette façon, je les comprends mieux.

Je m'aperçois que je ne suis pas le seul à faire cette association, puisque les scientifiques ont mis au point un dispositif qui enregistre les oscillations de la vibration émanant du cerveau humain. Ce dispositif a été jusqu'à présent utilisé surtout pour indiquer l'état de santé mentale d'une personne, mais les chercheurs déclarent que différents degrés d'émotions, les rêves, et les maladies éventuelles sont pris en considération et étudiés.

En 1944, le Dr H.S. Burr et ses collaborateurs de l'Université de Yale sont arrivés, après douze ans de recherches, à la conclusion qu'une aura électrique émanant de tous les êtres vivants, les entoure et que la vie est liée électriquement à l'univers. Pendant des années, les mystiques, les occultistes et les métaphysiciens ont déclaré que tous les individus ont cette aura et dans de très nombreux cas, on a pu voir cette aura. Cependant, jamais avant la publication des résultats de Yale, je n'ai trouvé d'explication dans laquelle l'aura était liée au phénomène électrique.

Hermès Trismégiste et les anciens alchimistes ont tous enseigné la théorie des vibrations alors que Pythagore, philosophe et géomètre qui a vécu au sixième siècle avant Jésus-Christ, soutenait que tout ce qui existe est vibration. C'est l'essence même de la théorie scientifique de l'électronique d'aujourd'hui - la matière se compose d'électrons (négatifs) et de protons (positifs), c'est-à-dire de particules ou charges d'électricité agissant et réagissant constamment les unes sur les autres. Par manque d'un meilleur terme, j'utilise le mot *vibration* ou *oscillation*, et lorsque la *fréquence* des particules électriques change, la forme de l'objet matériel change. La différence de substance de solides, tels que nous les connaissons est en fait une différence de la composition des vibrations - les électrons et les protons. Là se trouve peut-être l'explication des forces utilisées par les anciens alchimistes qui déclaraient pouvoir transformer les éléments et métaux de peu de valeur en métaux de grande valeur: i.e. le fer et le plomb en argent et en or. Ils prétendaient également pouvoir guérir toute maladie avec ces mêmes forces. Rutherford, physicien anglais bien connu pour ses recherches sur la radioactivité, a jeté une certaine lumière sur cette théorie de la transmutation des éléments et des métaux en la liant à celle de l'électronique.

Lorsque nous réalisons que notre système nerveux n'est atteint que par vibrations, en d'autres mots, que nos cinq sens connus et définis voient, entendent, ressentent, goûtent et sentent par l'intermédiaire de vibrations émises par ce qui nous entoure, nous comprenons mieux la nature des vibrations. Par exemple, nous entendons un bruit retentissant. Il nous parvient uniquement par vibrations sonores. Nous voyons une feuille verte, mais il ne s'agit que des vibrations de la couleur réfléchie par l'oeil et transmise au cerveau. Il y a cependant, des vibrations se déplaçant à des fréquences trop hautes pour nos cinq sens et que nous ne captons jamais. Comme exemple, je citerai un sifflet conçu exprès pour les chiens et dont le son est si aigu que seul un chien peut l'entendre.

Nous avons tous entendu parler de *l'imposition des mains*, et la plupart d'entre nous savent comment on peut soulager un mal de tête en passant les mains sur les tempes. Cela peut-il être dû à une forme d'énergie électrique émanant du bout de nos doigts? La Bible cite de nombreux cas de guérison par simple imposition des mains du Christ. L'explication se trouve-t-elle dans le domaine peu connu de l'électricité - la science des vibrations? Et cette atmosphère électrique que d'après le docteur Burr nous créons nous-mêmes et qui entoure tous les êtres vivants, ne nous permet-elle pas sous la force de certaines impulsions, de lâcher, littéralement, de nos doigts ou de notre cerveau, certaines forces vibratoires qui peuvent agir sur les autres et sur les soi-disant objets matériels? Toutes les personnes vivant en altitude ont ressenti et parfois observé des étincelles électriques qui se dégagent au toucher d'un objet métallique, après avoir traversé une pièce. C'est une forme d'électricité statique engendrée par la friction, mais cela prouve qu'une sorte d'électricité peut se développer dans le corps.

Parmi les expériences concrètes des chercheurs de Yale, il en est une démontrant que lorsqu'on trempait deux index intacts (sans coupure ni blessure) dans des tasses d'eau salée branchées sur un galvanomètre, un courant électrique de 1,5 millivolt circulait entre la main gauche positive et la main droite négative. Sur une autre image, on voit deux majeurs, l'un avec une légère coupure au bout, partiellement immergés dans les tasses, mais cette fois la polarité des mains n'est plus la même, la main gauche passant du positif au négatif et la main droite devenant positive, le courant ayant maintenant une intensité de 12 millivolts.

En regardant ces images, je me souvins d'un instrument appelé *biomètre* mis au point il y a plusieurs années par un scientifique français, le Dr Hippolyte Baraduc, qui consistait en un verre en forme de cloche dans lequel était suspendue une aiguille en cuivre attachée à un fil de soie très fin. Sous l'aiguille, mais dans le verre, il y avait un morceau de carton circulaire divisé en degrés.

Deux de ces instruments étaient placés côte à côte et on demandait à l'opérateur de placer les doigts de ses deux mains à 1 centimètre des verres, tout en concentrant son esprit sur l'aiguille en équilibre sensible. En changeant son attitude mentale ou la polarité de sa pensée, l'opérateur pouvait provoquer des changements correspondants dans la direction de l'aiguille, tantôt dans un sens, tantôt dans l'autre, l'aiguille suivant fidèlement les courants changeant de sa pensée directrice.

Voici une simple expérience basée sur des principes similaires. Prenez un morceau de papier d'épaisseur moyenne, d'environ 8 centimètres carrés, et pliez-le en diagonale. Ouvrez-le et pliez-le dans le sens de l'autre diagonale de façon à obtenir deux plis qui se croisent.

Ouvrez le papier, qui aura la forme d'une pyramide basse, partiellement écrasée. Puis prenez une longue aiguille et passez-la à travers un bouchon de sorte que la pointe ressorte d'environ 3 centimètres. Posez le bouchon, la pointe de l'aiguille vers le haut, sur le dessus d'un verre renversé, ce qui vous laisse les mains libres et ne gênera pas le papier. Puis prenez le papier et plantez-le sur l'aiguille là où les deux plis se croisent, de façon à ce que les quatre coins de la pyramide soient dirigés vers le bas. Posez le verre, le bouchon, l'aiguille et le papier sur une table ou un bureau dans une pièce où il n'y a pas de courant d'air, à distance de toute source de chaleur ou des fenêtres, afin d'éviter tout courant d'air chaud ou froid. Arrondissez ensuite les mains au-dessus du morceau de papier, à 2 centimètres environ du papier, pour qu'il puisse tourner librement. Ordonnez-lui alors de tourner sur la pointe de l'aiguille. Au début, il bougera de façon irrégulière - peut-être tournera-t-il lentement, dans une direction ou dans l'autre; mais si vos mains ne remuent pas et si vous vous concentrez sur une direction, le papier se mettra en mouvement jusqu'à ce qu'il tourne rapidement sur la pointe de l'aiguille. Si vous ordonnez mentalement un changement de direction, le mouvement cessera et le papier se mettra à tourner dans l'autre sens. Il est évidemment important de ne pas respirer ou de souffler en direction du papier.

De nombreuses explications sur ce qui peut provoquer le mouvement du papier ont été avancées; elles vont des courants d'air chauds émanant des mains, à un genre de réflexe parvenant du corps, et autres. Si le papier tournait dans une seule direction, l'une de ces explications pourrait être acceptée. Mais lorsqu'une personne, avec un peu de pratique, de confiance et de concentration peut faire tourner le papier dans une direction et dans l'autre en changeant la polarité de sa pensée, il est clair que le principe est le même que celui qui gouverne les expériences faites avec le *biomètre.*

En exécutant une expérience similaire, nous utilisons un petit disque de carton, connu sous le nom de «petit cadran», portant le fac-similé de la face d'une horloge numérotée de 1 à 12 (c'est le petit cadran des Rose-Croix, émis par Amorc, confrérie des Rose-Croix). On passe une aiguille fine au centre, équilibrée par une lanière de carton mince coupé en forme de flèche. On place le disque au-dessus d'un verre rempli d'eau, dans laquelle trempe le bas de l'aiguille. L'opérateur place ses mains autour du haut du verre, du disque et de la flèche; il ordonne ensuite à la flèche de tourner, de changer de position ou d'arrêter à n'importe quel endroit ou chiffre désiré. Cependant, on doit reconnaître que dans ces expériences, tout le monde n'obtient pas de résultats satisfaisants immédiatement, parce que la puissance de l'esprit ou la concentration de la pensée et l'influence projective varient selon les individus.

S'il existe une forme d'électricité qui se dégage de nos mains ou de nos doigts en particulier et s'il y a des courants magnétiques ou dynamiques, causés par des vibrations formées soit consciemment, soit inconsciemment par notre pensée, n'avons-nous pas là l'explication des tables qui se soulèvent, de l'écriture automatique, des performances de la planche ouija et d'autres opérations occultes ou spirites? Maintenant que les chercheurs de Yale ont conclu que toutes les choses vivantes étaient entourées d'une aura électrique de leur propre fabrication et que les chercheurs de Duke explorent encore ce domaine pour de plus grandes preuves à l'effet que la pensée ou une force similaire peut affecter les objets matériels, nous commençons à avoir la preuve de l'idée exprimée par le Dr Phillips Thomas, ingénieur-recherchiste à la Compagnie Electrique Westinghouse. En 1937, selon les journaux, le Dr Thomas déclara à une réunion de l'Institut Americain d'Électricité, dans l'Utah:

> «Nous sommes certains que ce que nous faisons, disons, ou pensons est accompli par un type de

radiations. Nous pensons que de telles radiations sont électriques. Dans un proche avenir, nous devrions être capables de capter et d'interpréter ces radiations de la personnalité et de la pensée à travers des impulsions électriques. Les perspectives d'une solution prochaine sont évidentes.»

Puisque plusieurs de mes lecteurs ne comprennent peut-être pas l'idée de la radiation de la pensée, j'offre une explication très simple. Lorsqu'on jette un caillou dans un étang et qu'il atteint la surface de l'eau, il se forme une série de rides ou de petites vagues qui s'étendent en cercles concentriques allant jusqu'au rivage, où ils paraissent s'arrêter. Plus le caillou est gros, plus la vague est haute. Deux pierres de différente grosseur et de poids différent jetées à l'eau simultanément, en des endroits différents mais proches l'un de l'autre, forment toutes deux une série de vagues convergeant l'une vers l'autre. À l'endroit où les vagues se rencontrent, il semble y avoir lutte à savoir lesquelles dépasseront ou passeront par-dessus les autres. En autant que notre vision est concernée, si les vagues sont de même grosseur, les deux semblent s'arrêter ou se perdre au point de rencontre; mais si une série de vagues est plus forte que l'autre, la plus forte passe par-dessus la plus petite, créant ainsi des vagues sillonnées de plus petites rides.

Pensez à cela en rapport avec vos propres impulsions mentales - par exemple, comment les idées d'une nature arrêtent ou écrasent les autres - et vous comprendrez que plus la pensée est puissante et concentrée, plus elle est rapide et plus grande sont ses vibrations, plus rapidement elle balaie les impulsions plus faibles, plus vite elle produit son travail créateur.

Nous lisons et entendons beaucoup parler des différents stades de la pensée, des degrés de conscience, de la concentration, de la force de notre foi, de tout ce qui traite de l'intensité ou de la puissance que nous émettons. La force créatrice ne vient que lorsqu'il y a idée complète, une image mentale précise ou lorsque l'imagination peut se représenter la réalisation d'une ambition et voir une image des objets désirés - une maison, une voiture, une radio, etc. - tout comme si nous les possédions déjà.

Le résultat de mes études dans les domaines mystiques, des diverses sciences mentales et des enseignements de l'Église orthodoxe m'a convaincu que tous ces principes sont efficaces à des degrés variés, mais seulement dans la limite de la foi de leurs adeptes. Il en est de même avec les prières, qu'il s'agisse d'un service religieux ou de la requête purement spontanée et personnelle de l'individu.

Cependant, j'en suis arrivé à la conclusion que la plupart des gens récitent leurs prières du bout des lèvres, sans croire le moindrement qu'elles seront exaucées. Par conséquent, elles ne le sont pas. Je pense souvent à l'histoire de la vieille dame qui prétendait croire aux vertus de la prière et qui a décidé d'aller faire des courses. La veille, elle avait demandé dans ses prières qu'il fasse beau pour que sa journée soit agréable. Mais en terminant sa prière, elle a jeté un coup d'oeil par la fenêtre, elle a vu des nuages et a déclaré immédiatement: «Mais je sais qu'il va pleuvoir.»

À la fin de l'automne 1944, le *Saturday Review of Literature*, magazine sérieux, publiait un article de Thomas Sugrue. Il y déclarait que le mouvement de la guérison par l'esprit s'était tellement répandu qu'on en trouvait des traces partout. Il citait plusieurs cas où hommes et femmes étaient arrivés à des résultats extraordinaires. Une femme âgée de soixante-deux ans, partiellement paralysée, aux doigts perclus d'arthrite, avait pratiqué un mécanisme de respiration appelé yoga et avait complètement résolu ses problèmes physiques. M. Sugrue déclarait qu'après son rétablissement, les gens qui la voyaient lui donnaient à peine quarante ans. Une autre femme obtint de très bons résultats par un système métaphysique occulte et on lui donnait bien quinze ans de moins que son âge réel. Il parlait aussi d'un missionnaire retraité depuis douze ans qui avait expérimenté le phénomène psychique et qui avait obtenu des résultats des plus marquants.

Nous ne pouvons en déduire qu'une seule conclusion, à savoir que tous les principes, croyances et cultes ne donnent de résultats que grâce à la foi de l'individu - et cela nous entraîne *à la magie de croire.*

Sigmund Freud, le psychoanalyste autrichien très connu, dont les ouvrages servent aujourd'hui de référence aux psychiatres, attira l'attention du monde entier avec son hypothèse à savoir qu'il existe en nous une force puissante, partie de l'esprit non illuminée - séparée de l'esprit conscient - qui façonne constamment nos idées, sentiments et actions. D'autres ont appelé cette partie de notre existence mentale *l'âme* et quelques professeurs de métaphysique déclarent qu'elle se situe au niveau du plexus solaire. D'autres l'appellent le super-ego, la puissance intérieure, la super-conscience, l'inconscient, le subconscient et ainsi de suite. Ce n'est ni un organe ni une matière physique, comme le cerveau, par exemple, et la science n'a pas localisé sa position tangible dans le corps humain. Néanmoins, elle existe, et depuis le début des temps, l'homme connaît son existence. Les anciens l'appelaient *l'esprit.* Paracelse l'a appelée la volonté, d'autres l'ont appelée la mémoire, un accessoire du cerveau. Quelques-uns l'ont nommée la conscience, créatrice de la petite voix intérieure tranquille. D'autres encore l'ont appelée l'intelligence et ont affirmé qu'elle n'était qu'une partie de l'Intelligence Suprême à laquelle nous sommes tous liés. De là, le nom de Mémoire Universelle - qui englobe toute chose vivante, tous les humains, la flore et la faune.

Peu importe son nom - je préfère celui de subconscient. Il est l'essence de la vie et les limites de sa puissance sont inconnues. Il ne dort jamais. Il nous soutient en cas de difficultés, nous avertit des dangers qui nous menacent, nous aide souvent à réaliser ce qui semblait impossible. Il nous guide dans plusieurs voies et lorsqu'on l'emploie correctement, il accomplit des miracles.

Objectivement, il fait ce qu'on lui dit, c'est-à-dire qu'il obéit aux ordres de l'esprit conscient; subjectivement, il agit de sa propre initiative, ou semble agir ainsi, même s'il y a des moments où son activité semble être le résultat d'influences extérieures.

Sir Arthur Eddington est censé avoir dit: «Je crois que l'esprit peut affecter les groupes d'atomes et même altérer les disparités du fonctionnement atomique, et que le destin du monde n'est pas prédéterminé par des lois physiques mais qu'il peut être modifié par la volonté inconsciente des êtres humains.»

Lorsque cette idée est bien assimilée, elle coupe le souffle. On la comprend mieux à la lumière de la théorie vibratoire ou électronique.

Tous les étudiants de cette science savent ce que l'on peut accomplir par contact direct avec le subconscient - des milliers s'en sont servi pour parvenir à la richesse, la puissance et la gloire et pour guérir des maladies physiques et résoudre d'innombrables problèmes humains. Et cette puissance est là, à votre portée. Les seuls pas que vous ayez à franchir sont ceux de croire en son pouvoir et d'utiliser la technique décrite dans ce livre, ou bien de mettre au point votre propre méthode.

Le regretté Dana Sleeth, dont les articles rapportant les observations d'un montagnard étaient très connus des lecteurs de journaux d'il y a vingt ans, me déclara un jour qu'il considérait l'esprit subconscient comme l'aide la plus grande à sa disposition, non seulement pour ce qui était des idées, mais également pour retrouver des outils perdus et autres articles. En ce temps-là, M. Sleeth vivait dans des montagnes éloignées des villes et villages, alternant ses activités de journaliste et de cultivateur. Il a longuement étudié le sujet et nous avons souvent discuté et échangé des lettres sur nos idées.

«L'esprit subconscient, déclara M. Sleeth, est quelque chose d'extraordinaire et, pour ma part, je ne vois pas pourquoi plus de gens n'en étudient pas les principes et les applications. Je ne sais pas combien de milliers de fois il m'a aidé à résoudre mes problèmes. J'ai eu l'idée de tas d'histoires alors que je m'adonnais à des tâches serviles comme le déracinage des arbres. C'est comme pour localiser des outils perdus - c'est efficace.

«Vous savez, aucun objet n'est vraiment perdu - il est tout simplement déplacé. Il est là, à l'endroit exact où vous l'avez déposé ou échappé, attendant que vous le retrouviez. J'ai trouvé des douzaines d'outils là où mon subconscient m'avait dit de regarder. Voici comment cela se passe. Prenons par exemple un canif - le mien est d'une bonne grosseur - et supposons que je l'ai perdu ou déplacé. Je demande: «Canif, où es-tu?» Puis je ferme les yeux pendant un moment ou je regarde dans le vide - la réponse ne vient peut-être pas immédiatement, mais lorsqu'elle arrive, c'est comme un éclair et je me dirige droit vers l'endroit où se trouve le canif. Cela est infaillible même pour des choses comme des haches, des râteaux et autres outils que je laisse constamment traîner un peu partout... Vous savez, nous, les journalistes, ne sommes pas très méthodiques.

«J'avais du mal à retenir les noms, mais j'ai découvert que si je pouvais visualiser l'homme ou la femme dont le nom m'échappait temporairement et voir une ébauche de ses traits comme la couleur de ses yeux, de ses cheveux, sa façon de s'habiller, etc., le subconscient m'apportait le nom sans difficulté.

«Je ne sais pas où j'ai appris cela, mais en essayant de me souvenir de quelque chose, une histoire ou un fait qui semble m'échapper, je relaxe, je relève la tête, je place ma main droite à quelques centimètres au-dessus de mon front, je peux fermer les yeux ou fixer au loin, et ce petit truc semble toujours donner des résultats.

«N'oubliez jamais: les inventions, les grandes compositions musicales, la poésie, les romans et toutes les idées viennent du subconscient. Donnez-lui l'idée ou le matériau, et nourrissez-le du désir bien enraciné de la réalisation et vous obtiendrez des résultats. Un vieux dicton dit qu'une fois que nous commençons le tissage, les dieux fournissent la laine et cela est vrai.

«Lorsque vous commencez à utiliser cette puissance, tout se met automatiquement en place, comme sous l'action d'une baguette magique. Les résultats suivent d'une manière surprenante. Et les idées se mettent à fuser, de-ci, de-là.

«Des événements qui peuvent apparaître comme des coïncidences ne le sont pas; il s'agit des résultats de la trame que vous êtes en train de tisser.

«Je suis certain que des milliers d'hommes et de femmes qui réussissent vont très loin et atteignent des résultats spectaculaires tout en ne connaissant rien du subconscient et sans se douter que c'est à cette puissance qu'ils le doivent.

«Vivant ici dans les montagnes, loin des gens et des influences de tous les jours, j'ai souvent pensé que les gens qui restent près de la nature sont mieux placés que les autres pour utiliser le subconscient. Je crois qu'un jour viendra où la science prouvera que la grande puissance du subconscient est une des forces les plus formidables dans la formation et le contrôle de nos vies.»

Une pensée momentanée chancelante meurt pratiquement en naissant, bien qu'elle puisse plus tard révéler une force cumulative. Mais la force qui met en jeu le subconscient est une idée soutenue ou, comme on l'a dit précédemment, une image mentale fixe. Il existe plusieurs méthodes pour augmenter le tempo des vibrations de la pensée consciente afin d'amener les forces subconscientes à l'action, bien que quelquefois, une simple émission, un coup d'oeil accompagnant un mot échangé entre deux personnes ait pu actionner le subconscient. C'est ce qui arrive en cas de danger, lorsque seule ou en compagnie, une personne se sent obligée d'agir immédiatement. C'est ce qui aide ceux qui ont l'habitude de prendre des décisions rapides, presque instantanées et c'est ce qui entre en jeu lorsque vous avez éliminé toutes les idées contradictoires de votre esprit conscient: «*Entrer dans le silence* est une autre façon de l'exprimer.

La méthode la plus efficace pour entraîner le subconscient à l'action pratique est celle des images mentales - qui fait appel à l'imagination - ou mise au point de l'image de l'objet ou de la situation que vous aimeriez voir se concrétiser. C'est ce qu'on appelle habituellement la visualisation.

Cependant, la plupart des manifestations soutenues et continues sont une conséquence de la foi. C'est grâce à la foi et à son étrange puissance que les miracles se produisent et que surviennent certains phénomènes étranges pour lesquels il ne semble pas y avoir d'explication. Je parle d'une foi profonde - une conviction ferme et positive qui traverse chaque fibre de votre corps - lorsque vous «croyez de toute votre âme» comme on dit.

Appelez cela phase émotionnelle, force spirituelle, type de vibration électrique - libre à vous, mais c'est cette force qui donne des résultats extraordinaires, qui met en jeu la loi de l'attraction et qui permet à toute pensée de se concrétiser. Cette foi change le rythme de l'esprit ou la fréquence de la pensée et comme un aimant énorme, attire les forces subconscientes, modifie votre aura et affecte tout ce qui vous entoure - souvent même les gens et les objets situés à de grandes distances. Elle vous apporte des résultats parfois étonnants, que souvent vous auriez cru impossibles.

La Bible le mentionne à de nombreuses reprises. C'est la première condition d'admission à plusieurs organisations religieuses, fraternelles et politiques. Partout, les hommes recherchent ceux qui sont prêts à se battre pour défendre leurs idées, car ce sont ceux qui sont chargés de vibrations fortes qui accomplissent le plus souvent des miracles, des choses que nous qualifions *d'incroyables*. Cette foi est magique. Elle est d'ailleurs à la base de la magie noire et de la magie blanche.

dans son Journal: «Je pense qu'un état d'esprit ne rappelle pas ou n'en entraîne pas un autre. Ainsi, j'ai écrit en douze mois: *Jours*, des vers dont je ne me rappelle pas la composition ni les corrections et aujourd'hui, je ne pourrais plus écrire la même chose; je n'ai comme preuve qu'ils sont miens que des évidences extérieures variées, comme un cahier dans lequel je peux les trouver, et les copies que j'ai fait parvenir à quelques amis, etc.»

Aujourd'hui, les mots *conscient* et *inconscient* sont très bien compris et il est reconnu que nous avons deux esprits, chacun doté d'attributs et de pouvoirs séparés et distincts et chacun capable, dans certaines conditions, d'actions indépendantes. Il n'est pas difficile à comprendre que l'esprit conscient opère dans le cerveau, car lorsque vous vous concentrez, vous le sentez dans votre tête. Quelquefois, vous pensez de façon si intense et prolongée que vous en avez mal à la tête, vos yeux sont fatigués, ou vos tempes palpitent. De plus, vous pouvez généralement repérer la source de la pensée. Elle peut être suggérée par quelque chose que vous avez vu, entendu ou lu; peut-être est-ce une nouvelle idée pour votre commerce ou votre maison; peut-être est-ce la continuation d'une pensée à laquelle vous vous êtes arrêté il y a déjà un bon moment. Le fait est que vous pouvez l'unir à quelque chose se trouvant déjà dans votre conscience. Quelquefois, votre pensée est tellement absorbée à résoudre un problème difficile que vous vous lassez, vous vous découragez parce que vous ne trouvez pas de solution; vous *abandonnez*, vous *laissez tomber*, vous *l'effacez de votre esprit*, c'est un sentiment que vous éprouvez souvent le soir alors que vous ne pouvez vous endormir à cause de cette pensée qui vous obsède. Au moment où vous la *laissez aller*, elle commence à s'effacer, comme si elle descendait quelque part au fond de vous. La tension de votre esprit s'apaise et vous vous endormez. Lorsque vous vous réveillez le lendemain matin, votre esprit conscient commence à repenser au problème et soudain, l'image mentale de ce problème apparaît à votre esprit - complètement résolu, il est accompagné de toutes les directives nécessaires à une action appropriée.

Où est allée l'idée au moment où vous l'avez effacée de votre esprit conscient et par quel pouvoir intérieur le problème a-t-il été résolu? On sait que plusieurs écrivains, orateurs, artistes, compositeurs de musique, dessinateurs, inventeurs et autres ont longtemps fait appel à leur esprit subconscient, sciemment ou non. Dans la même veine, Merton S. Yewdale, éditeur bien connu, a attiré l'attention de l'écrivain sur une affirmation faite récemment par Louis Bromfield, romancier américain. M. Bromfield aurait déclaré:

> «L'une des découvertes les plus salutaires que j'ai faite il y a longtemps avec d'autres écrivains, c'est qu'il y a une partie de l'esprit, que les psychologues appellent le *subconscient* qui travaille même lorsqu'on dort, relaxe ou que l'on s'attarde à des tâches autres que la rédaction. J'ai trouvé le moyen d'entraîner cette partie de l'esprit à faire un travail organisé. Très souvent, je me suis réveillé le matin, en trouvant la solution à un problème technique, à l'intrigue, au caractère qui me tourmentait depuis longtemps. Le jugement de *l'esprit subconscient*, qui représente les instincts hérités et l'accumulation de l'expérience, est de fait infaillible et je me fierais toujours à ses décisions plus qu'à n'importe quelle autre, atteinte à la suite d'un cheminement prolongé et raisonné de la pensée consciente.»

Vous avez sûrement déjà une image mentale de vos deux esprits: l'esprit conscient dans votre tête, au-dessus de la ligne de la conscience; et l'esprit subconscient dans votre corps, au-dessous de la ligne de conscience - avec, entre eux, un moyen de communication.

À la source de la pensée, il y a l'esprit conscient. C'est aussi l'esprit qui nous donne le sens de la conscience dans notre vie consciente; la réalisation de ce que nous sommes, ici et maintenant; la reconnaissance et la compréhension de notre environnement; la puissance de gouverner nos facultés mentales, de nous souvenir des événements de notre vie antérieure et de comprendre nos émotions et leur signification. Plus concrètement, cela nous permet d'avoir une compréhension rationnelle des objets et des personnes qui nous entourent, de notre réussite ou de nos faiblesses, de la validité d'un argument ou de la beauté d'une oeuvre d'art.

Les puissances qui commandent l'esprit conscient sont la raison, la logique, la forme, le jugement, l'analyse, la conscience et le sens moral. C'est par elles que nous prenons connaissance du monde objectif, et ses moyens d'observation sont nos cinq sens physiques. Notre esprit conscient est l'excroissance de nos besoins physiques de même que notre guide dans la lutte avec notre environnement matériel. Sa plus haute fonction est celle de raisonner, par toutes les méthodes - inductive et déductive, analytique et synthétique. Par exemple, supposons que vous vouliez découvrir un nouveau sérum. Vous utilisez votre esprit conscient et employez la méthode inductive pour raisonner. En d'autres mots, vous commencez par rassembler les faits et éléments qui se présentent à votre perception; vous les comparez entre eux, notant les similarités et dissimilitudes; vous choisissez ceux qui sont semblables du point de vue qualité, utilisation, fonction et puis vous rédigez une loi, qui est une généralisation, à savoir que certaines choses ayant telles qualités fonctionnent de telle manière. C'est la façon scientifique d'arriver à une connaissance et elle est à la base de l'éducation moderne dans les écoles et universités. Mais sous une forme ou l'autre, nous l'utilisons tous pour résoudre nos problèmes personnels, sociaux, d'affaires, professionnels ou économiques. Souvent, la solution à notre problème vient de l'utilisation de notre esprit conscient. Mais de temps en temps, lorsque la solution tarde à venir, nous nous fatiguons d'essayer continuellement, nous commençons à perdre confiance en nous et nous nous résignons à l'idée d'avoir échoué et concluons qu'il n'y a plus rien à faire. C'est ici que le subconscient entre en jeu - pour nous aider à renouveler notre confiance en nous, pour nous aider à vaincre nos difficultés et à nous placer sur la voie de la réussite.

Tout comme l'esprit conscient est à la source de l'idée, le subconscient est à la source de la puissance. C'est aussi l'une des plus grandes réalités de la vie humaine. Il est enraciné dans l'instinct et connaît les désirs les plus élémentaires de l'individu et pourtant, il essaie toujours de passer dans la vie consciente. C'est l'entrepôt des impressions spontanées de l'homme et de la nature, une voûte dans laquelle se trouve la trace de tous les faits et expériences qui y descendent de temps en temps par l'intermédiaire de l'esprit conscient pour utilisation future. Ainsi, l'esprit subconscient est-il un entrepôt de matériel prêt à l'emploi qui peut être mis à la disposition de l'esprit conscient et une centrale énergétique où l'individu peut se recharger et recouvrer force, courage et confiance en lui.

L'esprit subconscient transcende l'espace et le temps; il s'agit d'un émetteur-récepteur puissant doté d'un poste universel lui permettant de communiquer avec le physique, le mental, le psychique et, selon plusieurs chercheurs, avec les mondes spirituels, le passé, le présent et l'avenir. Tel est le pouvoir de votre esprit subconscient. Bref, le subconscient personnifie le sentiment et la sagesse du passé, la conscience et la connaissance du présent et la pensée et la vision de l'avenir. Même s'il écrivait d'instinct, Emerson l'a doté de tant d'attributs élogieux, qu'il pensait sans aucun doute à l'esprit subconscient lorsqu'il a déclaré: «Toute véritable sagesse de la pensée et de l'action vient du respect de cet instinct, de la patience face à ses contretemps. Utiliser cet instinct dans la vie de tous les jours, c'est faire preuve de sagesse, et nous devons prendre l'habitude de toujours préférer son conseil, donné tel qu'on le mérite.»

Les pouvoirs du subconscient sont nombreux, les principaux étant l'intuition, l'émotion, la certitude, l'inspiration, la suggestion, la déduction, l'imagination, l'organisation et, bien sûr, la mémoire et l'énergie dynamique. Il prend connaissance de son environnement par des moyens indépendants des sens physiques. Il perçoit par intuition. Il fonctionne mieux et atteint sa plénitude lorsque les sens objectifs sont calmes. Mais il peut travailler pendant les heures de veille et pendant le sommeil. C'est une entité distincte, il possède des fonctions et des pouvoirs indépendants, une organisation mentale unique qui lui est propre, et il mène une existence étroitement liée au corps physique et à la vie de l'individu, bien qu'il soit indépendant du corps.

Le subconscient a trois fonctions principales. Premièrement, par sa compréhension intuitive des besoins physiques, il maintient et préserve (sans l'aide de l'esprit conscient) le bien-être et en fait, la vie du corps. Deuxièmement, comme on l'a dit dans le chapitre précédent, en cas d'urgence, il passe immédiatement à l'action (encore indépendamment de l'esprit conscient) et contrôle tout avec une certitude incroyable, rapidité, justesse et compréhension, afin de sauver la vie de l'individu. Troisièmement, il fonctionne dans le monde psychique où les pouvoirs psychiques du subconscient se manifestent par des phénomènes tels que la télépathie, la clairvoyance et la psychokinésie. Mais il peut aussi être appelé à l'aide de l'esprit conscient en temps de crise personnelle, lorsque le conscient se sert de la puissance et des ressources du subconscient pour résoudre un problème ou pour concrétiser ce que l'individu recherche ou désire.

Dans cet ouvrage, nous traitons surtout de la dernière partie de la troisième fonction principale de l'esprit subconscient et spécialement de la technique vous permettant de l'utiliser. Par conséquent, pour faire appel aux ressources et à la puissance du subconscient et les mettre en action, vous devez premièrement vous assurer que vous demandez une chose à laquelle vous avez droit et que vous saurez assumer, car le subconscient ne se manifeste que dans la mesure des possibilités de chacun. Vous devez ensuite faire preuve de patience et d'une foi absolue, comme le disait le philosophe français Simon Jouffroy: «L'esprit subconscient ne s'attarde pas à travailler pour ceux qui n'y croient pas.» Par la suite, en transmettant votre besoin au subconscient, vous devez vous imaginer que le travail a *déjà été fait*. De cette façon, pendant qu'il est nécessaire pour vous de ressentir et de vous voir réussissant, il est important que vous fassiez un pas de plus pour vous voir vraiment heureux, soit dans l'accomplissement de quelques tâches choisies, soit au poste auquel vous aspirez. Pour l'étape finale, vous devez attendre patiemment que le subconscient assimile les éléments de votre problème et qu'il se mette à l'oeuvre pour le résoudre.

En temps et heure, les idées et les plans en provenance du subconscient pénétrant dans votre esprit conscient vous révéleront la solution à votre problème et les mesures à prendre, et vous devez les respecter, immédiatement, et sans poser de questions. Il ne doit y avoir aucune hésitation de votre part, pas de réserve mentale, pas de discussion. Vous devez recevoir le message du subconscient librement et après l'avoir compris, vous devez agir. Ce n'est que de cette façon que vous amènerez votre subconscient à vous servir et à continuer à vous répondre lorsque vous l'appelez.

Cependant, votre problème est peut-être l'un de ceux qui ne peuvent être résolus de la façon décrite précédemment;

au lieu de recevoir la solution sous forme de *plan* visant à vous guider vers le dénouement, vous pouvez au contraire, ressentir une certaine force mystérieuse vous poussant, à intervalles, à faire certaines choses qui semblent ne pas avoir de signification spéciale ou de suite logique. Mais vous devez quand même continuer à croire à la puissance et à la sagesse du subconscient et accomplir sagement des choses apparemment étranges: un jour, vous vous trouverez là où vous le souhaitiez grâce au subconscient, faisant le travail que vous aviez envisagé de faire. Alors, lorsque vous regarderez en arrière, vous comprendrez comment les choses que vous avez été amené à faire formaient une suite logique, la dernière action étant l'arrivée - la récompense de vos espoirs et de vos désirs les plus sincères - votre propre réussite personnelle et triomphante!

IV/La suggestion est une puissance

Combien de fois déjà avez-vous entendu dire: «Il suffit d'être persuadé d'y arriver pour réussir!» Quelle que soit la tâche entreprise, si vous vous y mettez en sachant que vous la mènerez à bien, vous l'accomplirez à la perfection. C'est la foi qui permet de faire ce que les autres jugent impossible. C'est la foi qui est la force de départ ou la puissance génératrice qui mène à la réalisation. «Allez, les gars, on va les battre», crie un leader, qu'il s'agisse d'une partie de football, d'une bataille ou d'un contrat à obtenir dans le monde des affaires. Cette voix, qui est l'écho de la croyance, qui défie et qui électrifie, entraîne un renversement de situation et - Victoire! C'est la réussite! C'est le chemin parcouru de la défaite à la victoire - simplement parce qu'un idéaliste tout-puissant savait que *cela était possible*.

Vous pouvez vous retrouver à l'eau, à la suite d'un naufrage ou d'un accident, tout près d'un rivage rocheux et pendant un moment, vous pouvez penser que vous n'avez aucune chance de vous en tirer. Mais tout d'un coup, un pressentiment surgit - vous savez que l'on va vous sauver ou que vous allez vous en sortir, tout seul. Au moment où cette pensée vous effleure, elle commence à prendre la forme de ce que l'on appelle la foi, et c'est avec la foi que vous vient l'aide. Vous pouvez vous trouver au centre d'un incendie, enveloppé de fumée, tremblant de peur. Cette puissance s'impose - et vous pouvez être sauvé.

Emerson l'a expliqué en disant que, dans une situation difficile ou en cas d'urgence, nos actes spontanés sont toujours les meilleurs. On a raconté beaucoup d'histoires sur les réserves immenses du subconscient, comment, sous ses directives et sous l'effet de la force surhumaine qu'il communique, des hommes et des femmes frêles ont pu réaliser des exploits au-dessus de leurs forces. Les grands orateurs et écrivains s'étonnent souvent des pouvoirs du subconscient qui leur envoie un courant continu de pensées nouvelles.

Lorsqu'on étudie les diverses religions mystiques, les enseignements et les systèmes parapsychologiques, on s'aperçoit que tous ont un principe en commun - celui de la répétition; il s'agit de répéter ces incantations, mots, formules ou charabias et William Seabrook a déclaré que les sorciers, les prêtres vaudous, et autres adeptes de ces cultes étranges en font usage pour invoquer les esprits ou lors des séances de magie noire. On retrouve ce même principe dans les chants, les incantations, les litanies, les leçons journalières (qui doivent être répétées le plus grand nombre de fois possible au cours d'une même semaine), les prières fréquentes des bouddhistes et des musulmans, dans les affirmations des théosophes et chez les adeptes de l'Unité, de l'Absolu, de la Vérité, de la Pensée Nouvelle, de la Science Divine; en fait, c'est la base de toutes les religions, bien qu'il s'agisse là de magie blanche au lieu de magie noire. Si l'on va plus loin, on retrouve le même principe chez les peuplades du monde entier lorsqu'ils jouent du tam-tam ou battent des timbales dont les vibrations entraînent des vibrations similaires dans la nature psychique de ces primitifs, ce qui les stimule, les excite et porte leurs émotions à un point tel qu'ils peuvent alors défier la mort. Les danses de la guerre des Indiens d'Amérique avec leurs mouvements physiques rythmiques, les cérémonies tribales visant à obtenir la pluie, les psalmodies musulmanes et la musique martiale en temps de crise, la musique entraînante que l'on passe à l'intention des ouvriers dans de nombreuses usines partent tous du même principe.

Certains faits assez intéressants concernant la répétition des chants mystiques et prières sont relatés par Theos Bernard dans son livre *Penthouse of the Gods* (Temples des Dieux), publié en 1939. Lorsqu'il l'a écrit, il prétendait avoir été la première personne à avoir eu accès à la ville de Lhassa, au Tibet, située à une altitude élevée dans l'Himalaya et où se trouvent des monastères abritant des milliers de lamas, disciples de Bouddha. En lisant ce livre, on a l'impression que lorsque les lamas, ou moines, ne mangent pas ou ne répondent pas aux besoins physiques de leur corps, ils ne font que répéter des chants mystiques, en ayant recours à un rouleau de prières. Bernard déclare que dans l'un des temples, les moines passaient la journée complète à répéter des prières qu'ils avaient commencées à l'aube et qu'au cours d'une journée, ils avaient dit ces prières exactement 108 000 fois. Il raconte également comment les lamas qui l'accompagnaient répétaient certains chants, toujours les mêmes, dans le but d'accroître leur force.

Il est évident que dans toutes les religions, dans tous les cultes et ordres, il existe un rituel comportant la répétition de certains mots, mystiques ou autres, qui joue un rôle important. Et ceci nous amène à la loi de la suggestion; c'est grâce à elle que toutes les forces travaillant dans ses limites peuvent donner des résultats extraordinaires. En d'autres mots, la puissance de la suggestion - auto suggestion (vous à vous-même) ou l'hétéro suggestion (vous arrivant à partir de sources extérieures) - met en marche le mécanisme ou entraîne le subconscient à commencer son travail créateur - et c'est là que les affirmations et les répétitions jouent un rôle. C'est la répétition d'un même chant, les mêmes incantations, les mêmes affirmations qui mènent à la foi et lorsque cette foi se transforme en conviction profonde, les choses commencent à se concrétiser. Un entrepreneur ou un constructeur se penche sur un jeu de plans et de spécifications concernant un pont ou un édifice et, poussé par le désir d'obtenir le contrat, il se dit: «Je peux le faire. Oui, je peux le faire.» Il peut se le répéter en silence des milliers de fois, sans même s'en rendre compte; néanmoins, la suggestion trouve un endroit où se nicher et il obtient le contrat pour éventuellement ériger une telle structure. Il peut au contraire, se répéter qu'il ne peut y arriver - et il n'obtiendra jamais le contrat.

C'est encore cette force et ces mécanismes qu'a utilisés Hitler pour pousser les Allemands à attaquer le monde. Il suffit de lire *Mein Kampf* (Mon Combat) d'Hitler, pour s'en assurer. Le Dr René Fauvel, psychologue français très connu, l'a expliqué en disant qu'Hitler connaissait très bien la loi de la suggestion et les différentes façons de l'appliquer et que c'est avec une habileté d'une étrangeté inquiétante et un art de la mise en scène consommé qu'il a mobilisé tous les instruments de propagande dans son immense campagne de suggestion. Hitler a ouvertement déclaré que la psychologie de la suggestion était une arme redoutable dans les mains de quiconque savait l'utiliser. Voyons un peu comment il s'y est pris pour faire croire aux Allemands ce qu'il voulait et comment, une fois la croyance enracinée, s'est répandue la campagne de la terreur. Des slogans, affiches, sigles immenses, des drapeaux ont commencé à envahir l'Allemagne. La photo d'Hitler se trouvait partout. «Un royaume, un peuple, un chef», telle était l'incantation. On l'entendait partout, dès qu'un groupe se réunissait. «Aujourd'hui, nous possédons l'Allemagne, demain, nous régneront sur le monde entier», tel était l'hymne qu'entonnaient les jeunes tous les jours. Des slogans comme «L'Allemagne a attendu assez longtemps», «Debout! Vous êtes les aristocrates du troisième Reich», «L'Allemagne se tient derrière Hitler» et des centaines d'autres bombardaient les Allemands vingt-quatre heures par jour depuis les panneaux d'affichage, les murs peints des édifices, la radio, les journaux. Dès qu'ils esquissaient un mouvement, qu'ils se retournaient, qu'ils parlaient à un autre, les Allemands avaient l'impression d'appartenir à une race supérieure et sous l'influence hypnotique de cette croyance, elle-même renforcée par une suggestion répétée, ils se mirent en devoir de le prouver.

Malheureusement pour eux, d'autres nations également patriotiques en vinrent un jour à vaincre les Allemands.

Mussolini s'est également servi de la loi de la suggestion dans le but de créer une place au soleil à l'Italie. Des panneaux et des slogans comme «Croyez, obéissez et battez-vous!», «L'Italie doit avoir sa place» et «Nous avons des comptes à régler» recouvraient les murs des édifices et ces mêmes idées étaient véhiculées par la radio et tout autre moyen de communication directe.

Staline a aussi eu recours à cette science pour amener la Russie à ce qu'elle est aujourd'hui. L'Institut d'Hypnotisme Moderne, en novembre 1946, reconnaissant que Staline avait utilisé l'immense pouvoir de la suggestion répétée sur les Russes en vue de les amener à croire en leur force et en leur puissance, l'a nommé l'une des dix personnes «aux yeux les plus hypnotiques du monde», le qualifiant «d'hypnotiseur de masse.»

Les samouraïs japonais s'en servaient pour faire de leurs sujets des soldats fanatiques. Depuis le jour de leur naissance, les enfants étaient persuadés qu'ils étaient des descendants des cieux, destinés à dominer le monde. Ils le priaient, le chantaient et le croyaient; mais là encore, l'usage n'était pas le bon.

Pendant quarante-quatre ans, depuis la guerre russo-japonaise, les Japonais ont immortalisé l'officier de marine Magoshichi Sugino, représenté comme l'un des premiers soldats-suicide et l'un des plus grands héros du pays. Des milliers de statues ont été érigées à sa mémoire et par des chants et histoires sans cesse répétés, on faisait croire aux jeunes Japonais qu'en suivant son exemple, ils pouvaient mourir de la manière la plus glorieuse qui soit, celle d'un soldat-suicide. Des millions l'ont cru et durant la guerre, des milliers de Japonais sont morts en tant que soldats-suicide. Et pourtant, Sugino qui était censé avoir trouvé la mort alors qu'il sabordait un navire afin d'embouteiller la flotte russe à Port Arthur, s'en est sorti. Il a été repris par un bateau chinois et, en apprenant que tout un peuple le portait aux nues en tant que soldat-suicide, il a décidé de se cacher à tout jamais et de s'exiler en Mandchourie.

Les dépêches de l'*Associated Press* en provenance de Tokyo, en 1946, nous font savoir comment il a été découvert après tant d'années et comment il a été renvoyé chez lui. Et bien qu'il soit en vie, les Japonais ont continué à abreuver les jeunes de leur pays avec des slogans, à savoir qu'aucun acte n'était plus héroïque que celui de mourir comme Sugino. Cette croyance terrible et persistante, entièrement basée sur une légende, a entraîné des milliers de Japonais à faire don de leur vie au cours de la guerre.

Nous aussi, Américains, avons été soumis à la puissance de la suggestion bien avant la Première Guerre mondiale; et nous l'avons été, de la belle manière, sous la direction du général Hugh Johnson et de son plan N.R.A.; pendant la Deuxième Guerre mondiale, c'est encore la suggestion qui nous a amenés à augmenter nos efforts, à acheter des bons, etc. On nous répétait sans cesse qu'il fallait absolument vaincre l'Allemagne et le Japon. Sous l'effet de la répétition constante d'une même idée, toute pensée individuelle se trouvait paralysée et l'esprit de masse s'est trouvé canalisé vers une seule obsession - *gagner la guerre à tout prix*. Comme l'a très bien dit un écrivain: «Pendant la guerre, la voix de la dissension devient vite celle de la trahison.» Là encore, nous pouvons donc constater la force terrifiante de la répétition d'une idée - elle est notre maître et nous faisons ce qu'elle nous ordonne de faire.

Cette force subtile de la répétition d'une suggestion paralyse notre raison, agissant directement sur nos émotions et nos sentiments pour finalement pénétrer jusqu'au plus profond de notre subconscient. C'est le principe de base de toute annonce publicitaire réussie - la suggestion continue et répétée qui commence par vous faire croire et ensuite, par vous pousser à l'achat. Récemment, nous avons connu une augmentation des ventes des vitamines. Un éventail de vitamines nous inonde de tous les côtés et des millions de gens en achètent sous forme de comprimés tellement la suggestion répétée de leurs vertus est puissante.

Pendant des siècles, on a pensé que les tomates étaient vénéneuses. Personne n'osait en manger jusqu'à ce que quelqu'un, plus téméraire que les autres, y goûte sans en mourir. Aujourd'hui, des millions de personnes en mangent, sans savoir qu'il y a moins d'un siècle, on les jugeait inaptes à la consommation humaine. Et à l'opposé, les épinards vont peut-être tomber en disgrâce car le gouvernement des États-Unis déclare qu'ils ne contiennent pas la valeur nutritive qu'on leur attribue depuis des siècles. Il est facile de voir que des millions de gens vont le croire et refuseront de faire honneur au plat préféré de Popeye.

Il n'y a rien de plus évident que le fait que tous les fondateurs des grands mouvements religieux connaissaient très bien la puissance de la suggestion répétée et que c'est grâce à elle qu'ils ont obtenu des résultats extraordinaires. Les enseignements religieux nous ont été inculqués dès notre plus tendre enfance, comme ils l'ont été à nos pères et à nos mères et à leurs parents, et aux parents de leurs parents et ainsi de suite, pendant des siècles. Il ne fait aucun doute que dans cette sorte de foi, on retrouve la magie blanche.

Des phrases comme «Ce que l'on ne connaît pas ne peut nous faire de mal» ou «L'ignorance est une bénédiction» prennent tout leur sens lorsque nous réalisons que les seules choses qui peuvent nous blesser ou nous ennuyer sont celles dont nous sommes conscients. Nous avons tous déjà entendu l'histoire d'un homme qui ne savait pas qu'une chose était impossible, qui s'est lancé et qui a réussi. Les psychologues nous disent que les bébés n'ont que deux craintes: celle des bruits infernaux et celle de tomber. Toutes les autres ne viennent qu'avec la connaissance ou prennent naissance à la suite de nos expériences; elles nous viennent de ce que l'on nous enseigne, ou de ce que l'on voit et entend. J'aime m'attarder à l'idée d'hommes et de femmes, solides comme le chêne, qui peuvent se tenir fermement parmi tous les courants de pensée qui les entourent. Mais beaucoup trop de gens sont comme les jeunes arbres qui plient au moindre souffle et qui finalement poussent dans la direction donnée par le plus fort courant de pensée qui les ploie.

La Bible est remplie d'exemples de la puissance de la pensée et de la suggestion. Lisez la Genèse, chapitre 30, versets 36 à 43 et vous verrez que même Jacob en connaissait le pouvoir. La Bible nous dit comment il obtint des brebis rayées et tachetées en prenant des branches d'arbres partiellement pelées et en les plaçant près des abreuvoirs où allaient les animaux. Comme vous l'avez deviné, les brebis entraient en chaleur près des branches et elles faisaient des agneaux *rayés, mouchetés et tachetés* et Jacob, soit dit en passant, devint de plus en plus riche.

Moïse était, lui aussi, un expert en matière de suggestion. Pendant quarante ans, il s'en est servi auprès des Israélites et il les emmena vers la Terre promise où coulaient le lait et le miel. David, écoutant les forces de suggestion qui se faisaient entendre en lui, a réussi à massacrer Goliath le tout-puissant à l'aide d'un caillou lancé d'un lance-pierre.

La petite Pucelle d'Orléans, Jeanne d'Arc, a entendu des voix (?) et sous leur influence, a été obsédée par l'idée que sa mission était de sauver la France. Elle a pu ainsi transmettre sa volonté indomptable dans le coeur de ses soldats et a vaincu les Anglais à Orléans.

William James, père de la psychologie moderne en Amérique a déclaré que souvent, notre foi (croyance), face à une entreprise risquée, est la seule chose qui puisse en assurer la réussite. La foi de l'homme, selon James, agit sur les puissances qui lui sont supérieures et établit ses propres vérifications. En d'autres mots, la pensée enfante vraiment l'action. Pour encore mieux comprendre la foi et sa puissance, je vous suggère de lire l'Épître de Jacques dans le Nouveau Testament.

Abordons pour un moment le domaine des sports dans lequel tous ceux qui ont déjà assisté à une partie de football ou de baseball ont réellement vu la puissance de la suggestion à l'oeuvre. Knute Rockne, maintenant décédé, entraîneur très connu à Notre Dame, connaissait la valeur de la suggestion et y faisait appel de façon régulière. Mais il adaptait toujours sa méthode au tempérament de l'équipe avec laquelle il avait à faire. On raconte qu'un samedi après-midi, l'équipe de Notre Dame disputait une partie particulièrement difficile. À la mi-temps, les résultats n'étaient pas brillants. Les joueurs se trouvaient dans les vestiaires et attendaient avec nervosité l'arrivée de Rockne. La porte a fini par s'ouvrir et la tête de Rockne y apparut lentement. Ses yeux balayèrent l'équipe d'un air interrogateur et il dit: «Excusez-moi. Je me suis trompé. Je pensais me trouver dans les vestiaires de l'équipe de Notre Dame.» La porte s'est refermée sur Rockne qui s'éloignait. Etonnée d'abord, puis ensuite absolument furieuse, l'équipe est ressortie pour remporter la partie.

D'autres écrivains ont parlé des méthodes psychologiques utilisées par Rockne et ont décrit comment Fielding

Yost du Michigan, Dan McGugin de Vanderbilt, Herbert Crisler de Princeton et des douzaines d'autres ont eu recours à la magie de la suggestion pour amener leurs équipes à de très hauts niveaux émotifs.

Avant la partie du Rose Bowl en 1934, des donneurs de tuyaux très bien informés ont qualifié l'équipe de Columbia de *perdante*. Mais ils n'avaient pas tenu compte de l'entraîneur Lou Little et des discours vibrants qu'il tenait à ses joueurs jour après jour. La partie a commencé et tout le monde s'est tout de suite aperçu que Columbia était dans le coup. Lorsque l'arbitre siffla la fin de la partie, les joueurs de Columbia avaient gagné contre l'équipe *supérieure* de Stanford.

En 1935, l'Université de Gonzaga a battu l'excellente équipe de l'État de Washington par 13 à 6, au cours de l'une des parties les plus extraordinaires que l'on ait pu voir dans l'Ouest. On ne parlait jamais de l'équipe de Gonzaga, alors qu'on pensait que celle de l'État de Washington, à cause de toutes les victoires qu'elle avait à son actif, était absolument invincible. Les journaux de cette époque racontent que Sam Dagley, aide-entraîneur, a déclaré que l'équipe de Gonzaga a joué une partie de football inspirée et il a révélé que l'entraîneur Mike Pecarovitch a fait passer, pendant une demi-heure avant la partie, un disque de l'un des discours les plus convaincants de Rockne.

Mickey Cochrane, de l'équipe des Tigers de Détroit a réussi, il y a quelques années à amener une petite équipe de baseball sans ambition au sommet de la Ligue Américaine en ayant, lui aussi, recours à la puissance de la suggestion répétée. Voici un extrait paru dans les journaux à ce moment-là: «Jour après jour, il (Cochrane) a prêché l'évangile de la victoire, gravant chez les Tigers la *pensée continue*, l'idée que ceux qui gagnent vont de l'avant.»

On peut voir les mêmes forces en jeu dans les fluctuations de la Bourse. Les mauvaises nouvelles font immédiatement baisser les prix, alors que les bonnes les font monter. Les valeurs intrinsèques des actions ne changent pas, mais il y a modification immédiate de la pensée des opérateurs, et elle se reflète immédiatement dans l'esprit des actionnaires. Ce n'est pas ce qui va se passer, mais ce que les actionnaires pensent qui va se passer qui entraîne l'achat et la vente des actions.

Pendant les années de Dépression - et ces années là peuvent très bien revenir - nous avons vu cette même force agir. Jour après jour, nous pouvions entendre: «Les temps sont durs», «Les affaires vont mal», «Les banques ne peuvent plus faire face», «La prospérité n'a plus une chance», sans compter toutes les histoires qui circulaient sur les faillites, jusqu'à ce que tout cela devienne le leitmotiv national et que des millions de personnes soient persuadées que les jours heureux ne reviendraient jamais. Des centaines, des milliers de gens pourtant volontaires subissent le martèlement constant des mêmes idées angoissantes. L'argent, qui est un facteur très sensible, est immédiatement mis à l'abri lorsque les mauvaises nouvelles commencent à circuler et les faillites et le chômage ne tardent pas à suivre. Nous entendons des milliers d'histoires sur les banques qui ne peuvent tenir le coup, sur des compagnies importantes qui se trouvent en mauvaise posture, etc.; les gens les croient facilement et agissent en conséquence.

Il ne se produira jamais d'autre Dépression si les gens se persuadent que ce n'est que par leurs pensées négatives qu'ils créent littéralement les temps difficiles. Ils pensent en termes de difficultés et les ennuis suivent. Il en est de même en ce qui concerne les guerres. Lorsque tous les gens du monde cesseront de penser dépressions et guerres, il n'y en aura plus, car rien n'intervient dans nos schèmes économiques à moins que nous ne les imaginions d'abord dans nos pensées émotives.

Le Dr Walter Dill Scott, psychologue connu et longtemps recteur de l'Université Northwesten, a résumé ce processus quand il a déclaré: «La réussite ou l'échec dans les affaires est due bien plus à une attitude d'esprit qu'aux capacités intellectuelles.»

Les êtres humains sont des êtres humains dans le monde entier, tous sujets aux mêmes émotions, aux mêmes influences et aux mêmes vibrations et qu'est-ce qu'une grosse société, un village, une ville, une nation sinon un groupe d'individus les contrôlant et les faisant fonctionner grâce à leurs pensées et à leur foi? Les gens sont ce qu'ils pensent et ce qu'ils croient. Une ville est ce que les gens qui l'habitent pensent; et un pays est ce que ses citoyens pensent. Nous en arrivons à une conclusion à laquelle on ne peut échapper. Chaque personne est exactement telle qu'elle se crée, l'image de ce qu'elle pense et de ce qu'elle croit. Comme l'a dit le roi Salomon: «*Ce qu'il pense au plus profond de son coeur, c'est ce qu'il est.*»

Souvenez-vous de la panique de cette fameuse nuit du 20 octobre 1938, alors qu'Orson Wells et sa troupe du théâtre Mercury ont joué, à la radio, la pièce de H.G. Wells, *La guerre des mondes.* C'était l'histoire d'une invasion d'étranges guerriers venant de la planète Mars, mais des millions de gens ont immédiatement été pris de panique. Certains ont quitté en hâte leur domicile, d'autres ont assiégé les postes de police, les standards téléphoniques étaient bloqués, les autoroutes du New Jersey étaient complètement embouteillées. En fait, pendant les quelques heures qui ont suivi la radiodiffusion, ce fut une panique réelle parmi des millions d'auditeurs, qui ont cru que notre planète étaient envahie par des martiens. Il est donc vrai que la croyance peut engendrer et engendre des événements étranges et inhabituels.

Les ralliements organisés dans les écoles et universités juste avant des compétitions athlétiques importantes sont basés sur les mêmes principes - discours, chants et cris devenant le moyen de créer la suggestion et la volonté de gagner. De nombreux directeurs des ventes ont recours à ce principe lors des réunions qui ont lieu le matin, alors que de la musique provenant d'un orchestre, de la radio ou d'un tourne-disque est utilisée pour jouer sur les émotions des vendeurs et leur faire rentrer l'idée qu'ils peuvent *battre* tous les records de vente déjà battus. Le même principe, mais avec des techniques différentes est repris à l'armée - en fait, dans toutes les armées. Les ordres et commandements sont tellement répétés aux hommes qu'ils sont suivis d'une obéissance instantanée, qui devient éventuellement instinctive; ces commandements et ces ordres se gravent tellement bien dans leur esprit et dans leur corps que leurs mouvements sont vite automatiques - tout cela se transformant en confiance en soi, ce qui est absolument nécessaire lors des batailles.

Il est très important de se souvenir qu'alors que le subconscient passe à l'action immédiatement sous l'impulsion des ordres ou suggestions qu'il reçoit de l'esprit conscient, ou qui lui parviennent à partir de sources extérieures et lui sont transmis par l'esprit conscient, il obtient des résultats bien plus rapidement si l'esprit conscient accompagne son message d'une image mentale du but désiré. Cette image peut être floue, schématique, non terminée, mais même s'il ne s'agit que d'un contour, elle sera suffisante pour que le subconscient puisse agir à partir de là.

Et ceci nous amène aux rituels et cérémonials qui ont lieu dans des décors impressionnants dans les églises et lieux de culte des sociétés secrètes, le tout conçu pour jouer sur les émotions des adeptes et créer une image mentale dans leur esprit. Ces rituels, quel que soit le décor dans lequel ils ont lieu, sont là pour retenir votre attention et pour relier le sens caché de ces symboles aux idées particulières qui doivent être implantées dans votre esprit. Divers éclairages, ornements, souvent un costume spécial pour celui qui officie, le tout accompagné de musique douce, religieuse la plupart du temps, aident à créer une atmosphère mystique que certains qualifient de hantée, afin de vous mettre dans un état émotif adéquat, et soit dit en passant, réceptif. L'idée est vieille comme le monde. Non seulement les peuples les plus civilisés, mais aussi les tribus les plus sauvages ont des cérémonials qui leur sont caractéristiques. Des méthodes similaires visant à impressionner les individus sont utilisées lors des séances tenues par les médiums et lors de celles où ont lieu les lectures dans les boules de cristal; même les bohémiennes considèrent que cela doit faire partie de la présentation. Sans cette atmosphère, qui tend à endormir l'esprit conscient, et même à l'endormir plus profondément de façon temporaire, nous ne pourrions être convaincus aussi facilement, car le désir de satisfaire complètement nos aspirations par le mystique et le miraculeux ne suffit pas toujours à nous persuader.

Je ne dis pas tout cela de façon sacrilège, mais uniquement pour présenter une image des méthodes historiques employées pour impressionner les foules, et pour faire remarquer comment l'intérêt émotif prépare la voie menant à la raison. Une approche par le drame est la première étape visant à réveiller les émotions chez les gens, quel que soit le but visé.

Aimee Semple McPherson aurait-elle pu, sans sa longue robe blanche qui flottait autour d'elle et sa célèbre coiffure, jouer le rôle de celle qui devait sauver les hommes? Aurait-elle pu guérir comme elle l'a fait sans cette parfaite connaissance de l'influence que peut avoir un décor dramatique. On peut se le demander, car Billy Sunday dans son meilleur numéro au cours duquel il faisait bouger les tables, n'était qu'un novice comparé à Aimee lorsqu'il s'agissait de mise en scène et d'impressionner les gens. Avec tous les artifices dont elle savait s'entourer et les décors dans lesquels elle évoluait, elle a donné des représentations absolument extraordinaires et ses adeptes, du moins ceux de la côte du Pacifique, déclarent que les résultats qu'elle obtenait étaient réels et durables. Il ne s'agit pas là d'une réflexion à la mémoire de madame McPherson, car ses adeptes étaient vraiment sincères et croyaient en son travail, en ses enseignements et aux résultats qu'elle obtenait - et c'est la seule chose qui compte.

Il existe cependant des hommes et des femmes ayant un magnétisme personnel très fort, des grands orateurs, qui peuvent obtenir le même effet émotif sans l'aide de mise en scène. Ce sont les maîtres de la voix, du jeu émotif, des gestes, des mouvements du corps, du magnétisme des yeux, etc., par lesquels ils retiennent votre attention et vous attirent totalement à eux.

Parlons des fétiches, des talismans, des porte-bonheur, des trèfles à quatre feuilles, des amulettes, des vieux fers à cheval, des pattes de lapin et autres milliers d'objets auxquels croient des milliers de gens. À les voir, il s'agit d'objets inanimés, inoffensifs, sans aucun pouvoir, mais lorsque les gens leur insufflent la vie par leurs idées, ils commencent à avoir certains pouvoirs, bien que ce pouvoir ne se trouve pas en eux en tant que tel. Ce pouvoir ne leur vient que par la foi que certains y placent - et qui le matérialise.

Deux exemples extraordinaires nous sont offerts dans la vie de Napoléon et d'Alexandre le Grand. Du temps d'Alexandre, un oracle prédit que celui qui serait capable de dénouer le noeud gordien serait maître de l'Asie. Alexandre, comme vous le savez, a coupé le noeud d'un seul coup d'épée, et a effectivement atteint des sommets incroyables. Quant à Napoléon, alors qu'il était enfant, il avait reçu en cadeau un saphir étoilé qui devait lui porter bonheur et faire de lui l'Empereur des Français. Qu'est-ce qui aurait pu amener ces deux grands hommes-là où ils sont arrivés, sinon la foi en une prophétie? Ils sont devenus des surhommes car ils avaient une foi qui sortait de l'ordinaire.

Un miroir fêlé ou cassé ne porte pas malheur à moins que vous n'y croyiez réellement et dans la mesure où vous cultivez cette croyance, où vous l'entretenez, où vous en faites une partie de vous, il est évident qu'il attirera la malchance sur vous - croyez-le ou non, car le subconscient concrétise toujours ce qu'on veut bien lui faire croire. L'un de nos candidats à la présidence, il y a quelques années, homme voué à la réussite que beaucoup considéraient comme quelqu'un de très intelligent, a été photographié devant la porte d'une grange sur laquelle se trouvait un vieux fer à cheval. L'histoire disait qu'il était à l'envers. Il a été battu. Je mentionne ce fait principalement pour démontrer que la croyance dans les fétiches et les symboles ne se trouve pas seulement chez les gens simples, naturellement superstitieux, mais également chez ceux qui sont très intelligents.

On prétend qu'il existe des gens possédant certains pouvoirs spirituels qui, dirigés vers une vie végétale, comme une graine, des légumes, des fleurs et des arbres, peuvent les faire pousser de façon plus luxuriante. Il y a plusieurs années, nous avions un vieux jardinier d'origine suisse qui insistait pour que dans notre cour, nous remplacions un certain nombre de petits arbres et arbustes. Au début, je ne comprenais pas très bien la raison pour laquelle je devais déterrer des arbres anciens pour les remplacer par des nouveaux, mais l'insistance du vieil homme finit par avoir raison. Je l'observais pendant qu'il les plantait, après avoir placé les jeunes arbres dans la terre et avoir recouvert les racines; il murmurait des choses incompréhensibles. Puis il fit la même chose avec les arbustes. Un jour, ma curiosité aidant, je lui demandai ce qu'il *marmonnait* alors qu'il plantait les arbres et arbustes. Il me regarda d'un air interrogateur pendant un moment, puis il dit: «Vous ne comprendrez peut-être pas, mais je leur parle; je leur dis qu'il faut qu'ils vivent et fleurissent. C'est quelque chose que j'ai appris alors que j'étais enfant, auprès d'un professeur de mon pays, la Suisse. On doit encourager tout ce qui pousse et c'est ce que je fais.»

Il y a loin de la Suisse à la Colombie Britannique, mais dans cette province canadienne, il existe une tribu indienne dont les membres parlent toujours aux hameçons et fils de pêche destinés au saumon et au flétan avant de commencer la pêche, prétendant que s'ils ne le faisaient pas, le poisson ne mordrait pas. Nombreux sont les contes circulant sur les insulaires des mers du Sud qui offrent des aliments à leurs outils et instruments, tout comme s'ils étaient vivants, les implorant de leur donner de bons résultats. Et il n'y a pas tellement loin de ces coutumes à celles entourant le lancement d'un navire ou le départ des bateaux, telles qu'on les pratique aujourd'hui dans les pays civilisés, au cours desquelles des prières sont offertes pour un voyage sans heurts.

Certains observateurs déclarent qu'il semble y avoir des affinités entre les êtres humains et les plantes et que les plantes les ressentent. Des milliers de jardiniers professionnels ne plantent leurs graines qu'à certains quartiers de lune. Superstition, me direz-vous? Peut-être ne s'agit-il en effet que d'un mysticisme pratique. Les chercheurs de Yale, dont on a déjà parlé, ont également conclu que les champs éléctriques jouent un rôle important dans la vie des plantes, et c'est bien là un avis scientifique.

Lorsque je pense à ceux qui ne plantent leurs graines qu'en fonction de la lune, je me souviens de l'un de mes voisins qui, bien que très intelligent et déjà assez âgé, ne se faisait couper les cheveux qu'à une certaine période lunaire bien précise. Je ne me souviens plus s'il s'agissait de la pleine lune ou non, mais il soutenait que ses cheveux poussaient moins vite que s'il se les faisait couper n'importe quand. Je lui ai demandé une fois d'où il prenait cette idée et il m'a regardé comme si je doutais de son intelligence. Et je n'ai jamais obtenu de réponse à ma question.

Tout ce que l'on a dit sur la vie animale et végétale peut faire qu'un grand nombre de matérialistes prenne une position violente, mais on doit se souvenir que des tas de forces sont à l'oeuvre dans le monde et que nous ne savons pas grand-chose en ce qui les concerne. Ne prenons que tous les nouveaux principes élaborés pendant la Deuxième Guerre mondiale. Pendant que j'écris ces lignes, l'American Rocket Society a fait une demande auprès du gouvernement des États-Unis pour des terrains sur la lune. Peut-être cette demande a-t-elle été faite un peu en farce, mais qui sait quand un «Buck Rogers» se retrouvera aux commandes d'une fusée le menant jusque sur la lune? Pour ma part, je n'irais pas soutenir que cela est impossible, car je n'en sais rien, tout comme n'en savent rien ceux qui prétendent que cela est irréalisable.

Sans aucun doute, ce sont l'imagination humaine, la visualisation et la concentration qui sont les principaux facteurs de développement des forces magnétiques de l'esprit subconscient. Vous avez souvent entendu dire: «Imagine!» et cela veut dire, en fait, retiens l'image mentale ou la vision dans ton esprit. Là encore, la suggestion - la suggestion répétée - a un rôle à jouer. Par exemple, supposons que vous aimeriez avoir une maison et que votre imagination se mette à travailler. Au début, vous n'aurez qu'une image floue de la maison de vos rêves. Puis, au fur et à mesure que vous en parlerez avec les autres membres de votre famille, que vous vous renseignerez auprès des entrepreneurs et que vous regarderez des photos de maisons, l'image se précisera jusqu'à ce que cette maison, vous puissiez la voir dans ses moindres détails. C'est ensuite au tour de votre subconscient de se mettre à l'oeuvre et de vous amener cette maison. Elle peut se concrétiser de différentes façons. Vous pouvez la construire de vos propres mains, vous pouvez l'acheter ou elle peut vous arriver sous l'influence d'étrangers. Mais la façon dont elle se matérialise a peu d'importance.

Le processus est le même lorsque vous êtes à la recherche d'un meilleur emploi ou que vous préparez vos vacances. Vous devez les voir d'abord avec les yeux de votre esprit, vous devez vous voir à ce nouveau poste, vous devez vous voir en vacances. Certaines de nos craintes deviennent réalité à cause de notre imagination, comme cela est arrivé à Job. Heureusement que la plupart d'entre elles ne se réalisent pas, car nous n'y pensons pas assez longtemps pour que notre subconscient se concentre sur elles. L'avertissement de la Bible, disant: «Là où il n'y a pas de visions, les peuples périssent» est une vérité fondamentale, qu'on la considère en termes d'individualité ou de collectivité. Car sans l'image mentale de la réalisation, on n'accomplit pas grand-chose. Vous voulez un meilleur travail? Vous l'obtiendrez lorsque vous donnerez à votre subconscient une image mentale de vous-même, assis à l'emploi que vous désirez.

Alors que j'écris, je pense à toutes ces expériences qui m'ont été racontées par tous ceux qui se sont servi de cette science et je veux vous raconter quelques histoires car elles vous aideront peut-être à trouver comment mieux utiliser ce principe et les mécanismes qui entrent en jeu.

Un ami eut un jour l'idée de construire un bateau. Il ne connaissait rien de la construction des bateaux, mais il pensait qu'avec quelques instructions très simples, il serait capable d'y arriver. Alors, il se mit à l'oeuvre. En cours de route, il s'est aperçu qu'il avait besoin d'une perceuse électrique, mais il ne voulait pas dépenser plus de $75 ou $80 pour ce qu'il voulait, surtout qu'il n'en avait besoin que pendant quelques mois. Il a d'abord essayé d'en louer une, mais dans la mesure où il ne pouvait s'en servir que le soir et qu'il devait la rendre tôt le lendemain, cet arrangement ne faisait pas son affaire.

Puis il me dit: «Une nuit, je me suis mis à penser que, quelque part, il y avait une perceuse qui m'était destinée et qu'il fallait qu'elle me tombe dans les mains. Et plus j'y pensais, plus je savais que les choses devaient se passer comme cela. Cependant, rien ne s'est passé pendant plusieurs jours; puis, un soir, un ami à moi, propriétaire d'un garage assez important - et que je n'avais pas vu depuis presque deux ans - est venu me voir. Lui aussi s'intéressait aux bateaux et en apprenant que j'en construisais un, a insisté pour le voir. Il m'a vu me débattre avec ma perceuse d'un centimètre et m'a demandé où je me l'étais procurée. Je lui ai répondu que je l'avais louée et il s'est mis à rire. Il m'a dit: "Viens me voir à l'atelier demain et je t'en prêterai une plus petite qui sera plus facile à utiliser". Inutile de préciser que je l'ai eue et que j'ai pu la garder pendant tout le temps qu'il m'a fallu pour construire mon bateau.

«Une expérience presque similaire est arrivée alors que je découpais l'armature. J'avais une petite scie, mais elle était insuffisante pour le bois de 2 centimètres que j'avais. Je me suis vite retrouvé souhaitant une scie à ruban - et c'est cette pensée qui m'a mené vers un endroit situé tout près de mon domicile - et là se trouvait un atelier de menuisier. J'ai pu me servir d'une scie à ruban en payant cinquante cents l'heure au propriétaire. Mais je passais mon temps en allées et venues, d'abord pour essayer les madriers, puis pour leur donner la forme et cela me faisait perdre trop de temps. Je ne cessais de me répéter qu'il existait quelque part un moyen bien plus simple d'avoir une scie à ruban à ma disposition. Et il y en avait effectivement un.

«Le dimanche suivant, un autre ami est venu me voir pour savoir comment le bateau avançait; je lui racontai alors comment les travaux avaient été ralentis à cause d'une histoire de scie à ruban; lui aussi s'est mis à rire avant de me dire: "J'en ai acheté une jeudi dernier et je n'en aurai pas besoin avant un certain temps. Je dois d'abord monter l'atelier. En attendant, tu peux t'en servir". Et il me l'a apportée le même jour et j'ai pu la garder pendant quelques mois. J'ai fini mon bateau!»

Un autre homme m'a raconté comment il avait pu utiliser une échelle de 9 mètres qui devait lui permettre de repeindre sa maison. «Je pensais pouvoir peinturer durant mes moments perdus, me dit-il, et j'ai commencé à chercher autour de moi, pour voir où je pouvais me procurer une échelle. J'ai trouvé des endroits où je pouvais en louer une, mais les impératifs liés aux délais ne me convenaient pas. Je ne peux pas dire combien de fois je me suis répété: «Cette échelle, tu vas la trouver. Et je l'ai trouvée. C'était le jour de l'Armistice; je me trouvais dans mon jardin et j'ai vu que l'un de mes voisins utilisait une échelle très haute pour laver les murs de sa maison. Je suis allé le voir et je lui ai demandé où il s'était procuré cette échelle. Il m'a répondu qu'il l'avait achetée au moment où il avait acheté sa maison. Ce même après-midi, l'échelle est entrée dans mon jardin et je l'ai gardée pendant plusieurs semaines.»

Un autre homme m'a raconté que peu après que les États-Unis s'engagèrent dans la guerre, il avait voulu se procurer une poubelle d'une certaine dimension, mais qu'à cause des priorités, il avait été incapable d'en trouver une. Il était allé dans tous les magasins de marchandises d'occasion, chez les brocanteurs, dans les boulangeries, les garages afin de découvrir ce qu'il désirait, mais en vain. Il était sur le point d'abandonner lorsqu'un beau matin, il a pu observer des ouvriers qui réparaient un immeuble de béton situé en face de chez lui. Ils prenaient un matériau isolant d'un récipient aux dimensions exactes de celui qu'il s'était représenté pour son usage personnel. Il est allé demander au contremaître ce qu'il allait advenir du récipient une fois les travaux terminés et on lui a répondu qu'on allait le laisser sur place, aux rebuts. Il a alors expliqué qu'il aurait aimé l'avoir et quelques jours plus tard, le récipient était dans son garage - les ouvriers ne l'avaient pas seulement vidé; ils l'avaient gratté et nettoyé avant de le lui remettre!

Un jour, j'ai amené ma voiture dans un garage pour que le système d'allumage soit réparé, après avoir fait appel en vain à plusieurs autres mécaniciens. J'ai raconté comment ma voiture s'était comportée et après m'avoir écouté, le propriétaire du garage m'a dit: «Je pense que je peux vous réparer ça.» Je lui ai alors déclaré: «La foi, c'est une bonne chose, vous ne pensez pas?»

«Certainement. La pensée est la chose la plus puissante du monde et les imbéciles rient lorsque vous en parlez», me répondit-il plutôt cyniquement.

«Je ne ris pas. Cela m'intéresse, lui ai-je répondu. Donnez-moi un exemple où vous avez pu constater la puissance de la pensée.»

«Je pourrais vous en parler pendant toute une journée, de cette puissance - du moins en ce qui me concerne.»

«Donnez-moi quelques exemples. Quand en avez-vous été conscient pour la première fois?»

«Je pense que c'était il y a environ douze ans. Je suis tombé et je me suis cassé la colonne vertébrale. Je suis resté dans le plâtre très longtemps et les docteurs m'avaient alors déclaré que si je m'en tirais, je serais infirme pour le reste de mes jours. Alors que j'étais étendu à l'hôpital me tourmentant pour l'avenir, je repensais souvent aux mots que prononçait ma mère: «Il suffit d'y croire.» Un jour, j'ai soudain réalisé que si je pouvais me cramponner à l'image mentale de la guérison, si je pouvais y croire avec assez de force, j'allais me rétablir. Bref, pour résumer l'histoire, aujourd'hui je rampe sous des voitures pour les réparer et vous pouvez vous-même le constater, je suis loin d'être un infirme.»

«Très intéressant. Donnez-moi d'autres exemples», lui demandai-je.

«Eh bien, je m'en sers souvent pour avoir un meilleur chiffre d'affaires. En fait, l'emplacement actuel en résulte. Comme vous le savez, un incendie a détruit l'endroit où je me trouvais avant il y a de cela à peine quelques semaines et, à cause de la guerre, un espace comme celui-ci, en pleine ville, est pratiquement impossible à trouver. Pendant deux ou trois jours, inquiet du fait que je ne trouvais aucun espace disponible, je me suis demandé si je devais continuer mes recherches ou bien me mettre à travailler pour quelqu'un d'autre. Et un soir, j'ai décidé de rester à mon compte. Le pas était franchi et juste avant de m'endormir, je me suis dit: "Oh, tu vas trouver un endroit dans les quelques jours à venir. Jusqu'à présent, le pouvoir de ta pensée ne t'a jamais abandonné". Et je me suis endormi sachant que j'allais trouver cet espace. Le jour suivant, je suis allé voir le peintre chez qui j'avais remisé la voiture que j'avais réussi à sortir des flammes et je lui ai dit au passage que je me cherchais un autre local. "C'est drôle, me dit-il, vous pouvez le louer juste à côté, car je viens d'acheter l'immeuble de quelqu'un qui veut se retirer des affaires." Et me voilà sur la route principale et avec beaucoup plus de travail qu'il ne m'en faut.»

Je sais que certains lecteurs vont rétorquer qu'il ne s'agit que de coïncidences, mais mes dossiers sont remplis de ces coïncidences. Pour certains d'entre vous, ces exemples peuvent n'être que des coïncidences, mais ceux qui connaissent cette science savent que ces résultats ne s'obtiennent que par la concentration ou la création d'images mentales. Cependant, nous en arrivons une fois de plus à une question d'opinion - la différence de conclusion entre ceux qui pensent qu'il ne s'agit là que d'inepties et ceux qui savent que les choses auxquelles nous pensons se concrétisent.

Nous en revenons encore à ce que disait Paracelse: «Les hommes dénués du pouvoir de la perception spirituelle sont incapables de reconnaître ce que l'on ne peut voir de l'extérieur.»

Il est maintenant admis que le subconscient travaille sur les images qu'on lui envoie, mais si quelque chose ne fonctionne pas dans le projecteur ou si quelque chose ne va pas au niveau de la diapositive originale, l'image projetée est floue, inversée ou bien, il n'y a rien du tout. Le doute, la crainte, les pensées contraires, tout cela joue un rôle dans le flou des images que vous désirez sans cesse projeter.

Ceux qui ont l'imagination développée, comme les artistes, les écrivains, les inventeurs ont la capacité de voir, ou de créer des images mentales à volonté. Et alors, grâce aux mécanismes sur lesquels nous nous étendrons un peu plus loin et aux explications déjà données, tous ceux qui les respectent ne devraient avoir aucun mal à voir, avec les yeux de l'esprit, les choses, les objets ou les situations qu'ils veulent voir se concrétiser.

L'un des plus habiles pêcheurs que j'aie jamais connu avait recours à cette méthode. Il pouvait s'asseoir dans un bateau avec un ou deux autres hommes et sortir de l'eau une truite à la suite de l'autre alors que ses compagnons, utilisant le même appât et le même hameçon, et utilisant la même technique, ne faisaient que perdre leur appât ou leur hameçon sans aucun résultat positif. Un jour, je lui ai posé la question et c'est en riant qu'il m'a répondu: «Je leur fais le coup de l'abracadabra (son terme à lui pour *magie*).

Mentalement, je vais jusqu'à eux et je leur dis de mordre à l'hameçon. En d'autres mots, je les vois mordre et j'y crois. C'est tout ce que je peux fournir en guise d'explication.»

On a raconté cette histoire à un autre pêcheur qui n'avait pas la chance du premier et il s'est contenté d'en rire. «Ridicule, a-t-il déclaré. Un bon pêcheur doit connaître les trous, les habitudes des poissons, le type d'appât à utiliser, et il en attrapera s'il y en a.» Cependant, il n'a pas pu expliquer comment des pêcheurs, pourtant compétents, pouvaient se placer au même endroit et ne rien attraper, contrairement à celui qui avait recours à la magie. Je ne suis pas un pêcheur, mais si cette loi de l'attraction donne des résultats dans les autres domaines, je ne vois pas pourquoi on ne pourrait pas s'en servir avec avantage à la pêche.*

* Ben Hur Lampman, éditeur-associé à *The Oregonian*, auteur de nombreux livres et articles sur la pêche et autres sujets du même genre, deux fois gagnant du O. Henry Memorial Award, naturaliste reconnu, a déclaré, en lisant ce passage:

> «Celui qui déclare qu'il est ridicule de prendre au sérieux les déclarations de votre ami qui prétend qu'il fait appel à la magie lorsqu'il attrape des poissons là où d'autres, au même endroit, n'obtiennent que des résultats médiocres, ne fait que se ridiculiser lui-même en affichant son ignorance. Il ne peut expliquer comment votre ami est l'objet d'une telle chance s'il ne veut pas reconnaître qu'il existe un facteur psychique. Tous ceux qui ont étudié les moeurs des poissons et qui ont essayé de les attraper s'aperçoivent un jour ou l'autre, qu'il y a plus que lancer un hameçon et un appât là où se trouvent les poissons. Quelle est la relation exacte entre l'esprit et le poisson - si elle existe - je ne la connais pas, mais ayant moi-même étudié les poissons, leurs moeurs et leurs habitudes depuis toujours, je sais que dans une bonne pêche, il entre un élément ou un facteur inexplicable - appelez-le comme vous voulez. Je le qualifie de psychique et il ne fait aucun doute que c'est dans le royaume du psychisme que se trouve l'explication de la soi-disant *chance* ou *magie* de votre ami».

Abordons maintenant le domaine du golf. Pendant plusieurs années, je me suis intéressé à ce jeu et j'ai même été membre de plusieurs clubs. J'ai souvent joué avec un homme qui, alors qu'il était plus jeune, avait été l'un des champions du monde au tennis. Cet homme était le golfeur le plus étonnant de toute la côte ouest du pays. À l'aide de ses bâtons de golf, il pouvait envoyer la balle exactement là où il le voulait, aussi près ou aussi loin de la coupe qu'il le désirait et il réussissait habituellement en un coup. Son *putting* était également une pure merveille.

«Comment faites-vous, George?» lui ai-je demandé un jour, alors qu'il nous avait tous étonnés par ses coups absolument extraordinaires. «Eh bien, a-t-il répondu, vous avez déjà joué à la balle au mur et vous savez ce que cela signifie de placer votre balle sur le mur qui vous fait face. Vous la placez très haut ou très bas, pour qu'elle rebondisse sur un mur latéral. J'ai appris à placer mes balles il y a des années, lorsque je jouais au tennis. Vous vous faites une image mentale de l'endroit où vous voulez que la balle atterrisse avant même de la frapper avec la raquette. Je me sers du même principe au golf. En d'autres mots, lorsque je me retrouve sur le vert, avant de frapper la balle, je me fais une image mentale rapide de l'endroit où je veux qu'elle s'arrête et lorsque je frappe la balle, je vois vraiment la balle tomber dans le trou. Il est évident qu'une bonne posture, qu'une connaissance du maniement des bâtons et ainsi de suite, sont importants. Mais la plupart des joueurs de golf les ont et n'en obtiennent pas pour autant de résultats. Il est vrai que je m'entraîne beaucoup; mais les autres aussi. Mais ce qui fait la différence, c'est que je sais où la balle va atterrir avant même que je la frappe. J'ai confiance, je sais que je vais réussir et à l'aide de mes bâtons de golf, je fais faire à la balle ce que je veux.»

Pour ceux d'entre vous qui froncent les sourcils à la lecture de ce passage, je vais citer certains faits énoncés par un chroniqueur sportif renommé, Grantland Rice. Cet article a été publié au milieu des années 30 et parlait du joueur de golf amateur phénoménal, John Montagu. Rice y déclarait que Montagu pouvait jouer avec n'importe qui et que la balle atterrissait toujours là où il le voulait, qu'il s'agisse d'un endroit éloigné de trois cents mètres ou d'un mètre seulement. Rice disait que la balle allait toujours là où Montagu le désirait. Voyons maintenant l'explication qu'en a donnée Montagu lui-même, dans cet article. Il a écrit: «Moi, je joue au golf avec ma tête, mon esprit, mon intellect, appelez-le comme vous voulez. Bien sûr, il y a les principes de base relatifs à la posture, à la tenue des bâtons, etc. Mais il me faut avoir une image mentale très nette de ce que je veux faire avant de frapper la balle. Cette image mentale s'occupe ensuite de la réaction musculaire. S'il n'y a pas cette image mentale, ce qui se passe n'est que mystère. Ceci signifie une concentration de la pensée pratiquement sans fin si vous vous trouvez sous tension et un jeu n'a strictement rien d'intéressant si vous n'êtes pas sous tension.»

Gene Sarazen a été l'un des joueurs de golf professionnels les plus habiles de tous les temps et il avait recours à des méthodes similaires au cours des matches qu'il disputait; si vous lisez son livre, *Golf Tips*, (Trucs pour bien jouer au golf) vous vous rendrez vite compte qu'il a beaucoup à dire sur la question des images mentales, des objectifs, de la concentration et de la confiance en soi. Tous les joueurs de golf ont déjà entendu parler des *accidents spirituels*. En réalité, il y a les banquettes, les embûches, l'eau, etc. Mais dans l'imagination de nombreux joueurs, il s'agit de handicaps extraordinaires suffisant à leur faire peur. Sur l'un des terrains où il m'est arrivé de jouer souvent, il y avait un trou d'eau. La distance séparant le dé de la coupe était d'environ cent vingt mètres et là se trouvait un étang d'environ vingt mètres de large, un coup facile à réussir avec les bâtons appropriés. L'un des membres du club qui, alors qu'il était plus jeune, avait été excellent joueur de baseball et de football, n'a jamais pu dépasser le trou d'eau. Invariablement, il lançait ses balles dans l'eau, le tout accompagné de jurons de sa part et de rires de la nôtre. Finalement, alors que les mois passaient, il réussit à envoyer la balle très loin sur le vert. Un jour, je lui ai dit: «Je sais que l'eau vous fait peur. La prochaine fois, essayez d'effacer de votre esprit l'image de cet étang entre le dé et le vert et à la place, imaginez-vous réussissant sans peine un coup entraînant la balle là où vous désirez qu'elle aille.» La première fois qu'il a suivi mon conseil, la balle est arrivée à quelques centimètres de la coupe et, à partir de ce moment-là, il me l'a dit un peu plus tard, lorsqu'il effaçait l'étang de son esprit, il réussissait son coup; mais lorsqu'il était incapable de se concentrer à cause des plaisanteries du groupe, il envoyait la balle dans l'eau.

Après avoir observé bien des parties de billard, je suis persuadé que certains joueurs très doués réussissent à influencer la direction de la boule par un contrôle de l'esprit, bien qu'ils puissent tout ignorer du pouvoir dont ils se servent. Si cette puissance est valable dans le cas d'une balle de golf, elle l'est certainement dans le cas d'une boule de billard.

Roy Chapman Andrews raconte l'histoire d'un homme originaire de San Antonio au Texas, qui, à l'aide d'un fusil a réussi à tirer plus de 14 500 coups dans des petits blocs de bois lancés dans les airs sans en manquer un seul. Andrews a alors insisté sur les réflexes parfaits et la précision remarquable. Il n'a pas parlé d'images mentales; mais si vous avez déjà fait du tir au pigeon d'argile ou du tir à la cible, vous connaissez le rôle que joue la visualisation.

On retrouve le même type de *magie* dans tous les domaines du sport. Les joueurs de baseball, de football se font tous une image consciente ou inconsciente de la balle, tout en la voyant là où ils veulent qu'elle se dirige. Il est certain que l'entraînement, les réflexes et ainsi de suite jouent un rôle primordial, mais on ne doit jamais passer outre le côté mental.

Dans le même ordre d'idées, j'ai été très impressionné par plusieurs énoncés faits par le Dr Marcus Bach dans son livre, *They Have Found a Faith* (Ils ont découvert une croyance). Le Dr Bach nous parle des parties de quilles disputées avec le Père Divine et comment il a pu observer, d'après la façon dont le Père Divine choisissait une boule, d'après la façon dont il se tenait et la lançait, qu'il n'était pas un habitué. Et pourtant, le Père Divine a réussi à abattre toutes les quilles dès le premier coup et d'après le Dr Bach, il s'agissait là de l'un des meilleurs lancers qu'il lui ait été donné de voir. Le Dr Bach dit: «La nonchalance du Père était caractéristique. Il se frottait les mains doucement comme pour dire: «Eh bien, à quoi vous attendez-vous lorsque le Seigneur en lance une!»

Puis, le docteur Bach nous parle d'une entrevue avec Rickert Fillmore, directeur d'*Unity City* et fils de l'un des fondateurs du mouvement de l'Unité. Au cours de cette entrevue, il demandait si l'on pouvait appliquer les principes de ce mouvement au domaine de l'immobilier. M. Fillmore lui a répondu: «Si ces principes sont bons dans un domaine, c'est qu'ils le sont pour tous les domaines.»

Un grand nombre des lecteurs de ce livre peuvent ne pas jouer au golf ou au billard; c'est pourquoi je vous présente une expérience très simple qui va vous démontrer l'étrange pouvoir de l'attraction par la visualisation ou les images mentales. Trouvez quelques petits cailloux ou pierres que vous pouvez lancer sans difficulté, puis repérez un arbre ou un poteau de quinze à vingt-cinq centimètres de diamètre. Placez-vous à cinq ou six mètres de l'arbre ou du poteau et lancez les cailloux en essayant de toucher la cible (l'arbre ou le poteau). Si vous êtes comme la plupart des gens, la plupart des cailloux n'atteindront pas leur but. Alors arrêtez-vous et répétez-vous que vous êtes capable de réussir. Faites-vous une image mentale de l'arbre avançant dans votre direction, à la rencontre du caillou, et de la collision entre ce projectile et l'arbre, à l'endroit exact où vous désirez qu'elle se fasse. Bientôt, vous vous rendrez compte que vous marquez tous vos points. Ne dites pas que cela est impossible. Essayez et vous prouverez que cela se peut - à condition que vous y croyiez.

Au début de la guerre et du rationnement d'essence, alors que les gens ne considéraient pas encore le fait de se procurer des coupons supplémentaires comme une offense criminelle, l'un de mes amis s'est rendu compte qu'il n'avait pas assez d'essence pour aller jusqu'à sa canardière. Un dimanche, alors que nous étions chez lui, il m'a dit comment il s'était arrangé pour obtenir assez de coupons pour pouvoir effectuer plusieurs voyages jusqu'aux lieux de la chasse. Il m'a dit: «J'avais presque abandonné l'idée d'aller chasser le canard cet automne, lorsque je me suis dit que je pouvais me servir de cette histoire de concentration mentale pour me procurer plus d'essence. Bien sûr, tous les gens du bureau savaient que je voulais aller à la chasse au canard, et la plupart d'entre eux étaient au courant de mes problèmes. Qu'ils en aient parlé à d'autres, je ne le sais pas, mais j'ai eu plus de coupons que je n'aurais jamais pu en espérer. Je me faisais une image mentale constante de la chasse, de ma voiture et de personnes me remettant des coupons. Cela peut sembler étrange, mais j'ai obtenu ces coupons. J'ai même un ami fermier qui m'a donné sa part.»

Prenons maintenant cette science et transportons-nous dans une cuisine. Vous est-il jamais venu à l'idée que les cuisiniers réputés se servent, consciemment ou non, de cette science? Deux personnes peuvent essayer de faire la même tarte. Ils prendront les mêmes ingrédients, suivront, à la lettre, la même recette - et l'une sera complètement ratée alors que l'autre sera une réussite complète. Pourquoi? Dans le premier cas, la personne met la main à la pâte avec appréhension. Elle sait qu'il lui est déjà arrivé de rater ses tartes et se demande ce qu'il va advenir de celle-là. Elle n'a pas l'image mentale parfaite d'une pâte dorée et appétissante recouvrant des pommes moelleuses et succulentes. Elle est nerveuse et, sans le savoir, sa crainte se communique à ses actes. La seconde personne sait que sa tarte sera un petit chef-d'oeuvre - et c'est ce qui se produit. Son image mentale - sa croyance - fait qu'il en est ainsi.

Si vous n'êtes qu'une piètre cuisinière et si vous aimeriez vous mettre à la cuisine - c'est là une condition - persuadez-vous que vous êtes capable de réussir des plats mieux que quiconque, car en vous se trouve la force nécessaire qui vous aidera dès que vous y ferez appel. La prochaine fois que vous déciderez de préparer une tarte, mettez-y tout votre coeur et vous serez surpris des résultats obtenus lorsque vous verrez la concrétisation de votre image mentale - une tarte absolument parfaite.

La même loi s'applique à tout, sans exception et cela va de la pêche à l'argent, en passant par la réussite dans les affaires. Prenons un exemple tiré de la guerre. Le général Douglas MacArthur a déclaré, en quittant les Philippines: «Je reviendrai.» La flotte américaine du Pacifique complètement détruite, tous les avions et moyens de transport hors d'usage dans cette région du monde, les Japonais contrôlant pratiquement tout le Pacifique Sud, MacArthur n'avait absolument aucune certitude de pouvoir revenir un jour. Mais il devait avoir une image mentale de son retour, car jamais il n'aurait fait une telle déclaration. C'était une déclaration de foi, il y croyait et l'histoire nous raconte son retour triomphal. Des milliers de cas similaires se sont produits pendant la guerre et arrivent tous les jours de notre vie.

V/L'art de la perception mentale

Lorsque je travaillais dans le domaine des investissements bancaires, l'un des jeunes vendeurs est venu me voir dans mon bureau pour me demander un conseil.

«J'aimerais que vous me disiez comment me débarrasser de ma peur de......Je sais que je peux réussir à lui vendre à partir du moment où je le vois et je sais que je peux lui parler d'égal à égal. Mais pour le moment, dès que je me trouve en face de lui, je panique.»

Cet homme, dont me parlait le vendeur, est un millionnaire dont le bureau est très impressionnant. Il est du type trapu, des cheveux touffus encadrent son visage et ses sourcils sont en broussaille; il bougonne tout le temps et c'est ce qui effraie les gens timides. Mais je savais qu'il aimait les gens qui pouvaient lui tenir tête.

Le vendeur m'avait décrit cet homme de la manière que lui le percevait et il me fallut un certain temps avant de réagir, mais la réponse ne se fit pas trop attendre: «Vous savez qu'il ne peut vous faire aucun mal sur le plan physique. Supposons que vous puissiez le voir sur la plage, en maillot de bain, il ne vous ferait pas peur, même s'il est plutôt poilu.»

«C'est vrai», m'a répondu le vendeur. Puis l'image d'un corps poilu m'est apparue à l'esprit et je demandai au vendeur: «Robert, avez-vous déjà vu l'un de ces ours que l'on voit danser au bout d'une corde, au son d'un orgue de Barbarie; ils portent un bonnet d'âne ou un fez. Vous savez qu'ils peuvent grogner, mais la plupart d'entre eux n'ont plus de dents et ne peuvent plus mordre.»

«J'en ai vu,» m'a répondu le vendeur.

«Vous ne manquez pas d'imagination. Alors essayez donc de vous représenter votre client sous la forme de l'un de ces ours sans danger, avec le bonnet, le col et tout l'attirail, et vous verrez que le danger mental disparaîtra.»

Le vendeur est sorti de mon bureau en riant de bon coeur. Quelques jours plus tard, il avait réussi à vendre pour plus de $20 000 de valeurs à un homme qui doit encore être à se demander comment un jeune homme a réussi à l'approcher, sans parler de la vente! D'après les dernières nouvelles, le jeune vendeur continuait à l'approvisionner en valeurs.

Quelques semaines plus tard, ce même vendeur de retour dans mon bureau, me racontait comment il s'était servi de la même méthode pour conclure une autre vente, cette fois à un vieil homme rébarbatif à favoris blancs, à l'apparence sévère d'un patriarche, au langage acide et redouté de la plupart des vendeurs. «Ce vieux bouc m'a toujours terrifié. Je savais qu'il avait de l'argent, mais chaque fois que je passais devant son magasin, je le voyais froncer les sourcils - il avait toujours une mine renfrognée - et je n'avais plus le courage d'entrer et de l'entreprendre. Il y a quelques jours, j'ai repensé au truc de la représentation dont vous m'aviez parlé - et je l'ai tout de suite imaginé en père Noël. Je me suis dit: "C'est vrai que ce vieux bouc pourrait être le père Noël, et qui a peur de lui?" Cela a fonctionné. Le vieil homme a été très gentil - un peu comme flatté qu'un jeune homme ose l'approcher. J'ai eu une commande de $5 000 et il m'a dit de repasser la semaine suivante, parce qu'il voulait revoir toute la liste de ses valeurs avec moi. Cela signifie d'autres ventes.»

Nombreux sont ceux qui occupent des postes importants, qui se donnent des airs destinés à intimider les autres. Les bureaux impressionnants dans lesquels ils évoluent, les secrétaires et les employés dont ils s'entourent forment un climat qui peut intimider certaines personnes. Vous n'avez qu'à toujours garder à l'esprit que ces directeurs sont des êtres humains qui connaissent les mêmes craintes, les mêmes faiblesses, les mêmes défauts que des millions de gens; à la maison, ils se révèlent souvent des individus très dociles. Lorsque vous vous les imaginez tels qu'ils sont en réalité et non pas tels qu'ils essaient de paraître, la crainte mentale disparaît. L'homme vraiment important est habituellement facile à approcher et ferme rarement sa porte à ceux qui viennent le voir. Si vous êtes vendeur, ceci devrait vous permettre d'éliminer les craintes que vous éprouvez lorsque vous devez rencontrer quelqu'un qui se donne de grands airs.

Un avocat m'a un jour raconté une histoire qui illustre ce que je viens de vous dire.

«Je me suis un jour retrouvé face à un avocat de grande réputation, que les nouveaux venus craignaient. J'admets que, pendant un certain laps de temps, devant le tribunal, j'ai eu peur. Mais j'ai fermé les yeux et je me suis dit: "Je suis aussi compétent que lui; en fait, je suis même supérieur. Je peux le défaire, et c'est d'ailleurs ce que je vais faire". Je me suis répété des mots et des phrases de ce genre pendant plusieurs secondes, et lorsque j'ai rouvert les yeux, j'étais capable d'en vaincre deux comme lui. Je fais exactement la même chose toutes les fois que je suis face à un cas difficile ou que le jury ne semble pas favorable. C'est peut-être de la chance, je me fais peut-être des illusions, mais ça marche à tout coup.»

Les gens qui ont l'air tenace, et qui agissent en ce sens, sont habituellement des tendres et lorsque leur interlocuteur réussit à éliminer la crainte qu'il se fait d'eux, il domine la situation. La prochaine fois que vous devez aller en voir un de la sorte, prenez une grande respiration, réussissez à vous convaincre qu'il sera facile à *avoir* et c'est ce qui se produira.

Pendant la Dépression des années 30, un groupe de directeurs et de sous-directeurs, y compris les bouchers d'une importante chaîne de magasins d'alimentation, est venu me trouver de sa propre initiative pour demander mon aide. Après une série de conférences qui a duré six semaines, ces hommes ont décidé de mettre les principes exposés en pratique. Il était entendu que chacune des épiceries devait, un jour par semaine, avoir recours à la science dont j'avais parlé, afin de promouvoir la vente de certains produits. Après bien des discussions, les produits choisis ont été le fromage, les gigots de coupe française, le saumon et les courges (l'un des directeurs d'épiceries de banlieue ayant déclaré qu'il pouvait obtenir des courges à bon marché auprès d'un client fermier). Le jour précédant ces ventes, les directeurs préparaient leurs employés et les incitaient à se faire une image mentale des clients pénétrant dans l'épicerie pour acheter la marchandise au rabais. Bien sûr, ces produits faisaient l'objet d'un étalage spécial et chaque employé devait se faire fort de les vendre à tous les clients. Les résultats furent étonnants. L'épicerie qui s'était spécialisée en fromages réussit à vendre plus de fromage en une seule journée qu'au cours des six mois qui s'étaient écoulés; l'épicerie qui se spécialisait, le samedi, en gigots ficelés avait réussi à les vendre tous avant midi; l'épicerie qui avait décidé de faire une vente spéciale de saumon le vendredi avait réussi à vendre plus de saumon que tous les autres magasins réunis; et celui qui avait choisi les courges a dû appeler le fermier deux fois au cours de la journée pour un réapprovisionnement.

Aujourd'hui, à l'exception d'un seul qui a été blessé pendant la guerre, tous les hommes qui avaient suivi ce cours sont en affaires à leur compte, ou ont réussi à obtenir un meilleur emploi. En fait, l'un de ces hommes possède trois magasins alors qu'un autre dirige une chaîne de magasins dans un État voisin.

Je pense à une conversation que j'ai eue récemment avec le directeur d'une importante agence de publicité de la côte ouest, et qui pendant des années s'est occupé de la promotion d'un grossiste en café très connu, qui a vendu son usine il n'y a pas tellement longtemps.

«Si quelqu'un a utilisé ce truc au maximum, a déclaré ce jeune directeur, c'est bien le vieux... Il a commencé dans cette spécialité alors qu'il était tout jeune et il a appris comment torréfier et mélanger le café. Puis il a décidé qu'il pouvait faire encore mieux, mais à condition de travailler pour lui. Il était persuadé d'obtenir le meilleur mélange et au moment de sa retraite, après bien des années dans les affaires, il croyait fermement que son café était le plus savoureux que l'on puisse se procurer sur le marché. C'est évidemment cette croyance qui a fait de lui un millionnaire.»

J'ai donné, un jour, un petit manuscrit à un imprimeur. Je voulais qu'il en tire une brochure traitant du sujet que nous abordons en ce moment. Le lendemain matin, il entra dans mon bureau, hors d'haleine et tout tremblant. Je lui demandai évidemment ce qui n'allait pas et il réussit à articuler: «L'histoire la plus bizarre de ma vie. J'ai pris votre manuscrit avec moi hier soir pour le lire à la maison et je me suis dit: "Si ce truc-là fonctionne comme le prétend l'auteur, je devrais pouvoir trouver un endroit où me stationner demain lorsque j'irai le voir". Puis, je n'y ai plus pensé jusqu'à ce que j'arrive ici, il y a quelques minutes, me disant qu'après tout, ça pouvait fonctionner. J'ai tourné et il n'y avait pas une seule place en vue pour stationner ma voiture. J'allais abandonner mais j'ai dû ralentir pour laisser passer quelques piétons et alors j'ai vu une voiture démarrer juste en face de cet édifice, me laissant la place libre. J'en ai la chair de poule. Après tout, c'est peut-être tout simplement une coïncidence.»

«Peut-être, lui ai-je répondu, mais pourquoi ne pas essayer encore une fois?»

C'est ce qu'il fit et il obtint des résultats similaires pendant des années. Vous pouvez dire qu'il s'agit de coïncidences. Mais cet imprimeur ne serait pas de votre avis, surtout que peu après, il a pu tripler son volume de ventes alors que les autres imprimeurs de la région avaient du mal à trouver des contrats.

De temps en temps, je parlais des expériences de cet imprimeur à certains de mes amis et j'étais étonné de constater qu'ils étaient ensuite capables de trouver des places de stationnement, tout comme l'exemple que je leur citais. Une femme, étudiante à l'université, m'a raconté qu'elle et sa soeur ne s'aventuraient jamais dans le centre ville sans s'être répété à l'avance qu'elles allaient trouver une place pour garer leur voiture là où elles le voulaient - et elles la trouvaient immanquablement.

Une femme, diététicienne et éducatrice dans un hôpital, m'a un jour raconté: «La force de cette puissance, quelle qu'elle soit, me fait souvent peur. Pour illustrer ce que vous dites, voici ce qui m'arrive régulièrement. Tous les matins, en allant travailler, lorsque j'arrive dans le quartier des affaires, je n'ai que des feux verts et je traverse cette section sans m'arrêter une seule fois. Je ne peux pas me souvenir d'une seule fois où j'ai dû m'arrêter à un feu rouge. Prenez-le comme vous voulez.»

Il y a quelques mois, une femme a été arrêtée pour être passée sur un feu rouge, mais si l'on en croit les journaux de l'époque, elle avait réussi à convaincre le juge que le feu était vert lorsqu'elle a traversé l'intersection. Elle était du type très maternel et le juge l'a remise en liberté lorsqu'elle lui a dit: «Monsieur le Juge, le feu était forcément vert, comme il l'est toujours pour moi lorsque j'arrive, car je ne cesse de me répéter, en approchant d'un croisement: pourvu que le feu soit vert, pourvu que le feu soit vert.»

Le policier a pourtant maintenu qu'il n'y avait pas de feux de signalisation à cet endroit - il n'y avait qu'un clignotant rouge. Mais cette femme était là, maternelle, capable de convaincre un juge de sa foi et il était évident qu'elle-même était persuadée de pouvoir avoir des feux verts lorsqu'elle le désirait.

Une femme m'a raconté un voyage qu'elle a fait, en voiture, entre Washington, D.C. et une ville du Pacifique où elle devait rejoindre son mari qui s'y trouvait. «Dès le début, j'ai eu peur, m'a-t-elle dit. Jamais encore je n'avais conduit sur une telle distance. Un jour, je me suis mise à penser à ma grand-mère, qui avait été parmi les pionniers du Nord-Ouest, et qui avait fait des tas de choses toute seule. Mes craintes s'évanouirent d'un coup. Cependant, le mécanicien qui avait vérifié ma voiture avant mon départ m'avait dit de changer mes pneus; les plus usés pouvaient éclater à tout moment. Si je n'avais pas eu l'intention de faire ce voyage et de partir sans plus tarder, je l'aurais peut-être écouté; mais je me suis dit que les pneus allaient durer jusqu'à la fin du voyage - et c'est ce qui s'est produit. Je n'utilise plus tellement la voiture maintenant, mais les pneus d'origine sont encore là - pas en très bon état, mais ils sont là. Ils n'ont jamais éclaté.»

Un autre cas qui vient à l'appui de ce que j'avance est celui d'une raffinerie de pétrole, et il implique des millions de dollars que des gens y avaient investis. Au début, la compagnie avait connu des ennuis financiers à la suite de procès et de problèmes commerciaux; il devint alors nécessaire de réorganiser toute la structure financière, les actionnaires devant se procurer de nouvelles actions sans toucher d'intérêts pendant plusieurs années. On a demandé aux actionnaires de se faire une image mentale de pétrole se transformant en argent, et jaillissant de partout - bref, de voir la compagnie réalisant des bénéfices. Soit dit en passant, cette compagnie se trouvait dans un champ dominé par des sociétés bien implantées. Néanmoins, non seulement la compagnie a-t-elle réussi à faire d'importants bénéfices, mais elle a pu être vendue par la suite, ce qui a permis aux actionnaires de récupérer l'argent investi, accompagné des intérêts.

Jimmy Gribbo, bien connu des amateurs sportifs comme entraîneur, a pu faire de plusieurs boxeurs qui étaient sous sa coupe des champions en leur apprenant à se voir gagner - et c'est comme cela qu'ils gagnaient.

Je sais très bien que certains de mes lecteurs, surtout parmi ceux qui n'avaient jamais entendu parler de la concentration mentale, douteront de ces histoires; mais ceux qui me les ont racontées n'ont jamais douté de la puissance de l'esprit et je pense que plusieurs de mes lecteurs pourraient nous raconter des expériences du même genre et tout aussi étranges.

G.N.M. Tyrrell, écrivain et chercheur anglais bien connu, a déclaré que si l'on se repose sur l'activité du subconscient avant de nous décider à faire une certaine chose, on peut inconsciemment mettre en marche toute une suite d'événements qui entraînera ce que nous voulons. Cet énoncé est confirmé par le Dr Shailer Mathews, longtemps attaché à l'Université de Chicago et qui a dit: «Nous influençons les événements par des désirs très puissants et il existe des preuves psychologiques de ces effets sur nos désirs.»

Voici deux exemples qui illustrent très bien ce point.

Une dame qui dirigeait un magasin d'antiquités, et reconnue comme une autorité en la matière et dont les conseils étaient très recherchés, détestait toutes les activités sociales, quelles qu'elles soient. Mais elle était constamment sollicitée par une dame qui tenait à l'entraîner à des déjeuners et à des réunions. Cette autre dame voulait tout simplement être vue en compagnie de l'antiquaire, mais cette dernière refusait invitation après invitation. Un conférencier très connu devait un jour donner un cours dans un club féminin, et devant l'insistance de cette dame, l'antiquaire a décidé d'y aller.

«Elle m'a eue par surprise, m'a-t-elle dit, et je n'avais pas sitôt accepté que déjà je le regrettais. Je déteste les réunions ennuyeuses et j'étais persuadée que celle-ci allait l'être. En fait, je savais que le soir même j'allais me torturer la cervelle pour savoir comment me débarrasser de cette invitation sans vexer cette dame, qui était en fait une bonne cliente du magasin et qui n'hésiterait pas, à l'occasion, à raconter des choses mesquines à mon sujet si je lui faisais faux bond.

«J'y pensais et repensais, essayant de trouver une excuse - mais aucune ne semblait assez bonne ni plausible. J'étais hors de moi. Cette dame et moi n'avions rien en commun. En fait, elle m'ennuyait terriblement. Le jour de la réunion approchait et j'avais décidé de lui téléphoner pour lui dire qu'un rendez-vous important de dernière minute m'empêchait de l'accompagner, lorsqu'elle est arrivée.

«Elle ne savait plus comment s'excuser en m'annonçant que cette conférence avait dû être annulée. J'étais vraiment soulagée. Je crois en cette science que vous enseignez et je suis persuadée que mes pensées ont influencé les événements. Je sais que certains prétendront qu'il s'agit d'une coïncidence. mais cela m'est égal. Pourtant, des choses encore plus étranges se sont produites, et il ne s'agit pas de coïncidences.»

La deuxième histoire est celle du directeur d'une compagnie fabricant un médicament contre le rhume des foins. Il venait d'arriver dans cette ville, il avait trouvé un appartement tout près de son bureau et était à la recherche d'un téléphone pour son logis. À ce moment-là, tout de suite après la guerre, la compagnie des téléphones avait une liste d'attente très longue et n'installait de téléphones que dans des cas très urgents, incluant les cabinets de médecins, les postes de police ou les services d'incendie et dans les services de recours d'urgence.

Il avait essayé pendant deux mois, mais en vain, demandant l'aide de tous ceux qui auraient pu faire quelque chose pour lui. Par un ami commun, il a appris que je connaissais le directeur de la compagnie des téléphones; il est donc venu me voir. Je lui ai très vite fait perdre toutes ses illusions, car je ne pouvais persuader le directeur de le faire passer avant des milliers d'autres, qui attendaient depuis longtemps. Mais, je lui ai dit que s'il pouvait prouver que son cas était prioritaire, il ne devrait pas avoir d'ennuis à obtenir une ligne.

Je lui demandai de me dire à qui il avait parlé et il m'a cité le nom de plusieurs personnes, importantes ou non, travaillant au sein de la compagnie. Puis, il m'a expliqué qu'il lui fallait absolument avoir le téléphone, car il était le seul de la compagnie à pouvoir répondre aux appels émanant en dehors des heures d'affaires.

«Avez-vous beaucoup d'appels interurbains, lui ai-je demandé. Et à combien se chiffrent vos factures téléphoniques tous les mois?»

Il m'a donné un chiffre exorbitant.

«Prenez votre facture du mois dernier et allez voir la personne que vous avez vue en premier lieu, à la compagnie des téléphones. Puis regardez-la bien dans les yeux et dites-lui qu'il vous faut un téléphone immédiatement, lui ai-je dit. Mais, ne l'approchez pas tant que vous n'avez pas réussi à vous persuader *vous*, en premier lieu, de cette idée. Autrement, vous allez perdre votre temps. Vous devez être persuadé que le téléphone va être installé immédiatement dans votre appartement.»

«Je vais essayer», dit-il, puis se rattrapant immédiatement, il dit : «Non, je vais le faire. Je vais avoir ce téléphone».

Il revint me voir quelques jours plus tard.

«Tout a bien été. Il faut que je vous raconte, car c'est incroyable, la façon dont une pensée positive peut entraîner toute une suite d'événements. Je suis allé voir cet homme que j'avais vu en premier lieu et il a été plutôt étonné de me voir revenir. Je lui ai expliqué en détail pourquoi il fallait absolument que j'aie un téléphone, je lui ai montré mes factures, comme vous me l'aviez conseillé, et il ne m'a fallu que quelques minutes pour le convaincre. Il était sur le point d'appeler le directeur pour défendre mon cas lorsque le directeur l'a appelé pour autre chose. L'employé en a profité pour parler de mes ennuis et le directeur a été d'accord pour dire qu'il s'agissait d'un cas prioritaire. Il m'a conseillé d'aller voir M. X., chargé de l'établissement des priorités. Je n'avais jamais entendu parler de cette personne, pas plus que du système des priorités. Je suis allé voir cet homme, je lui ai parlé de mon histoire et de la compagnie, me référant souvent au remède que nous fabriquions. J'ai failli tomber à la renverse lorsqu'il m'a dit que lui aussi souffrait du rhume des foins, et qu'il avait essayé en vain, tous les médicaments existant sur le marché. Tout s'est alors très bien déroulé. Tout cela me laisse une impression bizarre. Comment expliquer que le directeur ait appelé l'homme auquel je parlais à ce moment-là en particulier, et comment se fait-il que l'homme qui avait le dernier mot soit atteint du rhume des foins, et que je sois en mesure de l'aider? J'attends les réponses.»

Bien sûr, nous savons tous que nos pensées influencent notre maintien, les expressions de notre visage, notre conversation, car ce que nous exprimons extérieurement n'est que le reflet de nos pensées. On cite le cas des femmes qui se sont embellies en ressentant un sentiment de bien-être intérieur, en ayant de belles pensées, en portant des vêtements de style, en décorant leur intérieur, en apprenant à marcher et à évoluer et en se répétant qu'elles allaient gagner. Vous avez vu dans les films comment une jeune fille laide et mal habillée peut se transformer en une femme attirante en portant de beaux vêtements et en se faisant coiffer. Vous pouvez arriver au même résultat - et vous accélérerez le processus en vous concentrant, mentalement, sur votre nouvelle image, sans jamais la faire sortir de votre esprit.

La plupart d'entre nous craignent d'aller chez le dentiste. Ce n'est pas tellement ce qui se passe dans le cabinet qui nous fait peur, mais plutôt ce que l'on s'imagine qui pourrait nous arriver. Là encore, ce sont nos pensées qui créent une situation que nous voulons éviter à tout prix. L'*American Weekly*, dans son numéro du 7 juillet 1940, raconte l'histoire d'un dentiste qui s'est spécialisé dans le traitement des enfants. Il a aménagé une salle de jeux en arrière du cabinet, et il y a placé des jouets, des carrés de sable, des cubes, etc. Il voulait concentrer l'intérêt des enfants sur les jeux de sorte qu'ils ne pensent plus à leurs dents. Une fois assis sur la chaise, il demandait aux enfants de lui parler de tout ce qui leur passait par la tête, sauf de leurs dents. Le dentiste avait même mis au point un système d'interrupteur fixé sur la roulette et que les enfants pouvaient commander; ils pouvaient ainsi arrêter la roulette au premier signe de douleur. Ses patients étaient innombrables.

Un barbier qui avait réussi à avoir de nombreux enfants comme clients avait, lui aussi, mis à leur disposition des livres illustrés et il leur donnait avant de les asseoir. Il s'assurait l'intérêt qu'ils portaient aux livres avant de commencer à leur couper les cheveux. «Une fois de temps en temps, ça ne marchait pas avec l'un des enfants, dit-il, surtout dans le cas de ceux qui n'avaient pas appris à regarder des images. Alors je sortais des jouets mécaniques, comme ceux qui couinent quand on appuie dessus. Mais le truc, c'est de faire oublier à l'enfant qu'on lui coupe les cheveux. Une fois que l'on y est parvenu, il n'y a plus de problèmes».

L'imagination ou la concentration mentale peut parfois entraîner des résultats bizarres. La peur est, au départ, un facteur imaginaire, comme peuvent en témoigner des millions d'hommes qui ont fait la guerre. Vous recevez un télégramme ou un coup de fil inattendu et, avant même d'ouvrir ou de répondre, vous craignez une mauvaise nouvelle - et vous avez les jambes molles. Il peut s'agir d'une bonne nouvelle mais, sur le moment, c'est la peur qui vous assaille et seule la bonne nouvelle peut vous libérer de ce sentiment.

On raconte souvent l'histoire de deux hommes à qui on avait donné la même chambre d'hôtel. Il s'agissait habituellement d'une salle d'entreposage, mais lorsque l'hôtel était plein, on l'utilisait comme chambre. Pendant la nuit, l'un des deux hommes s'est plaint du manque d'air, et en se levant dans le noir, il a atteint ce qu'il pensait être la fenêtre. Ne pouvant l'ouvrir, il a attrapé une chaussure et a cassé la vitre. Puis il s'est recouché et a bien dormi le reste de la nuit pour s'apercevoir, à l'aube, que la vitre était intacte. Ce qu'il avait cassé, c'était la vitre d'un placard!

Une histoire semblable a été racontée pendant la guerre par Margaretta West, dans *This Week Magazine*. Elle nous dit comment elle est revenue du sud du Pacifique sur un bateau militaire et comment elle s'est retrouvée entassée dans une cabine avec dix-sept autres femmes. Étant donné les règlements, les hublots devaient rester fermés et l'air était irrespirable. Vu que le navire ne devait pas partir avant l'aube, le lendemain, elles ont obtenu la permission d'ouvrir les hublots une fois que tout le monde serait couché. Mlle West raconte comment elle a entrepris d'ouvrir les hublots et comment toutes, ravies, se sont enfin endormies; et elles ont bien dormi, nous dit Mlle West. Mais en s'éveillant le lendemain, elles se sont aperçues que Mlle West n'avait ouvert que les hublots intérieurs, ceux de l'extérieur, fermés, empêchant l'entrée de l'air et de la lumière pendant toute la nuit.

Tant qu'a duré le rationnement, des milliers de gens ont mangé de la margarine chez leurs amis, pensant qu'il s'agissait de beurre. Pendant la Prohibition, il était de pratique courante d'embouteiller de l'eau de vie de contrebande et d'apposer une étiquette indiquant qu'il s'agissait de whisky pur, la plupart des gens ne s'apercevaient pas de la différence. On servait même de la carpe en faisant croire qu'il s'agissait de rouget, et personne ne s'en apercevait.

La science a prouvé de toutes les façons possibles les effets de l'imagination. On a placé des timbres sur la peau des patients en leur faisant croire qu'il s'agissait de pansements à la moutarde; des ampoules se sont formées sous les timbres. En faisant sonner une cloche au moment où ils donnaient à manger à un chien, les scientistes ont eu vite fait d'associer, dans l'esprit des chiens la sonnerie de la cloche à l'idée de la nourriture et il ne fallut que très peu de temps avant que la sonnerie de la cloche entraîne la sécrétion des sucs gastriques. Asseyez-vous au comptoir d'un restaurant et remarquez à quel point un plat allèchant, placé devant votre voisin, vous fait saliver.

Une personne qui épluche des oignons va souvent se mettre à pleurer. Et pourtant, le seul fait de voir quelqu'un éplucher des oignons à l'autre bout de la pièce, sans qu'aucune odeur ne se dégage, fera pleurer tous ceux qui sont là. Il y a des gens qui ne peuvent manger de restes, même réchauffés. Ils prétendent qu'ils les rendent malades. Il est certain qu'il leur est déjà arrivé, il y a des années, de manger des restes qui les ont rendus malades, mais cette image mentale ne les a jamais quittés. D'autres prétendent qu'il leur faut boire de l'eau minérale après le repas pour mieux digérer. Les médecins affirment que tout cela se passe dans l'imagination.

J'ai traversé le Pacifique et l'Atlantique à plusieurs reprises et jamais je n'ai souffert du mal de mer, même dans les tempêtes les plus violentes, alors que le navire était la proie du roulis et du tangage, à l'exception d'une seule fois, alors que j'ai voulu aider un passager qui était très malade. Cependant, lors de mes premiers voyages, j'ai appris à me détourner de ceux qui souffraient du mal de mer, sachant qu'il s'agissait là d'une force suggestive qui pouvait m'entraîner. Un choc soudain dérivant de votre imagination peut vous donner froid, et peut même vous faire frissonner. Les chocs émotifs résultant de ce que votre médecin a bien pu vous dire peuvent avoir un effet absolument terrifiant une fois que votre imagination se met en marche.

Essayez de siffler, alors que vous vous trouvez à côté d'un ami en train de déguster un citron. Vous en serez incapable, car l'idée de l'acidité du citron vous crispe la bouche, vous empêchant ainsi de siffler.

Souvent il m'arrive, lorsque je donne une conférence en vue de prouver la puissance de l'imagination, de tenir deux petites bouteilles contenant chacune un liquide de couleur différente. Je déclare au public que la première contient un parfum à base de lilas et la seconde, de l'essence de roses, expliquant que cette expérience a pour but de déterminer la différence des pouvoirs de perception des personnes présentes. Puis, tournant le dos au public de façon à ce que personne ne puisse voir laquelle des deux bouteilles je renverse à moitié, je leur demande de me définir quelle est l'odeur qui se répand. Certains répondent le lilas, d'autres la rose. Bien sûr, tous sont désolés d'apprendre que leur imagination les a trompés, car les deux bouteilles ne contenaient rien d'autre que de l'eau colorée, entièrement inodore.

Mark Twain, dans son essai *Concerning Tobacco* (À propos du Tabac), déclare qu'un homme pense pouvoir dire ce qu'il considère comme un bon cigare et ce qu'il considère comme un mauvais cigare - mais il ne le peut pas. Il cite une marque, tout en s'imaginant que l'odeur l'influence. Twain, qui avait la réputation de fumer les cigares les plus horribles qui soient, nous raconte comment il a emprunté à un ami une poignée de cigares à bague rouge et or témoignant de leur qualité. Twain a retiré ces étiquettes et a placé ces cigares dans sa boîte à lui. Il en a offert à ses amis à la fin d'un repas; tous ont éteint leur cigare après deux ou trois bouffées, pensant qu'il s'agissait là des cigares bon marché que Twain avait l'habitude de fumer. Il y a, sans aucun doute, une différence de goût entre les diverses marques de cigares et cigarettes, mais l'imagination joue un rôle important quand il s'agit de les différencier.

Une fois que nous avons compris que les inventeurs, les artistes, les scientistes et les hommes d'affaires ont recours à leur imagination, nous avons une bonne idée de sa puissance. Shakespeare a dit: «Si une vertu vous manque, assumez-la.» Prenons cette phrase et voyons ce qu'elle implique. Lorsque vous assumez une vertu, vous le faites par l'intermédiaire de votre imagination. Pour devenir la personne que vous aimeriez être, vous vous créez l'image mentale de ce que vous voulez devenir et vous la gardez jusqu'à ce que vous soyez cette personne rêvée. Il en est de même avec la réalisation de vos voeux.

Mais ici, il nous faut faire la distinction entre un rêve et une véritable image mentale, c'est-à-dire qu'il faut bien comprendre comment utiliser votre imagination. Peut-être existe-t-il un génie qui viendra déposer $100 000 à votre porte ou qui, un soir, vous fera don d'une merveilleuse maison meublée avec goût, mais personnellement, je n'ai jamais eu le plaisir d'en rencontrer. Car il faut savoir que le rêve ou la pensée non dirigée ne peut pas relâcher les forces latentes qui se trouvent en vous, et qui vous permettront d'obtenir les cent mille dollars ou la maison. Lorsque vous avez recours à votre imagination de façon positive, vous vous voyez accomplissant quelque chose et vous le faites. C'est le fait de faire ce que vous vous êtes imaginé qui concrétise le tout. Pour mieux comprendre, pensez à une loupe. Lorsque vous l'utilisez comme il faut, la loupe concentre les rayons du soleil en un point et c'est ce qui fait que la loupe peut brûler, ou creuser, la matière au-dessus de laquelle vous la tenez. Vous devez la tenir immobile avant que cela se produise. Il en est exactement de même avec l'image mentale.

Le Dr Emile Coué, médecin français qui a mis en lumière la puissance de la suggestion a déclaré que l'imagination était plus forte que la volonté; lorsqu'un conflit existe entre les deux, il déclare que l'imagination gagne toujours. Pour illustrer cet énoncé, disons que vous êtes un fumeur invétéré de cigares et que vous décidez d'arrêter. Vous grincez des dents, relevez le menton et vous déclarez solennellement que grâce à votre volonté, vous allez vous débarrasser de cette mauvaise habitude. Puis vous vient à l'esprit le goût d'un bon cigare, son arôme, l'effet relaxant qu'il a sur vous - votre imagination se met au travail et votre résolution s'envole. La même chose est valable dans le cas de ceux qui essaient d'arrêter de boire ou de se défaire de toute autre habitude.

Charles Fourier, philosophe français du X1Xè siècle, a déclaré que l'avenir de l'homme dépendait de son esprit, qu'il serait formé, contrôlé et dirigé par les désirs et les passions soulevant l'homme. Sa prophétie se réalise, bien que l'homme commence à peine à former et à contrôler le monde par l'esprit.

Tout ceci nous amène sur le sujet de vos désirs et de ce que vous voulez vraiment dans la vie. Il y a en fait très peu de gens qui ont des désirs bien ancrés. La plupart se contentent de vivre au jour le jour, en se terrant dans le trou qu'ils se sont creusé. Ils acceptent leur position comme quelque chose que le destin a prévu pour eux et rares sont ceux qui font l'effort mental ou physique requis pour se sortir de là. Jamais ils ne lèvent les yeux ni ne réalisent qu'il est aussi facile de viser un oiseau ou une cible à 9 mètres dans les airs que de le faire sur le sol, à la même distance. Beaucoup rêvassent, mais les rêves sont sans effet, car la puissance de la pensée n'est pas là.

Mais lorsque vous rencontrez une personne qui sait *où elle va* - et il y en a - vous vous rendez compte que la grande puissance qui se trouve en arrière de tout cela est projetée par le désir. Tout semble réussir à ces gens-là, et c'est vrai, car ils savent tirer parti de la puissance de leur subconscient qui, à son tour, magnétise, coordonne et transmet à l'esprit conscient la vision électrifiée de l'objet du désir.

Alors n'oublions jamais que ce sont les choses sur lesquelles nous fixons nos pensées ou sur lesquelles nous concentrons notre imagination que nous attirons. Ce n'est pas une question de mots. Il s'agit d'un fait que n'importe qui peut prouver, à son entière satisfaction. Que les résultats arrivent ou non par l'intermédiaire d'une énergie magnétique ou électrique reste à déterminer; et bien que l'homme n'ait pas encore pu le définir, les manifestations de l'attraction de la pensée peuvent se voir tous les jours. C'est exactement comme un champ électrique - nous ne savons pas ce qu'est l'électricité, bien que sur le plan matériel, nous savons comment l'homme peut la générer par l'intermédiaire de divers dispositifs producteurs d'énergie; et nous avons la preuve de l'électricité lorsque nous allumons la lumière ou lorsque nous appuyons sur un interrupteur.

Cependant, il est très difficile de se concentrer pendant un certain laps de temps, sans parler de garder une image mentale. Vous pouvez vous le prouver facilement. Vous vous apercevrez que les pensées, les idées, les fantaisies traversent votre esprit avec une rapidité étonnante. Vous êtes constamment influencé par ce que vous lisez, ce que vous voyez et entendez et, en conséquence, la partie coordonnatrice de cette force créatrice tend à rassembler tous ces éléments épars au lieu de se consacrer à faire une image claire et dynamique de votre désir.

Ceci nous amène à un système qui permettra à chacun de concentrer sa pensée de façon à pénétrer les couches les plus profondes du subconscient.

J'ai été admis dans les bureaux d'un grand nombre d'industriels, d'hommes d'affaires, de banquiers et autres, et avant même que je comprenne les principes de base de cette science, j'ai été impressionné par les images, les photos, les slogans, les statues que l'on retrouvait dans les cabinets privés des grandes sociétés. Dans le bureau du directeur d'un grand ensemble énergétique, sont accrochées les photos des premiers grands de l'industrie; dans un autre bureau, on trouve les photos des grands financiers de l'histoire; dans certains, il y a le buste de Napoléon; dans d'autres, placées dans des petits autels se trouvent des statues de Bouddha; j'ai vu des bureaux sur les murs desquels était inscrit: «Nous faisons l'impossible, n'importe où, n'importe quand», «Si quelqu'un peut le faire, c'est bien nous», «Agissez - maintenant!», «Faites preuve d'initiative - n'attendez pas que l'on vous pousse». On raconte que F.W. Woolworth, qui est devenu le Napoléon des affaires, avait installé ses bureaux dans une réplique du bureau de Napoléon. La plupart d'entre vous ont déjà vu de tels affichages, mais vous est-il déjà arrivé d'en comprendre le but?

Il ne peut y avoir qu'une seule réponse: ils sont là pour rappeler à l'occupant de la pièce que lui aussi peut réussir, tout comme l'ont fait ceux qui l'ont précédé. Lorsqu'il lève la tête, ses yeux tombent immédiatement sur un slogan ou une devise. Il voit et sent les yeux de Napoléon qui l'observe alors qu'il est assis à son bureau, ou il ressent la touche spirituelle de la statue lorsqu'il fixe l'autel. En d'autres mots, il s'agit là de trucs qu'un chef utilise pour exciter son imagination, d'une image qui l'inspire ou d'une série de forces suggestives qui atteignent son subconscient. Dans le cabinet des médecins, on trouve souvent (même chez ceux qui se moquent de la puissance de la suggestion) les photos des grands hommes de la médecine ou des grands professeurs de cette spécialité. Je me suis souvent demandé si ces médecins se rendaient compte de la puissance qui accompagnait ces portraits.

Lorsque nous comprenons que le subconscient est sensibilisé au point de travailler avec précision pour extérioriser la suggestion que nous lui gravons particulièrement, nous voyons mieux la nécessité de la concentration et de la répétition constante d'une suggestion.

Tout comme plusieurs autres grands hommes, Thomas A. Edison connaissait la valeur de la suggestion répétée et s'en est servi. Lorsque son bureau, qui avait été scellé à sa mort, a été ouvert le 8 février 1947 lors des cérémonies commémorant le centième anniversaire de la naissance de ce grand inventeur, on a trouvé, bien en évidence parmi les autres articles, un morceau de papier portant la devise suivante: «Lorsque tu es au fond du trou, pense à Jonas; il s'en est sorti». Edison devait apprécier cette idée et avait probablement beaucoup médité sur ce qu'elle signifiait; sinon, il ne l'aurait pas gardée sur son bureau, devant ses yeux.

J'ai souvent pensé à toutes ces questions de désir et de suggestion en rapport avec la plantation de graines de légumes et de fleurs. Lorsque le sol est prêt et que l'on y place les petites graines, il ne faut que peu de temps avant qu'apparaissent les racines et les germes. Dès que les tiges s'élancent vers le haut, traversant la terre à la recherche de lumière, de soleil et d'humidité, plus rien ne peut les arrêter. Elles poussent les cailloux et les petits morceaux de bois et si cela leur est impossible, elles s'étendent pour les contourner. Elles sont décidées à sortir de la terre. Elles fleurissent pour donner des fruits, des légumes ou des fleurs et elles réussissent à moins qu'une force supérieure n'intervienne et les détruise. Bien que nous ne soyons pas au courant des détails des secrets de la nature, nous observons la graine enterrée dans l'obscurité qui grandit peu à peu et se dépense jusqu'à devenir une chose agréable à regarder ou utile. Cultivez-la, prenez-en soin, donnez-lui du soleil et de l'eau et elle rayonne. Et n'oubliez pas qu'elle pousse toujours conformément à l'espèce à laquelle elle appartient, hybride ou non.

Il en est de même en ce qui vous concerne et en ce qui concerne les suggestions que vous imprimez dans votre subconscient. Le résultat sera pur ou complexe, selon la graine d'origine et le soin que vous lui donnez. En d'autres termes, plantez la variété de graines qu'il faut - des pensées pures - et donnez-lui des pensées positives toujours dirigées vers un même but et elle se transformera en une force puissante qui trouvera les moyens de surmonter tous les obstacles. Ses racines se développeront pour trouver encore plus de nourriture et son feuillage s'étirera pour recueillir encore plus de lumière.

C'est le désir qui a permis au monde de progresser. Sans lui, nous serions encore à vivre de façon primitive. Tout ce que nous avons, dans notre monde moderne, résulte du désir. En fait, le désir est la force de motivation de la vie elle-même. On le voit partout, autour de nous - dans le royaume animal, dans toutes les formes de la vie végétale et dans tous les agissements et opérations des êtres humains. La faim entraîne le désir de nourriture, la pauvreté celui de biens matériels, le froid nous fait souhaiter la chaleur, et l'incommodité des choses meilleures.

C'est le pouvoir générateur de toutes les actions humaines, et sans lui, on ne peut aller bien loin. Plus le désir est ardent, plus il est urgent, plus vite il se concrétise. C'est lui qui fait la différence entre un ouvrier ignare et celui qui réussit, entre l'employé de bureau et le directeur d'une compagnie, entre l'échec et la réussite. Tout doit donc partir d'un désir que vous devez garder à l'esprit, car avec la magie de la foi, vous pouvez obtenir l'image que vous vous faites. Les différents moyens sont là dans le but de vous aider à mieux vous concentrer sur l'image de votre désir et à vous permettre d'éliminer toutes les pensées distrayantes, les idées négatives et les projections de crainte et de doute qui pourraient pénétrer dans votre subconscient.

Voyons maintenant quels sont ces moyens. Choisissez trois ou quatre cartes.* Des cartes du format des cartes d'affaires conviennent habituellement. Dans votre bureau, chez vous, dans votre chambre ou ailleurs, asseyez-vous et demandez-vous qu'elle est la chose que vous désirez par-

* Vous pouvez vous procurer un paquet de 16 cartes de motivation chez: Les Éditions «Un Monde Différent» Ltée.

dessus tout. Lorsque vous avez trouvé la réponse, lorsque vous êtes certain qu'il s'agit là de votre désir le plus cher, inscrivez-le sur une carte. Un mot ou deux peuvent suffire - un emploi, un meilleur emploi, de l'argent, une maison. Puis, sur chacune des autres cartes, inscrivez ce que vous avez écrit sur la première. Placez-en une dans votre portefeuille ou dans votre sac, placez-en une autre près de votre lit ou collez-la sur votre tête de lit, puis une autre sur le miroir devant lequel vous vous rasez et la dernière, mettez-la sur votre bureau. Le but, vous l'avez deviné, c'est de vous permettre d'avoir l'image mentale de ce que vous voulez devant vous, à toute heure du jour. Le moment qui précède votre coucher et celui où vous vous levez le matin sont tous deux très importants et permettent de vous concentrer avec plus de force. Mais ne vous contentez pas de ces deux seuls moments, car plus vous visualiserez votre désir par cette méthode (ou par une autre méthode que vous aurez mise au point), plus vite il se concrétisera.

Au début, vous n'aurez peut-être aucune idée de la façon dont arriveront les résultats. Mais ne vous en faites pas. Laissez cela au soin de votre subconscient qui lui, dispose de ses propres moyens pour établir des contacts et pour vous ouvrir des portes et des voies auxquelles vous-même n'auriez jamais pensé. L'aide vous viendra de la façon la plus inattendue. Vous vous apercevrez que des idées très utiles à la réalisation de votre but vous parviennent aux moments les plus inattendus. Un désir soudain de voir une personne à laquelle vous n'aviez pas pensé ou un homme que vous ne connaissiez même pas, peut vous saisir. Vous pouvez avoir l'idée de donner un coup de fil ou d'écrire une lettre. Quelle que soit cette idée, suivez-la. Placez un carnet et un crayon sur votre table de chevet, et lorsque ces idées vous parviennent la nuit, notez-les de sorte que vous vous en souveniez encore le matin. Beaucoup de personnes qui réussissent ont des idées durant la nuit et elles les notent de façon à ne pas les oublier.

Pendant plusieurs années, avant que j'en arrive à bien comprendre cette science, j'ai fréquenté un homme d'affaires qui en arrivant à son bureau le matin, commençait à sortir des notes de sa poche. En quelques minutes, tout était en marche. Ces notes pouvaient contenir des commentaires sur divers média de publicité, un projet de promotion de ventes, de nouveaux achats, ou une réorganisation des ventes; mais toutes ces notes sans exception contribuaient au succès de son affaire.

Si vous gardez à l'esprit ce que je vous ai dit des hommes d'affaires qui réussissent et de leur habitude de placer dans leur bureau des devises, des photos, des slogans, des statues, vous vous apercevrez qu'en utilisant les cartes de motivation, vous avez recours aux mêmes forces, mais de façon plus concise.

En écrivant ces mots, je me souviens du moment où j'ai utilisé cette science pour faire démarrer la société dont j'étais vice-président. Tous les employés étaient assis en demi-cercle, et alors que je commençais à leur parler, je leur demandai de prendre un crayon et une feuille de papier. La plupart d'entre eux pensait que je voulais qu'ils prennent des notes. Quelle ne fut pas leur surprise de voir que je leur demandais d'inscrire ce qu'ils désiraient le plus dans la vie. Je leur ai alors expliqué que s'ils acceptaient de le noter, j'allais leur dire comment y parvenir. Deux ou trois parmi les plus jeunes se sont mis à rire, mais les plus vieux, voyant que j'étais sérieux, ont fait ce que je leur demandais. Aux plus jeunes, j'ai tout simplement déclaré: «Si vous tenez à votre emploi, faites ce que je vous dis. Car si cela ne fonctionne pas, on va tous se retrouver dans la rue.» Ils m'ont obéi. Je leur ai alors demandé de ne montrer à personne ce qu'ils avaient écrit. Après la réunion, l'un de ceux qui avaient ri est venu me voir pour s'excuser.

«Ce n'est rien, Robert», lui ai-je dit.

«Mais cela avait l'air tellement stupide, m'a-t-il expliqué. M'imaginer que j'aurai une voiture tout simplement parce que je l'écris. Mais après que vous en ayez expliqué le principe, j'ai compris que cela pouvait fonctionner.»

Quelques années plus tard, ce jeune homme est venu me voir chez moi pour me dire qu'il voulait me montrer quelque chose. Ce qu'il fit. Là, dans le stationnement, se trouvait sa nouvelle voiture, qui était une des plus dispendieuses.

Dans les années qui ont suivi, j'ai eu l'occasion de demander à ceux qui avaient assisté à cette réunion s'ils avaient obtenu ce qu'ils avaient inscrit ce jour-là. Sans exception, tous l'avaient eu. L'un d'eux voulait trouver une femme d'une certaine nationalité. Il l'a trouvée et ils ont eu deux petits garçons. Un autre avait inscrit le chiffre d'une fortune assez impressionnante. Il l'a obtenue. Un autre voulait un chalet au bord de la mer. Un autre, une maison plus luxueuse, et ainsi de suite. Régulièrement, au cours des années, tous ces hommes ont gagné de l'argent; plusieurs d'entre eux ont même gagné plus d'argent mensuellement qu'ils n'en avaient jamais gagné précédemment, au grand étonnement de ceux qui travaillaient dans le même domaine. On ne saurait pourtant trop insister sur le fait que vous ne devez jamais dire à qui que ce soit ce que signifient les mots inscrits sur la carte, ni donner une idée de ce que vous désirez tant dans la vie. Car cela pourrait s'avérer désastreux. Lorsque vous comprendrez mieux cette science, vous verrez comment les vibrations de la pensée, consciente ou non, à cause de l'envie ou de toute autre raison, peuvent vous nuire.

Pour illustrer cela, je vais vous conter l'histoire d'un de mes amis médecin, qui, au début de la guerre avait posé sa candidature pour oeuvrer au service de la marine. Il a fermé son cabinet, a annoncé à tout le monde qu'il s'engageait dans la marine et s'est retrouvé bénéficiaire de plusieurs cadeaux et l'invité de nombreuses soirées données en son honneur. «J'ai appris à ne plus dire à qui que ce soit ce que je voulais faire, m'a-t-il dit plus tard en riant. Il a fallu deux ans avant que je reçoive une convocation et pendant ces deux ans, j'ai dû rouvrir un cabinet. C'était gênant à la fois pour ma famille et pour moi-même, recevoir tous ces cadeaux, être invité partout, et attendre deux ans avant de pouvoir vraiment partir.»

Le fait est que lorsque vous parlez de ce que vous aimeriez faire, vous éparpillez vos forces. Vous perdez le contact avec le subconscient et vous vous apercevez qu'à moins de faire exactement ce qu'on vous dit de faire, vous êtes obligé de recommencer au commencement de votre programme.

«Tenir sa langue», est encore ce qu'il y a de mieux.

Mes lecteurs se souviendront de ce que j'ai dit au début de ce livre au sujet des cantiques, incantations, formules magiques, affirmations, etc., et de ce que j'ai expliqué, à savoir qu'en les utilisant, vous mettez en oeuvre les forces suggestives nécessaires pour stimuler le subconscient.

Ces mots et phrases que l'on répète, en silence ou à voix haute, ne sont que des moyens de convaincre le subconscient, car l'autosuggestion, quelle que soit la forme qu'elle prenne, est la seule façon de l'influencer. Le subconscient est très réceptif et il peut être convaincu des propositons que vous lui présentez, qu'elles soient vraies ou fausses, positives ou négatives; une fois qu'elles se trouvent gravées dans le subconscient, ce dernier se met au travail avec toutes les facultés et toute l'énergie dont il dispose afin de les concrétiser, de les matérialiser. Et plus les mots que vous utilisez pour amener vos désirs à votre subconscient sont simples, meilleurs seront les résultats. Par exemple, si vous êtes malheureux utilisez les mots: «Je suis heureux». Pour cela, vous n'avez pas besoin de cartes. Il suffit que vous vous répétiez ces mots vingt ou trente fois par jour. «Je suis fort», «Je suis heureux», «Je suis convaincant», «Je suis amical», «Tout va bien» font partie des quelques affirmations très simples que vous pouvez vous répéter pour modifier votre moral pour le mieux. Mais si vous voulez que les effets soient permanents, vous devez vous répéter ces phrases jusqu'à ce que les résultats désirés soient obtenus.

La personne qui s'est fixé un but, qui a une image très nette de ce qu'elle veut ou qui a un idéal, arrive, par la répétition, à l'ancrer au plus profond de son subconscient et c'est ce qui lui permet, grâce à la puissance génératrice de ce dernier, d'atteindre son but en un temps record et avec un minimum d'effort physique. Elle n'a qu'à poursuivre sa pensée sans arrêt. Pas à pas, elle réalisera son rêve, car toutes ses facultés et toute son énergie seront dirigées vers ce but.

Supposons que vous désiriez un meilleur emploi ou une promotion. Servez-vous des cartes de motivation, et répétez-vous sans cesse que vous allez obtenir cet emploi. Vous l'avez déjà visualisé et vous avez accepté cette science, mais c'est la répétition qui fera pénétrer cette suggestion au plus profond de votre subconscient. On peut comparer ce processus à celui de l'enfoncement d'un clou dans une planche de bois. Le premier coup permet de fixer le clou, mais ce n'est qu'après plusieurs coups fermes et répétés que le clou se trouve bien enfoncé. N'oubliez jamais que le subconscient accepte et concrétise tout ce qu'on lui demande de faire. Un bel exemple de la puissance que l'on peut obtenir grâce à la répétition est celui de Milo et du veau. Tous les jours, il soulevait le veau, et c'est ainsi qu'un jour, il s'est retrouvé soulevant un taureau adulte.

Pensez à tout ceci en termes de choses dites matérielles. Vous savez que deux objets ne peuvent remplir le même espace en même temps. On peut comparer votre esprit à cet espace: vous ne pouvez avoir de pensées négatives ou de doutes dans votre esprit en même temps que des pensées positives, puissantes et créatrices. Dites-vous que votre esprit est une pièce ne comportant qu'une seule porte dont vous possédez la seule clé. C'est à vous de décider qui vous allez laisser entrer, c'est-à-dire de décider si vous allez vous laisser dominer par des pensées positives ou négatives, lesquelles vous allez admettre, car votre subconscient réagit aux pensées qui s'incrustent en vous le plus profondément.

Une fois de plus, comparez votre esprit à un réservoir plein d'eau propre et non contaminée. Vous ne pouvez jeter aucun objet dans ce réservoir sans déplacer un certain volume d'eau et sans faire déborder le réservoir. Lorsque vous laissez les pensées négatives et le doute envahir votre esprit, il est évident que les pensées puissantes, positives et créatrices devront laisser la place, vous faisant ainsi perdre votre état d'esprit positif. Ainsi, tant que vous ne permettrez pas aux vibrations défavorables d'atteindre votre subconscient, rien de ce que vous entendez, voyez ou expérimentez ne pourra l'influencer. En d'autres mots, vous devez toujours remplir votre esprit d'idées positives, de sorte que leurs vibrations fortes puissent tenir à l'écart toutes les pensées négatives et destructrices qui peuvent provenir de l'extérieur.

Pendant des années, les philosophes ont enseigné que pour être heureux, nous devons être constamment occupés, faire quelque chose qui retienne notre attention. L'explication se trouve dans le fait que lorsque nous nous concentrons sur une certaine tâche, nos esprits ne sont plus ouverts aux vibrations indésirables. C'est pourquoi tant de médecins conseillent aux hommes d'affaires et aux professionnels de se trouver des loisirs, afin de détourner leur esprit des ennuis et des tracas. Certains conseillent les voyages, un dépaysement, de nouvelles relations se trouvant en dehors des lieux communs lorsqu'il devient difficile d'oublier les pensées et les relations négatives.

En écrivant ces lignes, je repense à ce vieux couple qui avait perdu un fils unique lors du débarquement en Normandie. Pendant des mois après avoir reçu la nouvelle de la mort du jeune homme, le couple a laissé la chambre de ce fils telle qu'elle était au moment où il les avait quittés pour la guerre. Les dimanches, ils passaient des heures à déplacer les meubles et à passer en revue les souvenirs qui leur restaient. Était-il étonnant de constater qu'avec un esprit si obsédé par le souvenir de leur fils, ils soient devenus deux vieillards remplis d'amertume? Je sais ce que cela signifie que de perdre un être cher, mais j'ai appris qu'il était nécessaire de refermer la porte sur les événements d'hier et qu'il était important de ne plus l'ouvrir. C'est aujourd'hui que nous vivons, et non pas hier.

Maintenant que vous commencez à comprendre comment les circonstances, l'environnement et les objectifs matériels se présentent dans votre vie par l'intermédiaire de votre pensée, il n'appartient plus qu'à vous de réaliser vos rêves les plus chers.

Supposons que vous vouliez une nouvelle maison. Une fois que vous en avez une bonne idée, commencez à vous répéter des affirmations. Utilisez les expressions que vous voulez ou quelque chose comme: «Je vais avoir cette nouvelle maison. Je vais avoir cette nouvelle maison. Je vais avoir cette nouvelle maison.» Et un jour, vous trouverez le moyen de l'avoir et cette nouvelle maison vous appartiendra.

Si vous travaillez comme vendeur et que vous désirez augmenter le volume de vos ventes, ayez recours au système des cartes, comme je vous l'ai déjà suggéré, et dites-vous, le plus souvent possible, que vous allez augmenter vos rentes. Faites-le avec emphase.

Aussi étrange que cela puisse paraître, nous obtenons ce que nous anticipons, et si nous anticipons de meilleures ventes et croyons fermement que nous allons y arriver, nos ventes augmenteront tout comme si un ami invisible nous aidait.

Un vendeur d'assurance qui avait amélioré ses ventes de 200 pour cent en l'espace d'un an après avoir commencé à utiliser cette science, m'a raconté cette histoire: «Le directeur des ventes m'avait dit d'aller voir M. Blank et de ne pas rentrer au bureau tant que je n'aurais pas obtenu une commande de cet homme. Ce client était très exigeant et tout le monde le savait. Il avait la réputation d'être très têtu, toujours de mauvaise humeur et d'avoir peu de temps à consacrer aux vendeurs, sans parler de son opinion au sujet des vendeurs d'assurances. Cependant, je savais qu'il possédait un certain nombre de propriétés et qu'il lui fallait plusieurs assurances-feu et responsabilités civiles. Alors que je descendais les escaliers de notre bureau et que je remontais la rue me menant chez ce client, je me répétais: "Paul, tu vas y arriver. Tu vas voir qu'il est gentil, malgré tout ce qu'en disent les autres. Il va être de bonne humeur et va accepter ta proposition". Je me suis répété tout cela peut-être deux cents fois. En arrivant, non seulement j'ai trouvé un homme très cordial, mais j'ai réalisé une vente de $25 000, la première que notre compagnie réussissait à placer avec cet homme.»

Ce vendeur d'assurance a depuis longtemps quitté la compagnie pour laquelle il travaillait et il travaille maintenant à son compte; il possède un domaine à la campagne. Et il n'y a pas longtemps, il m'a dit qu'il avait assez d'argent maintenant, pour vivre confortablement jusqu'à la fin de ses jours.

Dale Carnegie a raconté la grande réussite du magicien Howard Thurston. Si l'on en croit cette histoire, en arrivant sur scène, Thurston se répétait sans arrêt qu'il aimait son public et qu'il allait lui donner ce qu'il y avait de mieux en lui. Il a gagné deux millions de dollars!

Un autre homme - âgé de soixante-dix huit ans, mais n'en paraissant pas plus de soixante - qui approfondit cette science et qui s'en servit pour accumuler une fortune fabuleuse, mais qui s'intéresse aujourd'hui à un tout autre domaine, déclare qu'il commande encore à son subconscient *de travailler pour lui.* «Je lui parle tout comme s'il s'agissait de quelqu'un à qui je donnerais des ordres. Et je ne crains jamais qu'il agisse autrement que comme je le lui indique. Si j'ai mal à l'estomac, je lui dis d'être lui-même et de fonctionner normalement; la même chose pour tous les maux qui peuvent se présenter. Si je veux me réveiller à cinq heures du matin sans réveille-matin, je commande à mon subconscient de me réveiller. Et cela a toujours fonctionné.

«J'ai longtemps cru que le subconscient contrôlait notre âge - je veux dire par là que pendant des siècles, on a entraîné notre subconscient à croire qu'un homme était vieux à soixante ans. Pour la plupart des gens qui ont accepté cette idée, il ne peut en être autrement, car c'est ce que croit le subconscient. Mais dans mon cas, j'ai toujours refusé d'accepter cette idée et, comme vous pouvez le constater, je suis aussi actif que je l'étais à cinquante ans - et j'espère bien continuer ainsi pendant encore de nombreuses années.»

Tout ceci nous prouve à quel point il est malsain d'implanter dans notre subconscient l'idée que l'on vieillit et que l'on s'affaiblit simplement parce que les années passent; et cela nous prouve également qu'en préservant notre subconscient de l'idée du déclin, nous augmentons les chances de prolonger notre vie bien au-delà des espérances prévues.

La répétition est le rythme fondamental de toute progression, c'est la cadence de l'univers. C'est le *tchou-tchou* de la locomotive qui entraîne un train à travers un continent, ce sont les explosions répétées qui génèrent la puissance d'un moteur de voiture, d'un avion, d'une fusée, d'une bombe. C'est le choc constant de l'eau contre les ailettes d'une turbine qui nous fournit l'électricité. Ce sont les coups du marteau qui enfoncent le clou. Ce sont les coups mortels répétés d'une mitrailleuse qui détruisent tout. C'est l'effort constant et répété qui réduit à néant toute résistance et qui balaie tous les obstacles. C'est l'auto suggestion ou l'hétéro suggestion répétée qui vous permet, à vous et aux autres, de croire que tout est possible. C'est la répétition de la même pensée consciente qui imprime les idées dans votre subconscient et dans celui des autres.

Alors que n'importe qui peut démontrer l'efficacité de la suggestion répétée, que cette dernière soit utilisée à des fins créatrices ou destructrices, l'énoncé du professeur Hugo Munsterberg, psychologue à Harvard, jette une lumière considérable sur ce qu'elle est: «La valeur de la répétition doit être distinctement comprise en relation avec l'attitude mentale et l'état d'esprit».

Avant la Deuxième Guerre mondiale, il y avait à Paris un institut renommé, consacré à l'enseignement de la suggestion au moyen de disques. Ces disques étaient passés et repassés et les auditeurs pouvaient écouter ceux qu'ils voulaient - les disques qui leur donnaient la suggestion répétée qu'ils étaient en bonne santé, qu'ils étaient capables de surmonter leurs problèmes, qu'ils allaient s'en sortir d'une façon ou d'une autre.

Pendant des années, on a dit aux mères qu'il fallait qu'elles parlent à leurs bébés et à leurs enfants pendant leur sommeil, en leur répétant qu'ils allaient grandir et devenir forts, qu'ils allaient acquérir certaines habitudes, qu'ils allaient devenir de bons citoyens. Étant donné que ces enfants étaient endormis, il est évident que ces suggestions étaient dirigées directement vers le subconscient.

Dans l'histoire de la destruction de Carthage, ce grand port de l'antiquité, nous avons un exemple de la suggestion répétée à l'oeuvre. Caton, chef d'État romain, avait réussi à convaincre tout le monde que Rome et Carthage ne pouvaient toutes deux exister et il terminait chacun de ses discours prononcés au Sénat par ces mots: «Il faut détruire Carthage!» Et il l'a répété jusqu'à ce que les Romains se répètent en dormant: «Il faut détruire Carthage!» - et Carthage a été détruite.

Nombreux sont ceux qui ne savent plus ce qu'ils veulent, et cela les frustre, car ils se laissent influencer par les pensées négatives des autres - c'est là la faiblesse de beaucoup de vendeurs - lorsqu'ils retiennent trop des arguments qui leur sont opposés, alors qu'il s'agit de faire ou d'acheter quelque chose. La répétition de pensées négatives découragerait même le plus fort d'entre nous à la longue, à moins de fermer notre esprit et de réagir par des pensées constamment positives. Des personnes se tuent littéralement en essayant de combattre ces pensées négatives par un effort surhumain et par la volonté, sans jamais s'apercevoir que c'est leur esprit, influencé par la suggestion des autres, qui leur cause tous ces ennuis.

Que nous le sachions ou non, nous sommes tous victimes de la suggestion, parfois jusqu'à un point frisant l'hypnotisme. Nous suivons un certain mode de vie tout simplement parce que c'est comme cela que nous le faisons depuis des années. Nous portons un certain genre de vêtements, nous avons certaines habitudes parce que nous en sommes arrivés à croire, par des suggestions incessantes qui nous parviennent de tous les côtés, que c'est ce qu'il faut faire. Les maisons, les églises, les bureaux, les voitures, les autobus suivent tous, pendant des années, la même tendance, et le jour où quelqu'un arrive avec une idée nouvelle, on le prend pour un détraqué ou un excentrique. Ce que je veux dire par là, c'est que l'on peut voir les effets de l'hypnotisme des masses dans nos activités quotidiennes.

J'ai pu constater que ceux qui se servent de cette science (et ceux qui s'en servent sans le savoir) sont des gens qui ont une énergie débordante, qui sont presque des dynamos humaines. Ce sont des personnes qui utilisent leur imagination, qui ont des idées très fortes et qui sont convaincues de ce qu'elles pensent, mais qui agissent également. Et ceci m'entraîne à un énoncé très important: «La foi qui n'est pas suivie par l'action ne mène à rien.»

Il ne fait aucun doute qu'il existe des gens sur cette terre qui, par la concentration de la pensée uniquement - sans jamais sortir de leur bureau et sans jamais établir de contact avec qui que ce soit, personnel ou autres - peuvent accomplir des choses incroyables. Mais en règle générale, ce monde que l'on dit matériel est contrôlé par des hommes d'action - ces dynamos capables de stimuler les autres. Nicola Tesla qui a probablement compris les lois de la vibration mieux que tout autre homme de son époque, a déclaré qu'il pouvait, grâce à un appareil qu'il glissait dans sa poche, détruire l'*Empire State Building* et le désintégrer. (En fait, le fonctionnement d'un dispositif similaire a fait trembler des édifices, brisant des fenêtres et déplaçant des meubles; c'était à New York, lorsque Tesla faisait ses premières expériences, dans les années 1890.) Cet appareil sortait directement de l'esprit de Tesla. Ce sont ses pensées qui l'ont créé. Nous avons là un bel exemple de *foi et d'action*.

Certains métaphysiciens et professeurs de sciences occultes prétendent qu'une personne peut s'asseoir à son bureau et imaginer que les commandes d'achats entrent en grand nombre - et les commandes d'achats se concrétiseront; mais pour y parvenir, il faut que l'image mentale ou la projection de la pensée soit bien définie et bien ancrée et *cela* exige une très grande expérience et beaucoup de concentration. On a d'ailleurs enregistré des choses très étranges. Mais la personne qui n'a pas encore développé la puissance de son esprit doit agir et doit mettre de l'énergie dans les efforts qui suivent sa pensée, et elle doit établir les contacts qui lui sont dictés par son subconscient.

Il y a plusieurs années, j'ai lu que Franklin D. Roosevelt avait sans cesse recours à son subconscient, et je suis persuadé qu'il en savait long sur la suggestion mentale. Jamais il ne regardait en arrière, mais toujours en avant - *hier* était un livre qu'il avait refermé. Le 17 avril 1945, Kirke L. Simpson, qui travaillait à l'Associated Press et qui était un ami du Président, a parlé d'une réunion qui avait eu lieu après que Roosevelt eut souffert de paralysie infantile. M. Simpson a déclaré que Roosevelt avait décidé qu'il réussirait à marcher de nouveau sans béquilles. Ses amis avaient donc décidé de lui offrir une canne, car tous étaient persuadés qu'il réussirait; Roosevelt est resté assis toute la soirée, en serrant la canne contre son épaule. M. Simpson a dit qu'il la caressait de temps en temps et que tous savaient qu'il se répétait: «Tu marcheras de nouveau, Frank Roosevelt; tu marcheras de nouveau!»

Roosevelt croyait fermement en la puissance de la suggestion, comme on peut le voir en lisant l'article du *Time* magazine (4 mars 1946). Cet article nous parle d'une lettre qu'il a écrite en 1924 à un médecin, en vue d'obtenir des conseils sur le traitement de la paralysie infantile. M. Roosevelt précisait qu'il croyait que des exercices, des massages et des bains de soleil étaient importants. «Mais, disait-il, le plus important, c'est que le patient croie qu'il va guérir un jour.» Nous avons là un bel exemple de la magie de la foi et, comme je l'ai déjà dit, du rôle que joue la suggestion répétée dans cette foi.

VI/La libération du subconscient par la technique du miroir

Le plus grand problème que rencontre la majorité des gens est le manque d'argent et, alors que j'ai lu et que j'ai entendu parler de personnes trouvant des liasses de billets en ayant recours à la concentration mentale, je reste persuadé que l'argent nous vient à condition que l'on sache combiner la concentration et l'action. Vous pouvez très certainement attirer l'argent par la pensée, et une fois qu'il apparaîtra dans votre champ d'action, votre penséee peut vous aider à trouver les moyens qu'il faut pour l'obtenir. Pendant que je travaillais dans le domaine bancaire, j'ai connu beaucoup de gens très riches et je me suis aperçu que tous pensaient en termes d'argent. Ils *pensaient* argent et la façon dont ils s'y prenaient pour l'obtenir est semblable à l'expérience dont je parlais au début de ce livre.

Il s'agit toujours de la même technique, peu importe votre désir. Faites-vous l'image de ce que vous désirez et continuez à vous répéter que vous allez l'avoir. Mais ne pensez pas que tout va vous tomber du ciel parce que vous vous contentez d'attendre. Mettez-vous au travail, gardez votre but sans cesse présent à l'esprit et mettez de l'argent de côté. Chaque dollar que vous réussissez à économiser sur votre salaire hebdomadaire est un pas de plus vers la fortune qui sera vôtre un jour. C'est ainsi qu'il faut le voir et c'est pourquoi il faut que vous économisiez le plus possible. Plus vous économiserez, plus vite vous serez en possession de la fortune désirée. Vous pourrez ensuite placer cette somme pour en retirer des intérêts, l'investir là où elle vous rapportera, sans jouer à la bourse, mais en achetant des actions qui ont fait leurs preuves, dans l'immobilier ou dans une entreprise qui serait vôtre. Alors que vos investissements vous rapporteront et que vous penserez en termes d'argent, vous serez agréablement surpris de constater que plus vous possédez de biens, plus vous en accumulez. De plus, vous trouverez cela intéressant et stimulant. Des occasions d'investir de façon profitable se présenteront de tous les côtés à la fois et le plus souvent, sans que vous vous y attendiez; mais ne commettez pas l'erreur de suivre votre intuition; demandez toujours les conseils de personnes avisées avant d'investir le moindre sou.

Je me souviens d'une dame et de sa fille qui avaient réussi, en vingt-cinq ans à accumuler plus d'un demi-million de dollars, la plus grande partie de cette fortune étant placée dans l'immobilier sous forme d'immeubles commerciaux. Le mari de cette femme était décédé peu après la Première Guerre mondiale et avait laissé à sa femme une maison assez grande. Cette femme arrivait à peine à joindre les deux bouts et sa fille venait tout juste de terminer son secondaire. Elle n'avait jamais travaillé, mais elle savait cuisiner et tenir une maison. Un matin, elle a eu l'idée de prendre des pensionnaires. Ce fut le début et la réussite ne se fit pas attendre. Deux ans après, elle vendait sa maison et son commerce en faisant un bénéfice appréciable, pour acheter une maison encore plus grande, située en face d'un club privé pour hommes, pensant que sa cuisine de qualité pourrait attirer la clientèle de surplus du club. C'est ce qui est arrivé - et pendant ce temps, la fortune de cette femme prospérait; et bien qu'elle ait eu plusieurs employés, aucune tâche n'était trop dure pour elle aux moments d'affluence.

Un homme âgé qui s'était retiré des affaires, et qui s'était installé chez cette dame, lui a suggéré un jour d'ouvrir un salon de thé. Il lui a même proposé les fonds nécessaires pour les travaux de rénovation. Elle a donc trouvé un local au dernier étage d'un édifice commercial et a ouvert un salon de thé. Elle-même travaillant comme hôtesse et sa fille, comme caissière dans les moments les plus occupés, aidant et dirigeant ses employés le reste de la journée, elle a vite fait de son salon de thé le lieu de rencontre préféré des hommes d'affaires. Et c'est ce qui l'a amenée à acheter un hôtel sur la plage après avoir vendu son salon de thé avec un bénéfice appréciable. Pendant tout ce temps, elle avait investi dans des valeurs sûres, ce qui lui a permis de se retrouver à la tête d'une somme de $25 000 qu'elle a donné en acompte pour l'achat d'une maison de rapport délabrée. Les rénovations, faites sous sa direction, ont rendu cette habitation très attirante et l'immeuble devint populaire, sous sa gérance. Grâce aux résultats qu'elle avait obtenus, une compagnie d'assurances qui possédait des immeubles d'habitation, ayant entendu parler d'elle, lui a demandé d'en prendre la direction, moyennant un salaire et une commission. Son capital augmentant sans cesse, les occasions d'acquérir de nouveaux immeubles ne cessaient de se présenter et la dernière fois que j'ai entendu parler de cette femme, elle était à la tête de maisons de rapport, non seulement dans notre ville, mais au bord de la mer, où elle accueillait des touristes toute l'année.

Je me suis aperçu qu'une personne qui avait une idée valable avait rarement de la difficulté à faire financer son projet. Mais pour ce faire, cette personne doit être la première à croire à son idée avant de pouvoir persuader les autres de lui prêter l'argent nécessaire. Si vous pensez vous établir à votre compte, méditez sur l'importance de la concentration mentale, servez-vous en et vous trouverez quelqu'un qui vous avancera les fonds requis.

Les grosses fortunes ne se créent pas en un jour, mais résultent des dollars ajoutés à ceux que vous avez déjà, ou à ceux que vous avez gagnés et économisés. Mais si vous voulez réaliser une fortune, vous devez vous servir de votre esprit et de votre énergie. Et cela viendra - il vous suffit d'y croire.

Voici un autre exemple où cette science a entraîné la réussite rapidement - en moins de dix ans. Un pharmacien de quartier avait fait faillite. Tous les accessoires appartenaient au propriétaire de l'édifice et la plus grande partie de l'inventaire était la propriété d'un grossiste. Un jeune pharmacien avait entendu parler de cette occasion, mais il n'avait malheureusement pas les fonds nécessaires pour s'en porter acquéreur. Finalement, le propriétaire et le grossiste se sont rencontrés, et le jeune homme a réussi à leur vendre son idée. Le propriétaire, qui avait intérêt à louer son local, a accepté de financer le jeune pharmacien pendant plusieurs mois et, après avoir donné les garanties qu'il fallait au grossiste, le jeune homme a pu rouvrir l'officine. Sa femme l'aidait dans la mesure du possible et le commerce a commencé à prendre peu à peu de l'expansion. Pendant longtemps, ce jeune pharmacien s'était intéressé à une préparation qui, selon lui, pouvait aider à guérir les gens, mais il n'avait jamais pu trouver les fonds nécessaires pour concrétiser ce projet. Un jour, il s'est décidé à en parler au propriétaire de l'édifice, qui était un homme très riche. Il était tellement persuadé que son plan ne pouvait que réussir qu'il n'a eu aucun problème à en convaincre le propriétaire qui a constitué une compagnie pour le jeune homme et qui a investi $5 000 pour l'aider. Pendant des mois, cette préparation a été mise en bouteilles dans le sous-sol de la maison que louait le pharmacien, et ce, en dehors des heures d'affaires. Puis, les gens ont commencé à en acheter de plus en plus, à travers tout le pays et en quelques années, non seulement le propriétaire avait été remboursé, mais les bénéfices réalisés dépassaient $50 000 et le jeune homme se trouvait à la tête d'un revenu annuel de plus de $100 000. Il est maintenant propriétaire de l'édifice où il a fait ses débuts.

Une autre histoire remarquable m'a été contée il y a longtemps, pendant les années de la Dépression. L'histoire m'a été contée par celui-là même qui l'avait vécue. Il avait travaillé comme employé de bureau pratiquement toute sa vie, et un jour il s'est retrouvé sur la feuille de salaires des cadres. Sa femme, dans une tentative de trouver une solution à leurs problèmes, s'était tournée vers la religion. L'organisme religieux faisait partie de ceux qui insistaient sur le paiement de la dîme; c'est-à-dire que chacun des membres devait verser 10 pourcent de son revenu annuel.

Il est bon de noter ici que des milliers de gens croient en la dîme et, en fait, l'un de nos plus grands industriels prêchant la religion au sein de son organisme et à l'extérieur, attribue en grande partie sa réussite au paiement d'une dîme. Un autre homme qui réussit très bien dans le domaine de l'équipement et de la machinerie pour la cuisson, attribue sa réussite à la dîme. Que le fait de verser un dixième de son revenu à l'église ou autre organisme religieux ou charitable ait quelque chose à voir avec la réussite de ces individus ou non, est une question à laquelle je ne peux répondre; mais ces personnes croient fermement à l'efficacité de leurs pratiques, et qui pourrait prétendre que les résultats sont mauvais?

Un soir, cette femme a donc demandé à son mari de l'accompagner à l'église et c'est alors que *la lumière s'est faite dans son esprit*, comme il me l'a dit lui-même. En arrivant chez lui, quelque chose l'a entraîné à rechercher une vieille formule que son père avait découvert pour la préparation d'une lotion ou d'un tonique qui pouvait être utilisé dans tous les salons de beauté et chez tous les coiffeurs. Après avoir retrouvé la formule, il a commencé à ramasser des vieilles bouteilles trouvées chez les brocanteurs - il les emmenait chez lui pour les laver et elles représentèrent ses premiers contenants. Cet homme est ensuite allé de salon de beauté en salon de beauté, et ses arguments étaient tellement convaincants qu'il ne lui a fallu que peu de temps pour abandonner son emploi de cadre et ouvrir sa propre usine. Il était persuadé que le principe de la dîme était à la base de sa chance et de toutes les idées qui lui étaient venues par la suite. Son produit a très vite été connu dans le pays tout entier, aussi a-t-il fallu des vendeurs pour le distribuer - cet homme s'est donc retrouvé à la tête de sa propre organisation des ventes. C'est là un autre exemple de *la magie de croire.*

Tout ce qui existe sur le plan matériel débute par une idée, par une pensée dans l'esprit de quelqu'un. Une personne qui vend quelque chose commence par vendre une idée - s'il s'agit d'un appareil, il vend l'utilité de l'appareil - s'il s'agit de matériaux de construction, c'est de leur utilisation qu'il parle - s'il s'agit de nourriture, il vante ses qualités nutritives et son goût, et ainsi de suite. Toutes les affaires, toutes les fortunes ont commencé par une idée, par la conséquence de l'imagination d'une personne suivie d'une action.

Pendant des années, j'ai observé les progrès de Jantzen Knitting Mills, lesquels fabriquent les fameux maillots de bain Jantzen. J'ai vu cette entreprise partir de presque rien et atteindre les dimensions d'un organisme connu à travers le monde. L'histoire de la réussite de ceux qui en sont derrière rivalise avec celles d'Horatio Alger. J'ai souvent parlé de cette science avec J.A. Zehntbauer, président de la compagnie et, avec sa permission, je cite une lettre qu'il ma envoyée:

Comme vous le disiez, certaines personnes semblent avoir quelque chose qui les mène à une vie faite de bonheur et de réussite, alors que d'autres, qui travaillent très dur, n'ont pas ce qu'il faut dans leur personnalité pour atteindre la satisfaction et la réussite.

Je n'ai jamais essayé de mettre au point de façon systématique cet esprit indéfinissable, mais je crois plutôt que mes parents m'en ont fait don, surtout ma mère, qui a toujours combattu en nous cette tendance à déclarer: «Je n'y arriverai jamais» en nous répétant que jamais nous ne devrions dire cela; elle nous persuadait, au contraire, que nous pouvions faire absolument tout ce que les autres pouvaient faire et que la seule condition était de s'y mettre, et de recommencer jusqu'à ce que nous y arrivions parfaitement bien; c'est alors que nous serions prêts à entreprendre quelque chose de plus difficile. Elle nous disait aussi de ne jamais reculer devant une tâche qui nous semblait trop dure ou de peu d'importance. Elle combattait également notre tendance à nous plaindre de tout et de rien. Lorsque nous étions d'humeur morose, elle nous déclarait: «Arrête de te plaindre et pense à la chance que tu as de vivre dans un monde aussi beau. Alors souris et remercie le ciel.»

Nous étions quatre enfants chez nous, trois garçons et une fille. Nous avons toujours été exceptionnellement heureux et c'est à mes parents que j'attribue ce fait; à ma mère, grâce à l'éducation qu'elle nous a donnée, et à mon père qui lui a toujours donné raison en disant: «Il faut toujours voir le bon côté des choses.»

Si une personne n'a pas eu la chance de bénéficier de telles influences, il lui faudra beaucoup de discipline et de volonté pour en arriver au point important, à savoir qu'il faut tirer le meilleur parti possible de la vie. Et peu importent les circonstances de la vie de qui que ce soit, je suis persuadé que la mise en pratique de la science que vous défendez ne peut que lui être positive.

Dans un monde d'après-guerre, la concurrence est rude et il est évident qu'une personne bien préparée pour une certaine situation a beaucoup plus de chance qu'une autre de l'obtenir. Si j'insiste là-dessus, c'est que je ne veux pas donner l'idée à mes lecteurs qu'un homme qui n'a ni instruction ni expérience peut, en quittant l'armée ou un emploi dans une usine, tout simplement parce qu'il le souhaite, prendre la tête d'une importante société en ayant recours à cette science. Il peut exister quelques rares cas de personnes qui y sont arrivées, mais elles sont peu nombreuses et on peut les compter sur les doigts de la main.

Les choses arrivent selon un ordre chronologique et si une personne pense et croit qu'elle mérite un meilleur emploi, si elle s'y prépare, elle peut, en ayant recours à cette science, obtenir un meilleur emploi.

Un directeur bien connu m'a dit un jour: «La plus grande difficulté dans le cas de ceux qui cherchent un emploi, c'est qu'ils sont tellement pris par leurs problèmes qu'ils ne font aucun effort pour impressionner leur futur patron, qu'ils ne pensent pas à dire ce qu'ils pourraient faire pour lui, et qu'ils ne se rendent pas compte que tout ce qui intéresse l'employeur, c'est de savoir comment un employé peut l'aider.»

Certains de mes lecteurs pourraient penser qu'il s'agit là d'une attitude inhumaine, mais dans un monde de compétition, un employeur ne voit que son propre intérêt.

Il existe un dicton qui dit: «Si l'on ne suit pas sa pensée, on ne peut que suivre celle de l'individu qui a suivi la sienne» et ce dicton signifie exactement ce qu'il dit - il établit la différence entre un leader et la masse. Ceux qui ne pensent pas, ceux qui ne mettent pas à profit leurs qualités créatrices reçoivent les ordres de ceux qui font preuve de personnalité. À moins que vous ne vous décidiez à réfléchir, vous êtes condamné à travailler physiquement, et cela signifie que vous serez toujours moins bien payé pour le travail que vous faites.

Donc, faites-vous l'image de l'emploi que vous aimeriez avoir, utilisez vos cartes de motivation et ayez recours aux pensées positives jusqu'à ce que la foi en votre but devienne partie intégrante de vous-même, que vous la sentiez dans vos veines, dans votre chair, dans chacun des muscles de votre corps. Voyez-vous à faire les choses que vous voulez faire et vous réussirez, car toutes les pensées sur lesquelles on s'attache finissent par se matérialiser tôt ou tard. Vous avez tous déjà pris des vacances. Avez-vous déjà pensé au processus mental impliqué? Vous avez d'abord l'idée de faire un voyage, puis vous décidez de l'endroit où vous aimeriez aller et peu de temps après, vous vous voyez dans les montagnes, au bord de la mer ou dans une ville étrangère; et les vacances se réalisent telles que vous les aviez imaginées, car vous vous y êtes vu - avant même que les vacances ne se matérialisent. Comprenez-vous? Peu importe ce que vous voulez, appliquez toujours le même principe et vous obtiendrez toujours des résultats positifs.

Il y a plusieurs années, j'ai été invité chez un homme très riche qui possédait plusieurs brevets d'invention pour des machines utilisées dans les chantiers et les scieries. Il avait invité un certain nombre d'éditeurs de journaux, de banquiers et d'industriels et tous avaient accepté. Le but de cette soirée était d'exposer une nouvelle méthode mise au point pour les scieries. Le vin était servi de façon généreuse et il ne fallut que peu de temps avant que l'hôte ne soit lui-même plein d'entrain. Juste avant que le repas ne soit servi, j'ai pu le voir se diriger en titubant vers sa chambre et se redresser brusquement face au miroir. Espérant pouvoir l'aider, je l'ai suivi. Alors que je me tenais dans l'encadrement de sa porte, je l'ai vu saisir le bord de la commode à deux mains et fixer le miroir, le tout en grommelant sans arrêt comme le font souvent les hommes éméchés. Puis, les mots prononcés ont semblé avoir un sens et je me reculai un peu pour ne rien manquer du spectacle. C'est alors que je l'ai entendu dire: «Jean, espèce d'imbécile, ils ont essayé de t'ennivrer, mais tu vas leur jouer un tour. Tu es sobre, tu es sobre, tu es sobre. C'est toi qui reçois et tu dois rester sobre.»

Alors qu'il répétait ces mots tout en continuant à se fixer dans le miroir, j'ai pu assister à une transfiguration progressive. Son corps se tenait de plus en plus droit, les muscles de son visage se resserraient et l'ivresse s'évanouissait. Le tout s'est passé en moins de cinq minutes, et dans toute ma carrière de journaliste et de reporter, alors qu'il m'avait été donné d'observer de nombreuses personnes ivres, jamais encore je n'avais pu assister à un changement aussi rapide. Étant donné que je ne voulais pas qu'il sache que je l'avais vu, je me suis dirigé vers la salle de bains. Lorsque je suis revenu dans la salle à manger, j'ai trouvé notre hôte à la tête de la table et bien que son visage ait été encore un peu rouge, il avait toutes les apparences d'un homme sobre. À la fin du repas, il a présenté une image très convaincante de ses nouveaux plans. Peu de temps après avoir acquis une meilleure compréhension de la puissance du subconscient, j'ai compris quelles forces pouvaient transformer un homme ivre en un hôte sobre.

Pendant des années, j'ai exposé la technique du miroir à des milliers de personnes qui, toutes, ont obtenu les mêmes résultats étonnants. Pendant ces années, nombreux sont ceux qui sont venus me voir afin que je les aide à résoudre leurs problèmes. La majorité étaient des femmes, et la plupart d'entre elles débutaient leur histoire par des pleurs. La première chose que j'avais à faire était de les placer face à un miroir et de leur demander de se regarder bien comme il faut; je leur demandais de se regarder dans les yeux et de me dire ce qu'elles voyaient - des bébés en larmes ou des combattantes? Les pleurs finissaient bien vite et tous ces cas m'ont convaincu qu'une femme ne peut pleurer lorsqu'elle se regarde dans un miroir. Qu'il s'agisse de fierté, de honte ou du fait qu'elles se rendent compte qu'elles faiblissent, elles s'arrêtent pratiquement immédiatement. C'est un fait certain, les pleurs cessent.

Les orateurs, prédicateurs, acteurs et hommes d'État se sont servi de la technique du miroir pendant des années.

Winston Churchill, si l'on en croit Drew Pearson, n'a jamais prononcé de discours important avant de l'avoir répété devant son miroir. Pearson a déclaré que Woodrow Wilson avait lui aussi utilisé cette même technique. C'est ce que j'appelle une méthode survoltée permettant de faire appel aux forces du subconscient de l'orateur, de sorte que lorsqu'il apparaît devant son audience, ces forces s'écoulent et influencent les auditeurs. En ayant recours au miroir pour répéter le discours tel que vous désirez le prononcer, vous créez à ce moment-là une image de vous, de vos paroles, du son de votre voix et de la façon dont votre audience vous percevra, et que l'avenir rapproché matérialisera. En regardant le miroir, vous augmentez les vibrations mentales par lesquelles la force et le sens de vos paroles pénétreront rapidement dans le subconscient de tous vos auditeurs.

La technique du miroir donne une idée de la puissance et du magnétisme personnel de Billy Sunday, l'évangéliste. J'ai connu Billy Sunday dans ses meilleurs jours et je l'ai souvent entendu prêcher, mais à ce moment-là, vu que je ne connaissais rien de la concentration mentale, je m'étonnais de la façon dont lui, Gypsy Smith et d'autres grands évangélistes pouvaient influencer les gens à un tel degré.

Mais nous avons maintenant la preuve que Billy Sunday utilisait très souvent la technique du miroir; la preuve nous en est donnée par Eric Sevareid, commentateur à Columbia Broadcasting System dans son livre *Not So Wild a Dream* (Un rêve pas si insensé), publié en 1946. M. Sevareid nous raconte comment, à ses débuts, il a pu interviewer Billy Sunday.

> «Il traversait la chambre d'hôtel, regardant quelquefois par la fenêtre, retenant parfois la table à deux mains, *tout en s'adressant à son image dans le miroir.*»

L'un des meilleurs vendeurs d'assurances de l'Amérique du nord qui, très jeune s'est mis à croire à la puissance de la concentration mentale, m'a dit qu'il n'allait jamais voir un client éventuel sans d'abord répéter sa présentation des ventes devant le miroir. Le volume de ses ventes était très élevé.

Tous les vendeurs se sont déjà fait dire: «Si vous pouvez vous en convaincre, vous pourrez en convaincre les autres», ce qui est vrai. Tous les grands mouvements de masse de l'histoire, qu'ils aient été religieux ou militaires se sont développés à partir d'un seul individu, dont la croyance extraordinaire en sa cause lui a donné le pouvoir de convertir des milliers de personnes. Nul n'a besoin d'être psychologue pour savoir que l'enthousiasme est contagieux et qu'une personne qui en déborde le transmet facilement à tous ceux qui l'entourent. La technique du miroir est une méthode simple et efficace qui permet de renforcer notre croyance en notre capacité de convaincre et d'accroître notre enthousiasme.

Lorsqu'on se penche sur la technique du miroir à la lumière de la science présentée dans ce livre, on la perçoit comme une méthode maîtresse grâce à laquelle les forces toutes-puissantes du subconscient peuvent être utilisées pour influencer ceux avec qui nous faisons affaire.

Que nous en soyons ou non conscients, nous avons tous quelque chose à vendre - des marchandises, notre personnalité, nos services, nos idées. En fait, toutes les relations humaines sont basées sur des ventes d'un genre ou d'un autre, et c'est de la vente que nous faisons lorsque nous essayons de persuader les autres de notre point de vue. Légalement, un contrat ou un accord est basé sur *la rencontre des esprits*, et à moins que vous n'ameniez l'autre personne à voir les choses de votre façon, vous ne pouvez pas aller bien loin. Mais lorsque les esprits s'entendent sur les points les plus importants, le reste est facile, et le nom qui apparaît sur la ligne pointillée n'est plus qu'une question de temps.

Pendant la Dépression, alors que je travaillais en collaboration avec plusieurs organismes de ventes et entreprises en vue de les aider à améliorer leurs affaires, j'ai présenté la méthode du miroir et les résultats ont été étonnants. Dans l'un des cas, une usine où l'on préparait des tartes, j'ai fait placer des miroirs sur le côté intérieur de toutes les portières de camions de sorte que les vendeurs, en les ouvrant au moment de la livraison les voient immédiatement. Je répétais sans arrêt à tous ces hommes de déterminer avant même de se présenter chez le client, le nombre de tartes qu'il allait lui vendre et de se persuader, devant le miroir, que c'était ce nombre de tartes qu'il allait laisser sur le comptoir du client. L'un des chauffeurs m'a dit que pendant des mois, il avait essayé de vendre des tartes à une femme qui possédait un restaurant, mais qu'elle avait toujours refusé. Puis, il a décidé d'essayer la technique du miroir. Ce jour-là, il lui a vendu dix tartes. Au moment où il ma raconté cette histoire, il lui vendait à peu près quinze tartes par jour.

La technique du miroir a été utilisée avec d'excellents résultats par les compagnies d'assurances, les maisons de finance, les usines de caoutchouc, les agences automobiles, les usines où l'on fait des biscuits et d'autres organismes employant des vendeurs ou une combinaison vendeurs/opérateurs de production. Dans ma propre compagnie, alors qu'une révision complète de toutes les techniques utilisées a dû être faite afin d'éviter le désastre, j'ai commencé par avoir recours à cette technique en plaçant un miroir dans une pièce du bureau, là où les employés laissaient leurs chapeaux et leurs manteaux. Le miroir était placé de façon telle que tout le monde le voyait en entrant ou en sortant de cette pièce. Au début, j'avais collé des bandes de papier avec des slogans du genre «Nous allons réussir», «Rien n'est impossible à un esprit infatigable», «Nous avons du courage, prouvons-le», «Allons montrer au monde ce que nous pouvons faire», «Combien allez-vous réussir à en vendre aujourd'hui?» et ainsi de suite. Puis, nous avons commencé à nous servir du savon pour inscrire les slogans directement sur le miroir. Tous les matins, un nouveau slogan apparaissait et son seul but était de convaincre les employés qu'ils pouvaient faire de bonnes affaires même si toutes les autres compagnies travaillant dans le même domaine avaient du mal à garder leurs portes ouvertes. Par la suite, nous avons placé un second miroir près du cadre de la porte du bureau, et il était la dernière chose que voyait un vendeur qui quittait le bureau. Puis, j'ai fait placer des miroirs à côté des calendriers sur les bureaux des vendeurs et des cadres et le pire, c'est que pendant les dures journées de la Dépression, les vendeurs - tous, sans exception - ont réussi à tripler et à quadrupler leurs revenus et à maintenir leurs progrès depuis. Il y a des hommes dont les revenus mensuels n'avaient jamais dépassé $300 et qui font maintenant et depuis des années, un minimum de $1 000 par mois. Cela peut paraître incroyable à certains de mes lecteurs, mais c'est vrai. Mes archives contiennent de nombreuses lettres de directeurs, vendeurs et autres, qui témoignent de l'efficacité de la technique du miroir.

Il est maintenant temps de décrire cette technique. Placez-vous face à un miroir. Vous n'avez pas besoin de vous voir intégralement, mais vous devriez vous voir au moins à partir de la taille.

Ceux qui ont fait leur service militaire vont savoir faire ce qui suit - le corps bien droit, les talons rapprochés, le ventre rentré, la poitrine en avant et la tête haute. Respirez ensuite profondément deux ou trois fois, jusqu'à ce que vous éprouviez une impression de puissance, de force et de détermination. Ensuite, regardez-vous droit dans les yeux, et dites-vous que vous allez obtenir ce que vous voulez - dites-vous le à voix haute, de façon à suivre le mouvement de vos lèvres et à entendre vos paroles. Que cela devienne un rituel répété au moins deux fois par jour, le matin et le soir - et vous serez surpris des résultats. Vous pouvez augmenter l'effet requis en inscrivant au savon sur le miroir un slogan ou un mot, dans la mesure où il s'agit de quelque chose qui a rapport à ce que vous désirez. En l'espace de quelques jours, vous aurez une nouvelle confiance en vous, telle que jamais vous ne vous imaginiez pouvoir acquérir.

Si vous prévoyez aller voir un client particulièrement difficile ou si vous avez l'intention de rencontrer le directeur qui vous a toujours fait peur, utilisez la technique du miroir jusqu'à ce que vous soyez convaincu de pouvoir dire ce qu'il faut sans aucune gêne. Et bien sûr, si l'on vous demande de prononcer un discours, répétez-le devant un miroir. Gesticulez - frappez du poing sur la paume de l'autre main pour bien insister sur les arguments clés - et faites tous les gestes qui vous viennent naturellement.

Alors que vous vous tenez devant le miroir, répétez-vous que vous allez réussir et que rien au monde ne peut vous arrêter. Est-ce que cela vous paraît stupide? N'oubliez jamais que toutes les idées présentées au subconscient vont entraîner un résultat égal dans la vie objective et que plus vite le subconscient a une image claire et nette de ce que vous voulez, plus vite votre désir se traduit avec force. Il n'est pas bon, évidemment, d'aller raconter à tout le monde les moyens que vous utilisez, car certains peuvent vous ridiculiser, ce qui peut ébranler votre confiance, surtout si vous commencez seulement à avoir recours à la concentration mentale.

Si vous êtes directeur des ventes d'un organisme et si vous voulez obtenir de meilleurs résultats de vos employés, enseignez-leur la technique du miroir et veillez à ce qu'ils l'utilisent, tout comme cela se fait maintenant dans de nombreuses compagnies.

On a beaucoup parlé de la puissance du regard. On dit que les yeux sont le miroir de l'âme; qu'ils révèlent vos pensées. En fait, ils expriment bien plus que vous ne pourriez le croire. Ils permettent aux autres *de vous avoir.* Très vite, vous vous rendez compte que lorsque vous commencez à vous exercer devant un miroir, vos yeux auront une puissance que jamais vous n'auriez cru posséder (que les écrivains ont déjà qualifiée de dynamique, ou de pouvoir de fascination). Cette puissance vous donnera ce regard pénétrant qui fera que les autres penseront que vous pouvez lire leurs pensées. Tôt ou tard, ils auront une intensité qui reflétera l'intensité de vos pensées, et que les gens ne tarderont plus à reconnaître. On se souviendra qu'Emerson a un jour écrit que tout homme porte dans son regard son véritable rang. N'oubliez pas que votre position sociale se trouve dans votre regard. Alors exercez-vous à refléter la confiance dans vos yeux. Le miroir vous y aidera.

On peut utiliser la technique du miroir de différentes façons et obtenir d'excellents résultats. Si votre maintien laisse à désirer, si votre démarche est lente, vous vous apercevrez vite que vous pouvez obtenir des résultats rapides en vous corrigeant face à un miroir. Votre miroir vous montre la personne que les autres voient lorsqu'ils vous regardent et vous pouvez vous modeler en la personne que vous aimeriez montrer aux autres.

On dit que si vous jouez un rôle, vous finissez par devenir le personnage et là encore, il n'y a pas de meilleure façon que de répéter votre rôle face à un miroir. La vanité n'a aucune place dans cette science. Par conséquent, n'ayez pas recours au miroir en prenant tout cela de haut, mais servez-vous-en pour devenir la personne que vous aimeriez être. Il est évident que si les hommes et les femmes les plus remarquables du monde ont recours à la technique du miroir pour influencer les autres, vous pouvez vous en servir pour vos propres besoins.

On a beaucoup parlé de l'intuition, des pressentiments et du reste. Certains psychologues prétendent que les intuitions que nous avons *n'arrivent de nulle part*, mais viennent de nos connaissances accumulées ou à cause de quelque chose que nous avons pu entendre ou voir plus tôt. Cela peut être vrai, dans une certaine mesure, dans le cas des chimistes, des inventeurs et de ceux qui travaillent par des systèmes *d'essais et d'erreurs* en utilisant leurs connaissances et les résultats des expériences précédentes, mais je crois que le plus grand nombre, et de loin, des découvertes, illuminations et travaux inspirés, provient du subconscient sans qu'aucune connaissance préalable n'ait été implantée dans l'esprit. Toutes les coutumes que nous respectons, tout ce que nous utilisons a commencé par une idée dans l'esprit de quelqu'un et ces idées se sont tout d'abord manifestées par des pressentiments, des éclairs intuitifs ou autres. Il est donc sage de faire attention aux intuitions et de leur faire confiance jusqu'à la fin.

De nombreux leaders, industriels et inventeurs ont déclaré ouvertement qu'ils ont cru aux pressentiments qu'ils avaient eu dans des moments de relaxation ou dans des moments où ils s'adonnaient à des travaux autres que la résolution de leurs problèmes. Une bonne façon de permettre à votre subconscient de résoudre un problème est d'aborder ce dernier consciemment, sous tous ses angles; alors un soir, juste avant de vous endormir, ordonnez à votre subconscient de vous apporter la réponse. Vous pouvez vous réveiller au milieu de la nuit avec cette réponse; elle peut vous apparaître le matin au lever, ou à tout autre moment de la journée, alors que vous êtes à travailler. Soyez rapide lorsqu'elle se présente à vous et n'attendez pas pour passer à l'action.

Vous pouvez avoir un jour l'idée de téléphoner à quelqu'un. Cette personne peut se trouver à la tête d'une compagnie ou avoir une position qui pourrait vous être profitable. Cependant, à cause de sa position, vous pouvez craindre de franchir ce pas et vous vous *battez* avec votre idée et vos craintes. Malheureusement, c'est souvent la peur qui l'emporte. La prochaine fois que votre esprit est envahi par le doute, posez-vous ces questions: «Qu'est-ce que j'ai à perdre si je le vois ou si je l'appelle? Quel tort puis-je causer?» Vos craintes et vos doutes ne peuvent répondre à ces questions. Alors suivez votre première idée sans plus tarder.

Il y a cependant une restriction. Beaucoup de gens aiment le jeu. Certains jouent aux cartes, d'autres parient sur les chevaux ou les courses de chiens et beaucoup jouent à la bourse. Il y a évidemment ceux qui disent qu'ils suivent leur intuition et, de temps en temps, ils se font *lessiver*. Je vous recommande, et j'insiste, de ne jamais vous servir de vos intuitions dans le but d'obtenir quelque chose sans rien donner en échange. Ceci est fondamentalement immoral, la preuve en est que la plupart des joueurs meurent dans la misère. Alors méfiez-vous des pressentiments vous entraînant dans des domaines inconnus. Il peut s'agir de souhaits soudains et non pas de pressentiments. Les véritables pressentiments traitent d'événements qui vous sont liés, directement ou indirectement et ils vous donnent l'idée de faire quelque chose.

Je prends pour acquis qu'aucun de mes lecteurs ne pensera que ce livre est la clé à l'obtention de la gloire et de la fortune en l'espace d'une nuit. Ce livre est destiné à ouvrir la porte qui montre la voie qui vous mènera jusqu'à votre but. Il ne serait certainement pas très sage de vous jeter dans des entreprises dépassant vos possibilités. Si vous voulez être à la tête d'une importante société, il faut d'abord connaître les affaires. En utilisant cette science, vous pourrez apprendre les différentes étapes qui vous mèneront jusqu'aux sommets. Mais vous devez avoir un plan d'acion avant d'entreprendre quoi que ce soit. Vous ne pouvez pas aller à la pharmacie du coin et demander des médicaments. Vous devez être précis et nommer les médicaments désirés. Il en va de même avec cette science. Vous devez avoir un plan d'action - vous devez savoir avec précision ce que vous voulez.

Si vous avez bien défini ce que vous voulez et si vous vous êtes fixé un but, vous pouvez dire que vous avez de la chance, car vous avez franchi le premier pas qui vous mènera à la réussite. Tant que vous garderez l'image mentale de votre idée, et que vous la ferez suivre d'une action positive, rien ne peut vous empêcher de réussir, car le subconscient ne désobéit jamais aux ordres que vous lui donnez clairement et avec emphase.

VII / Comment transmettre vos pensées

La réussite est une question d'application incessante. Vous devez vous y mettre et ne jamais abandonner. Sinon, elle ouvre les ailes et s'envole. Vous ne pouvez jamais vous permettre de vous endormir sur vos lauriers - vous ne pouvez vous arrêter et vous admirer - car d'autres sont là qui lorgnent votre place avec envie et qui ne demanderaient pas mieux que de la prendre, surtout s'ils s'aperçoivent que vous n'êtes pas très fort et que vous ne faites rien pour renforcer vos positions.

Bien que l'Amérique ait fait de grands progrès, il s'agit encore d'un continent disposant de nombreuses ressources dont plusieurs sont encore inexploitées. Et bien que la guerre, avec ses bombes atomiques, ses radars, ses fusées et ses navires, ses bateaux amphibies et l'emploi encore expérimental des plastiques et des métaux, ait ouvert des voies nouvelles où des hommes pleins d'imagination peuvent encore réaliser de grands projets, je pense que nous n'avons encore rien vu; ceux d'entre nous qui seront encore en vie dans cinquante ans verront un monde qui fera paraître les années de l'après-guerre aussi lointaines que l'âge de la pierre.

Déja, dans nos laboratoires, les scientifiques travaillent sur ce que beaucoup appellent des idées fantastiques. Cela comprend des tissus légers obtenus à partir du bois et d'autres produits ignifuges et étanches, des matériaux qui feront que les bateaux ne pourront plus couler, des machines qui captureront l'énergie solaire et pourquoi pas, des dispositifs qui enregistreront nos pensées les plus profondes. Il ne s'agit là que de quelques-unes des inventions faisant leur apparition et toutes nous arrivent de l'imagination d'êtres humains, de leur subconscient. Dans cinquante ans, la transmission de pensée ou la télépathie sera peut-être aussi commune que la radio. Qui sait?

On a dit que l'homme peut concrétiser tout ce qu'il peut concevoir mentalement et les millions de choses que nous utilisons et dont nous pouvons bénéficier aujourd'hui le prouvent. Lorsque l'homme apprendra à comprendre l'immense puissance de son esprit et lorsqu'il aura réussi à s'en servir, il pourra non seulement dominer notre planète et tout ce qui s'y trouve, mais aussi il pourra atteindre les planètes voisines qui sont encore hors de son contrôle. Vous aussi avez cette étincelle intérieure, mais vous devez la ventiler jusqu'à ce que le feu prenne; vous devez ensuite l'entretenir en ajoutant du carburant - des idées, des idées, encore des idées et l'action.

Un homme que je connais et qui a plusieurs belles réalisations à son actif, déclare, à plus de soixante-dix ans, que la plupart des gens restent sur les abords des chemins car ils ne commencent jamais rien. «J'ai comme principe, depuis des années, de commencer quelque chose de nouveau - c'est-à-dire de nouveau pour moi - au moins une fois par semaine. Cela peut-être la fabrication d'un gadget très simple pour ma cuisine ou bien un plan de ventes entièrement nouveau, ou même la lecture d'un nouveau livre. Je me suis rendu compte que c'était la seule façon de garder actifs mon corps et mon esprit et de mettre à contribution plusieurs qualités imaginatives qui, dans le cas contraire, pourraient s'endormir et s'atrophier. Rien ne me semble plus erroné que l'idée d'un homme prenant sa retraite à soixante ans. Dès qu'un homme cesse de travailler, de s'activer physiquement et mentalement, il se dirige droit vers la tombe. Vous savez ce qui arrive aux chevaux de course qui cessent de courir. Vous savez ce qui arrive à votre automobile que vous laissez dehors, à l'abandon; elle rouille et très vite, elle n'est plus bonne que pour la ferraille. Il en va de même avec les humains; ils se rouillent ou ils se flétrissent et meurent dès qu'ils cessent de s'activer.»

Ce principe de commencer une chose nouvelle par semaine nous entraîne sur le sujet de l'initiative et sur la valeur que peut avoir cette qualité chez un individu qui souhaite réussir. Sans elle, l'homme cesse pratiquement avant d'avoir commencé. Des hommes et des femmes restent des employés de bureau toute leur vie, car jamais ils ne font preuve d'initiative dans leur travail, jamais ils n'essaient de trouver de nouvelles façons de s'acquitter de leurs tâches et jamais ils n'ont d'idées pour améliorer leurs conditions de travail. Pendant la guerre, un certain nombre d'organismes ont placé des boîtes à suggestions dans les usines et ont offert des prix pour celles qui s'avéraient les plus réalistes. Souvent, ces suggestions entraînaient de meilleures méthodes de fonctionnement, et l'avancement des employés faisant ces suggestions. Dans plusieurs cas, les suggestions des employés ont même amené de nouveaux dispositifs brevetés qui ont apporté gloire et fortune à ceux qui ont eu l'idée originale. N'oubliez jamais que peu importe la durée pendant laquelle un travail a été exécuté d'une certaine façon, il y a toujours moyen de l'améliorer. La guerre l'a démontré, alors sachez faire preuve d'initiative. Même si vous n'êtes qu'un obscur employé, caché derrière le comptoir d'un magasin, vous avez sûrement des idées sur la façon de mieux présenter les marchandises ou de mieux servir le client. Vous pouvez avoir de bonnes idées concernant l'éclairage, l'agencement des couleurs, la présentation sur le comptoir, les étalages, que la direction peut prendre en considération et qui peuvent être récompensées.

L'intérêt et l'attention sont deux autres choses reliées à l'initiative. Plus vous vous intéressez à votre travail, plus vous lui accorderez d'attention et meilleurs seront les résultats que vous obtiendrez. Nous savons tous que les choses que nous faisons le mieux sont celles qui nous intéressent; alors, si la tâche qui vous attend ne vous intéresse pas, trouvez-en une autre qui saura vous captiver. Plus l'intérêt sera grand, mieux cela sera - le facteur intérêt à lui seul vous mettra dans un état qui vous entraînera très loin.

J'ai connu une femme qui travaillait dans un grand magasin comme assistante à la direction dans l'un des plus grands rayons et bien que son salaire ait été gelé pendant la guerre, c'est elle qui recevait la prime de Noël la plus élevée du magasin tout simplement à cause de son intérêt et de son initiative, et ses conseils étaient plus recherchés que ceux du directeur, car ils étaient plus pertinents.

Le directeur du personnel d'une immense usine employant des milliers d'hommes et de femmes m'a dit que le plus grand défaut des gens était que l'on ne pouvait pas compter sur eux. Certains ne tenaient pas leurs promesses, d'autres étaient toujours en retard, d'autres changeaient constamment d'idée. Alors, si vous dites à quelqu'un que vous allez faire une certaine chose, même s'il vous est ensuite difficile de la réaliser, faites-la, sans vous préoccuper des conséquences ou des pertes de temps et d'énergie que vous encourrez. Vous en serez bien vite récompensé, car vous vous établirez une réputation de fiabilité, laquelle vous sera très utile, alors que vous grimperez les échelons de la réussite.

De nombreux employés croient qu'une fois qu'ils ont décroché un emploi, ils n'ont plus à conserver l'intérêt de l'employeur. Jamais il ne leur vient à l'idée qu'ils travaillent pour eux-mêmes et que l'employeur ne fait que leur fournir les outils et l'endroit qu'il leur faut. Un vieux dicton prétend qu'*un homme qui n'a jamais appris à recevoir des ordres ne pourra jamais en donner.* Et c'est vrai; mais ils sont peu nombreux ceux qui, travaillant jour après jour, se rendent compte qu'il est en leur pouvoir de s'asseoir un jour dans un bureau directorial et de donner des ordres.

«La seule façon d'avoir un ami est d'être un ami» a dit Emerson; rares sont ceux qui méditent sur cette pensée. Vous ne pouvez jeter votre pain sur l'eau sans qu'il vous soit retourné et vous ne pouvez faire une bonne action sans qu'une autre ne vous soit rendue en retour; c'est vrai, même si cela sonne très *optimisme facile* pour certains.

Celui qui ne se fait jamais d'ennemis de temps à autre est un spécimen rare. Il arrive que vous ne vous entendiez pas avec quelqu'un ou que quelqu'un ne s'entende pas avec vous. Alors, évidemment, vous ne l'aimez pas; et en conséquence, il ne vous aime pas. Heureux celui qui sait se faire un ami d'un ennemi - et c'est si facile!

Plusieurs personnes qui ne m'aimaient pas, peut-être à cause de quelque chose que j'avais pu dire sans trop y faire attention, et qui n'aurait pas hésité à me tuer (au figuré, bien sûr), sont devenues mes meilleurs amis tout simplement parce que je m'étais persuadé qu'elles étaient très amicales.

Je ne sais plus comment m'est venue cette idée de convertir mes ennemis en amis, je ne sais plus si cela m'est venu par hasard ou si je l'ai lu quelque part ou si quelqu'un m'en a parlé, mais c'est un de mes plus vieux principes et cela a toujours bien fonctionné. Comme exemple, je vais vous raconter le cas d'un directeur qui en était venu à me détester alors que j'avais critiqué les opérations de sa compagnie. Pendant des mois, il me démolissait chaque fois qu'il en avait l'occasion. Ma première réaction a évidemment été de lui rendre la pareille et de le démolir. Puis un jour, je me suis aperçu que son inimitié venait de quelque chose que j'avais dit contre *lui* et non pas contre sa compagnie et je me suis dit: «Il n'est pas méchant. J'ai tort. C'est moi qui suis à la base de tout cela et j'en suis désolé. La prochaine fois que je le verrai, je lui dirai tout cela mentalement». Un soir, je l'ai rencontré dans un club dont nous étions tous les deux membres. Il aurait cherché à m'éviter, mais nous nous sommes retrouvés face à face et je lui ai adressé la parole le premier, en disant: «Comment allez-vous, Charles?» Il m'a immédiatement répondu de la façon la plus amicale. Il *a capté* quelque chose dans ma voix qui représentait un geste amical et aujourd'hui, nous sommes très amis.

Alors, retenez bien ceci: certains de nos ennemis peuvent l'être par notre faute. Ces amis et ennemis ne sont qu'un reflet de nos pensées - celui qui est en face nous considérera comme un ami ou comme un ennemi, selon l'image que nous-même, nous projetons.

Ce n'est qu'aujourd'hui, alors que j'écris ces lignes, que je trouve un exemple de la projection de nos pensées. Le tuyau de l'évier de ma maison était bouché, et il m'a fallu appeler le plombier. Près de chez moi, il y a un atelier de plombier dont le propriétaire est très antipathique et très grossier avec ses clients. Je lui avais téléphoné plusieurs fois, mais il avait toujours été trop occupé pour venir.

La dernière fois que je lui avais téléphoné, il m'avait répondu qu'il me fallait attendre mon tour. Il lui serait peut-être possible de venir réparer mon chauffage dans deux semaines. Je lui avais demandé s'il pouvait me donner le nom d'un autre plombier disponible, mais il n'avait pas voulu. Sa conduite m'avait évidemment amené à généraliser sur tous les plombiers de la terre et je ne pouvais plus en voir aucun.

Il fallait pourtant que je fasse réparer le chauffage et je me suis vite rendu compte que la haine que j'éprouvais pour tous les plombiers et qui était née d'une mauvaise expérience ne m'aiderait pas. Alors, j'ai changé ma façon de penser en me disant: «Tous les plombiers sont consciencieux. Celui à qui tu as parlé était une exception; oublie-le.»

J'avais un ami qui était directeur d'une maison de vente en gros de fournitures de plomberie. Je l'ai appelé pour savoir s'il pouvait me recommander un bon plombier. Il en connaissait un et je l'ai appelé. Il m'a répondu qu'il était occupé, mais que s'il s'agissait d'un travail urgent, il pouvait se libérer. Sa promesse m'a fait plaisir et ma reconnaissance s'est immédiatement manifestée lorsque le plombier est arrivé un quart d'heure plus tard. En moins de deux heures - il travaillait très bien, ce qui le différenciait de tous les plombiers avec lesquels j'avais eu affaire jusqu'à présent - le chauffage avait été remplacé. J'ai été ravi du service et je le lui ai dit. Et cela lui a évidemment fait plaisir.

Aujourd'hui, il n'était pas tout à fait huit heures lorsque j'ai eu besoin d'aide. J'ai téléphoné au plombier et me suis rappelé à son souvenir, lui disant que c'était lui qui avait réparé mon chauffage. Il s'est aussitôt souvenu de moi et m'a dit qu'il allait venir dès que possible - probablement aux environs de midi. Cinq minutes après que j'ai eu raccroché le téléphone, un homme a sonné à la porte, me demandant si j'avais appelé un plombier.

Je lui ai demandé comment il se faisait qu'il était déjà là alors que son patron m'avait dit qu'il ne pouvait envoyer d'ouvrier avant midi et il m'a répondu: «Monsieur... venait tout juste de recevoir votre appel lorsque je suis arrivé à l'atelier et il m'a demandé d'y répondre et de faire ce qu'il fallait avant de prendre mon travail de la journée.»

J'étais évidemment enchanté de la rapidité du service et je l'ai dit au plombier, et cela lui a fait plaisir. Avec mon aide, les réparations ont été terminées en moins d'une demi-heure. Je lui ai parlé alors de mon expérience avec l'autre plombier et je la comparais avec celle que j'avais eue avec son patron. Il m'a répondu: «Mon patron est un homme bien. Il fait toujours son possible pour aider les autres et il se monte un excellent commerce. Je n'ai encore jamais trouvé un meilleur patron».

Si vous pensez et croyez que la personne que vous rencontrez est quelqu'un de bien, c'est ce qui va finir par se produire - car n'oubliez jamais que ce qui nous arrive n'est que la projection de ce que nous pensons mentalement.

Ne rejetez jamais cette vérité fondamentale. Mettez-la en application et vous serez étonné des résultats que vous obtiendrez. Observez le chauffeur d'autobus avec qui vous ferez affaire, le liftier et l'employé derrière le comptoir, qui feront tout ce qu'il leur sera possible de faire pour vous rendre service et vous renvoyer des pensées amicales. Vous pouvez le vérifier quelle que soit la situation que vous vivez, et plus jamais vous n'aurez à redouter de vous faire des ennemis.

Et la Bible nous dit: «Fais aux autres ce que tu aimerais que l'on te fasse». En fait, un grand nombre d'hommes et de femmes qui ont réussi dans la vie, peu importe la raison qui les motive, travaillent en pensant qu'en faisant quelque chose pour quelqu'un, ils recevront quelque chose de positif en retour. Cela peut apparaître comme un calcul mesquin, mais la loi fondamentale de la réciprocité demeure, peu importe la situation ou les circonstances. C'est tout simplement qu'il y a un effet logique résultant de chaque cause.

Lorsque vous essayez de faire plaisir à votre patron, ce n'est pas une question de léchage de bottes. Il est tout simplement normal de vous en faire un ami, car dans un organisme, les seules personnes qui vont de l'avant sont celles qui font bien leur travail et qui essaient de plaire à leur patron. Le patron est celui qui s'occupe des promotions et plus il sera satisfait de votre travail et de votre conduite, plus rapide sera votre progression. Même si vous-même êtes conscient de votre propre valeur, si vous voulez avancer au sein d'une grande compagnie, vous devez faire votre travail comme il faut, mais vous devez également avoir le patron de votre côté. Regardez autour de vous et vous verrez que ce principe s'applique dans tous les cas. Vous vous en êtes rendu compte à l'école lorsque vous étiez jeune, vous vous en êtes rendu compte dans l'armée, on peut le constater en politique et si vous vous êtes déjà penché sur la vie animale, vous avez pu voir que ce principe s'applique chez tous les types, même les plus primitifs.

Faites preuve d'initiative. Essayez toujours de faire quelque chose pour les autres et vous serez très surpris de voir comment les choses vous concernant en seront facilitées - combien d'événements agréables vous arriveront. Faire quelque chose pour les autres est toujours payant, d'une façon ou d'une autre.

Vous pouvez en faire l'expérience avec un chien. Soyez gentil avec lui, caressez-le et il agitera la queue en signe de reconnaissance, il essayera de vous lécher les mains et le visage si vous le laissez faire. Grondez-le ou frappez-le et il se mettra à ramper, à grogner ou il essayera même peut-être de vous mordre. Les réactions des gens sont exactement les mêmes et quel que soit le motif qui vous entraîne à faire quelque chose pour quelqu'un, qu'il s'agisse d'une impulsion amicale ou la connaissance de la loi de cause à effet, les résultats seront les mêmes. Des compliments sincères vous attireront toujours des amis, car la majorité des gens sont très sensibles aux compliments. Les compliments flattent leur orgueil et vous font monter dans leur estime. Les politiciens apprennent très vite à se faire des amis en rendant service aux gens et en les louangeant. Le petit gars du coin à qui vous parlez gentiment aujourd'hui sera peut-être demain le juge devant qui vous devrez comparaître pour une contravention à la loi et là, vous saurez ce que cela signifie que d'avoir un ami *au tribunal.* Le même principe s'applique dans toutes les couches sociales et pourtant peu de gens en tiennent compte.

Je me trouvais dans le bureau d'un directeur de l'un des plus grands magasins du pays il n'y a pas tellement longtemps, et une femme est venue le remercier pour les conseils qu'il lui avait donnés concernant un meilleur emploi qui lui avait été offert dans une autre ville. Lorsqu'elle a quitté son bureau, il a déclaré: «Vous savez, l'une des choses que j'aime dans ma situation actuelle, c'est que beaucoup de gens viennent me voir pour me demander conseil. Alors que mon travail ici m'oblige à être constamment sous tension, je n'en prends pas moins le temps nécessaire pour écouter les employés qui viennent me trouver. Cela me flatte et j'ai l'impression d'être quelqu'un de bien; évidemment, j'ai envie de faire tout ce que je peux pour ces gens qui, de cette manière, me font un compliment.»

Et ceci nous amène à un autre point - une personne qui veut trouver la fortune doit aller là où elle se trouve. Seul sur une île déserte, un homme aurait sûrement du mal à subvenir à ses besoins, sans parler de la question d'amasser une fortune. Il en va de même en ce qui concerne la vie de tous les jours. Par conséquent, si vous voulez de l'argent, vous devez vous tenir avec des gens qui en ont ou qui savent comment en gagner. Cela peut vous sembler grossier. Mais la vérité est que si c'est de l'argent que vous voulez, vous devez aller là où il y en a et là où les autres en dépensent et vous devez faire connaissance avec ceux qui ont un mot à dire sur les budgets. Si vous travaillez comme vendeur dans le domaine de la publicité et si vous savez que c'est le directeur d'une compagnie qui a le dernier mot à dire, il ne sert à rien d'essayer de convaincre un employé de bureau ou des cadres intermédiaires. Il en va de même pour la vente des marchandises et, ce qui est encore plus important, en ce qui vous concerne.

«Si vous travaillez pour un homme, alors, pour l'amour du ciel, travaillez pour lui», a dit Elbert Hubbart, et ceci nous explique pourquoi tant de gens échouent - par manque d'intérêt dans leur travail. Ils ne font aucun effort pour essayer d'apprendre quelque chose de nouveau en dehors de la sphère limitée de leur emploi. J'ai un jour parié gros avec le directeur d'un grand ensemble dont le nom apparaissait souvent dans les journaux. Je prétendais que je pourrais trouver au moins vingt personnes dans sa compagnie qui n'avaient jamais entendu parler de lui ni même de la position qu'il occupait. Il en a été complètement abasourdi lorsque je lui ai prouvé. Non seulement venait-il de perdre le pari, mais sa fierté en avait pris un gros coup. Par curiosité, j'ai vérifié ailleurs, dans d'autres compagnies nationales et pas un seul employé n'a pu me dire le nom du directeur de la compagnie, ni même l'adresse du siège social.

Cela peut sembler incroyable et même ridicule à plusieurs de mes lecteurs. Mais si vous avez des amis travaillant comme obscurs employés dans des sociétés importantes, demandez-leur donc le nom du trésorier ou du vice-président. Et à moins que cet employé ne soit une exception, son ignorance vous surprendra. Si vous travaillez comme vendeur dans une compagnie pétrolière, ou si vous y travaillez comme standardiste, il vous faudra rapidement apprendre les noms de ceux qui dirigent la compagnie et savoir un peu ce qu'ils ont fait. Mais il est surprenant de voir combien de personnes acceptent un emploi sans essayer de savoir ce qui se fait dans le service d'à côté et sans rien demander des opérations de la compagnie en général. Peut-être les dirigeants des gros organismes se trompent-ils en n'organisant pas de campagnes éducatives destinées à leurs employés. Il y a, bien sûr, d'importantes sociétés qui font paraître des bulletins internes donnant les noms des directeurs, les adresses des principaux bureaux et autres renseignements du même genre, accompagnés de tous les détails concernant les opérations. J'ai parlé avec une femme qui travaillait dans une grosse usine depuis plusieurs mois, et en dehors du directeur du personnel qui l'avait engagée, elle ne connaissait pas un seul nom de directeur, en dépit du fait qu'elle recevait tous les mois le bulletin de la compagnie qui contenait des articles écrits par divers cadres.

L'emploi que vous occupez actuellement est un tremplin vers un autre qui lui sera supérieur. Que savez-vous de votre compagnie et de ses politiques internes et externes? Plusieurs sociétés offrent des programmes d'assurance-groupe, ce qui permet aux employés de payer des primes moins importantes. Combien d'employés ont lu ces polices? Très peu le font et le pire, c'est que très peu connaissent leurs droits en ce qui concerne la sécurité sociale et les montants prélevés toutes les semaines sur leur salaire.

L'homme est l'héritier de la sagesse antique que l'on trouve dans les grands livres», a dit l'un de nos sages et pourtant il est surprenant de constater que très peu de gens aiment la lecture, bien que la guerre ait poussé plusieurs d'entre nous à rechercher la compagnie des livres. Aussi étrange que cela puisse paraître, très peu d'hommes d'affaires s'adonnent à la lecture, en dehors des journaux et magazines professionnels et lorsqu'on fait une étude sur ce milieu, on s'aperçoit que la majorité de ces hommes se limite aux articles et écrits portant sur les domaines dans lesquels ils travaillent. Je parle de livres, car quel que soit le livre - biographie, roman, histoire ou technique - il est rare qu'il ne contienne pas une idée ou deux qui puissent vous aider dans votre travail.

Personne n'a le monopole de la connaissance et pourtant, nous savons tous que la connaissance que nous mettons à profit est une puissance sans égale. Plus une personne lit, plus elle va stimuler sa pensée et s'il s'agit d'une personne d'action, plus ses efforts en seront accélérés.

C'est maintenant le moment de parler du phénomène intéressant de l'association d'idées et de la façon dont une idée s'enchaîne rapidement avec la suivante. C'est là un facteur important que tous devraient essayer de perfectionner, surtout ceux qui travaillent dans des domaines créateurs comme la publicité, la rédaction, la vente et autres.

Par exemple, vous voyez une voiture sur une route de campagne. Imaginez un peu toutes les idées qui peuvent vous venir à l'esprit à cause de l'image mentale d'une voiture. Une voiture est en acier, alliages et plastique - chacun de ces matériaux entraînant des idées qui peuvent encore se diviser. Prenons ensuite les roues et les pneus - les carters, tuyaux et soupapes - le tout se traduisant par d'autres associations d'idées. Nous pensons aux routes sur lesquelles cette voiture est passée et ceci nous amène à la construction des routes. Puis nous pensons à l'huile et à l'essence, d'autres idées nous viennent et avant même que nous nous en rendions compte, nous avons mis en marche toute une chaîne qui semble infinie.

Prenons une seule idée dans les affaires. Supposons que vous soyez intéressé à la culture et à la vente d'une noix d'une nouvelle espèce. La première question est évidemment la suivante: Est-il possible de la cultiver et de la vendre en faisant des bénéfices? Et naturellement, par le phénomène de l'association des idées, vous serez amené à déterminer toutes les questions touchant à la culture, au sol, à l'emplacement, aux conditions climatiques, aux coûts d'opération et à la main-d'oeuvre; ceci vous entraînera à un programme de mise en marché, au conditionnement, aux distributeurs que l'idée pourrait intéresser, aux livreurs, et enfin au consommateur. Le champ d'idées devient énorme et pourtant, tout a commencé par une noix.

On devrait maintenant dire un mot de l'emballage et de l'attrait qu'il peut avoir sur le regard, car là aussi, la puissance de la suggestion entre en jeu. Les négociants en épicerie, fruits et légumes savent que même si le produit lui-même n'est pas amélioré, un emballage artistique et attrayant peut leur faire réaliser un meilleur bénéfice. Promenez-vous dans un magasin et attardez-vous sur les articles qui retiennent votre regard; vous en aurez la preuve par vous-même. L'excellence de l'emballage distingue le chef du simple cuisinier. Le chef connaît l'importance de la présentation et c'est en fonction de ce facteur qu'il dispose les mets sur un plat dans le but de les rendre plus appétissants, alors que le cuisinier, qui n'attache pas d'importance à ce fait, dispose les aliments n'importe comment.

Pendant plusieurs années, j'avais des intérêts dans une ferme où l'on cultivait du céleri. Avant l'internement des Japonais pendant la guerre, le fermier italien qui louait une partie de ma terre, se plaignait de ne pouvoir concurrencer les Japonais et c'est l'excuse qu'il donnait lorsqu'il ne pouvait respecter les clauses de ses contrats de location. De façon intuitive, les Japonais connaissaient l'importance d'un bel emballage. Ils lavaient le céleri comme il faut, le mettaient ensuite dans des boîtes en bois neuves et souvent, ils ne vendaient que les coeurs de céleri, bien emballés dans du papier portant un message positif sur la qualité du produit. Mon métayer, un individu négligent, n'a jamais, autant que je me souvienne, lavé un seul pied de céleri. Il les plaçait dans des boîtes usagées et il se plaignait ensuite que les Japonais raflaient tout le marché.

Tous ceux qui ont eu l'occasion de traverser les grandes régions agricoles des États-Unis et du Canada peuvent dire, après un seul coup d'oeil sur les maisons et les granges, si le fermier est un homme qui aime la vie ou s'il dépérit sur ses pieds. Je pense à certains cultivateurs, sur la côte nord-ouest du Pacifique qui, il y a vingt ou trente ans, ne réussissaient pas à vendre un camion de pommes ou de poires pour vingt dollars; pourtant, des hommes qui ont eu l'idée de présenter leurs fruits sous emballages agréables ont réussi à amasser des fortunes. Il n'est pas difficile d'obtenir des gens deux dollars de plus pour une douzaine de pommes ou de poires bien emballées dans du papier de soie, du papier ciré ou d'aluminium; certains cultivateurs, aux idées plus avancées, réussissent à vendre leurs produits par la poste à des milliers de clients à travers le monde. Je connais personnellement certains de ces fermiers et leur réussite, dans tous les cas, est partie d'une idée qui leur est venue et qu'ils ont décidé de mener à bien car ils y croyaient.

Prenez maintenant cette question de l'emballage et comparez-la à vous-même.

Êtes-vous attirant? Portez-vous les vêtements qui vous vont le mieux? Connaissez-vous l'effet des couleurs et avez-vous étudié celles qui conviennent le mieux à votre caractère? Votre allure vous distingue-t-elle de tous ceux qui passent inaperçus dans une foule? Si tel n'est pas le cas, pensez un peu à votre présentation personnelle, car le monde vous prend pour ce que vous lui montrez. Prenez des idées auprès des fabricants de voitures, des maquilleurs à Hollywood ou des réalisateurs cinématographiques qui connaissent l'importance du coup d'oeil et qui présentent leurs produits en conséquence. Lorsque vous avez une combinaison d'une bonne présentation et d'une marchandise d'excellente qualité, vous êtes imbattable. La *personne* qui se trouve en vous peut travailler pour la *personne* que vous êtes extérieurement - et là aussi, vous êtes imbattable.

Pour voir l'allure que vous avez et ce qu'elle suscite, passez près d'un chantier de construction en marche. Si vous êtes bien habillé, si vous dégagez une impression de prospérité et d'importance, les ouvriers s'écarteront pour vous laisser passer. Vous pouvez également essayer de vous présenter dans un bureau où plusieurs personnes attendent pour rencontrer le directeur. Vous remarquerez que celui qui a l'air important, qui fait preuve d'une voix forte et qui a l'air sûr de lui est le premier à entrer et à recevoir l'attention non seulement des secrétaires, mais également des directeurs.

On ne peut donner de meilleur exemple de l'impression que cause une bonne apparence que celui de la distinction que font les policiers ou les employés de prison entre deux individus. Celui qui est bien habillé, qui a l'assurance d'un homme d'affaires est rarement maltraité, alors que celui qui a l'air d'un clochard se retrouve presque immédiatement en cellule. J'ai été chroniqueur judiciaire pour un journal important pendant plusieurs années et j'ai vu cela se produire sous mes yeux un nombre incalculable de fois. Celui qui avait l'air d'être quelqu'un et qui avait été arrêté pour une infraction mineure se retrouvait souvent assis en face du commandant du poste jusqu'à ce qu'il soit en mesure d'appeler un juge ou un ami capable de le faire libérer, alors que le clochard se retrouvait en prison, pour être libéré on ne sait trop quand.

Le directeur d'une agence de vente d'automobiles m'a dit qu'on l'appelait souvent pour terminer une vente avec des hommes riches qui désiraient les voitures les plus dispendieuses. «Non seulement je prends une douche, dit-il, mais je me change, je vais chez le barbier pour me faire laver les cheveux, faire faire la barbe et un manucure. Il est évident que cela produit un effet, mais ce qui est encore plus important, c'est que moi, je me sens plus sûr de moi. Je me sens comme un homme nouveau, prêt à renverser des montagnes.»

Si vous êtes bien habillé au moment où vous décidez d'entreprendre quelque chose d'important, vous sentirez en vous une impression de puissance qui entraînera les autres à céder devant vous et même, à vous aider à réussir. L'attitude mentale adéquate, qui est de fixer vos yeux vers l'avant, vers votre but, en laissant émaner de vous une aura positive par l'intermédiaire de votre imagination ou de votre magnétisme personnel, fera des merveilles, comme l'a appris Theos Bernard dans *Penthouse of the Gods*, (Temples des Dieux) alors qu'il était cerné et lapidé par une foule d'indigènes du Tibet. Dans son livre, il raconte que sa première réaction a été de se battre, mais il a vite chassé cette idée lorsqu'il s'est souvenu qu'on lui avait dit d'assumer et maintenir son aura. Il a alors redressé les épaules, a relevé la tête, a regardé droit devant et s'est mis en marche à grands pas décidés et rapides. Non seulement la foule s'est-elle écartée, mais lui a même tracé un chemin.

Il y a quelques années, j'étais en excellents termes avec le chef d'une caserne de pompiers d'une grande ville; c'était un homme d'âge moyen qui ne craignait rien. Ses associés déclaraient que leur chef avait vécu une vie enchantée. Un jour, alors que je me documentais pour un écrit, je lui demandai s'il pensait vraiment avoir une vie enchantée et il s'est mis à rire: «Je ne sais pas si c'est ainsi qu'on peut l'appeler. Je suis peut-être du genre fataliste, mais je n'ai jamais cru que je mourrais tant que je serais un chef. Lorsque je me dirige vers un endroit dangereux, je place toujours un cercle blanc tout autour de moi et rien ne peut le traverser. C'est un truc que j'ai appris des Indiens qui vivaient près de chez nous, quand j'étais enfant. C'est peut-être de la superstition, mais cette aura blanche m'a sauvé la vie plus de fois que je n'aime me rappeler.» Il a vécu jusqu'à la retraite et est mort de mort naturelle alors qu'il était septuagénaire.

Nous connaissons tous l'histoire de Babe Ruth, le fameux joueur de baseball et la façon dont il *préméditait ses coups*. S'il voulait envoyer la balle à gauche ou à droite, c'est là qu'il frappait la balle. Comment s'arrangeait-il pour le faire, seul ce héros américain le sait, mais il y a certainement là quelque chose de mystérieux. Quel que soit le lanceur qu'il avait en face de lui, il frappait toujours la balle là où lui le décidait et les records qu'il a établis resteront longtemps inégalés.

Le nom d'Ernie Pyle évoque immédiatement le pressentiment de la mort que ce fameux correspondant de guerre a eu avant de partir pour la guerre du Pacifique. On se souviendra avec émotion que le bien-aimé Ernie avait eu le sentiment, avant de quitter les États-Unis pour la guerre du Pacifique, qu'il n'en reviendrait pas. Au contraire, on raconte de nombreuses histoires d'ex-soldats qui avaient un sentiment ou la foi que, bien qu'ils aient souvent été sous les balles, ils s'en sortiraient sans une seule blessure - et c'est ce qui se produisait.

On s'aperçoit qu'un grand nombre de personnes soumises à un grand danger croient à l'efficacité de l'aura blanche. C'est peut-être là encore un exemple de la *magie de croire*. Il y a des millions d'automobilistes en ce bas monde qui ont dans leur voiture un petit fétiche qui, d'après eux, doit les mettre à l'abri des accidents. Mais pourquoi s'arrêter aux fétiches dans une automobile?

Les vibrations émanant des autres nous affectent bien plus que nous le croyons, car nous prenons les caractéristiques de ceux avec qui nous sommes le plus souvent en contact. Il est bien connu qu'un homme et sa femme, après bien des années de vie commune, finissent par se ressembler et acquièrent les habitudes l'un de l'autre. Un bébé prendra les caractéristiques émotives de la mère ou de la personne qui s'en occupe, il aura les mêmes craintes, les mêmes goûts et les mêmes dégoûts que la mère ou la gardienne et bien souvent, ces traits de caractère lui resteront pour la vie entière. Et ceux qui aiment les animaux, surtout les chiens, déclarent que les animaux acquièrent les caractéristiques émotives du maître - ils seront laids, amicaux, heureux ou coléreux, selon les tendances de la personne avec laquelle ils passent le plus clair de leur temps.

Il est toujours important de se souvenir qu'une personne négative peut faire des ravages dans un organisme ou à la maison. Les mêmes dommages peuvent être causés par une personne très négative que le bien que peut entraîner une personnalité positive; et lorsque les deux se trouvent face à face, c'est souvent la personne négative qui l'emporte. Nous savons tous ce qui arrive de temps en temps à celui qui décide d'aller vivre parmi les primitifs - il devient lui-même comme les membres de la tribu dans laquelle il vit. Les Anglais qui travaillaient dans les plantations ou les mines de la jungle luttaient contre cette tendance en se rasant avec soin et en s'habillant tous les soirs pour dîner.

Une personne extrêmement nerveuse détenant un poste important peut rendre tous ceux qui l'entourent extrêmement nerveux. Cela se produit dans la plupart des bureaux ou magasins où le directeur est une personne nerveuse. Et il arrive qu'une telle tendance se répande dans la compagnie au complet. Après tout, comme on l'a dit, une compagnie n'est que le reflet de la personne qui la dirige. Ainsi, un organisme où tout fonctionne en douceur voit ses membres adaptés à la façon de penser du directeur principal. Une personnalité négative très forte dans une telle compagnie, en désaccord avec les idées de la direction peut envoyer ses vibrations aux autres et causer des dommages importants, tout comme une pomme pourrie dans une boîte peut entraîner la pourriture de toutes les autres. De la même façon, une femme qui pleure peut faire pleurer toutes les autres qui se trouvent dans la même pièce qu'elle, tout comme une personne qui rit fera rire toutes les autres; le baillement d'un seul peut se traduire par une épidémie de baillements. Nous ne nous rendons que rarement compte de la façon dont nos vibrations émotives affectent les autres et comment celles des autres nous affectent.

Pour demeurer une personne positive, évitez de vous associer à tout individu ayant une personnalité négative ou pessimiste. De nombreux prêtres et conseillers deviennent les victimes d'une association prolongée avec des gens qui viennent les voir pour leur exposer leurs ennuis. L'impact d'un courant régulier de vibrations tristes finit par inverser leur polarité positive et les réduit à un état négatif.

Pour mieux comprendre l'effet de ces vibrations suggestives, vous n'avez qu'à vous souvenir des différentes impressions que vous avez en entrant dans des maisons ou des bureaux différents. L'atmosphère, qui est créée par les personnes qui s'y trouvent habituellement, peut être détectée instantanément comme désagréable, gênante, calme ou harmonieuse.

Vous pouvez dire presque immédiatement si l'atmosphère est froide ou chaleureuse - la disposition des meubles, l'agencement des couleurs, les murs eux-mêmes, tout vibre selon la façon de penser des personnes qui occupent l'endroit et trahit le type de pensée. Qu'il s'agisse d'un château ou d'une cabane, les vibrations sont toujours la clé de la personnalité des gens qui occupent les lieux.

Avez-vous peur de prendre des responsabilités, de prendre des décisions, d'agir seul? La plupart des gens ont peur - c'est pourquoi il y a si peu de leaders et tant de personnes qui se laissent diriger. Lorsque vous vous trouvez confronté à un problème, plus vous le niez, plus il prend de l'importance et plus vous avez peur de ne pouvoir le résoudre. Par conséquent, apprenez à prendre des décisions, car en fuyant la décision, vous refusez l'action et en refusant d'agir, vous vous vouez à l'échec. L'expérience vous apprendra très vite qu'une fois qu'une décision est prise, les problèmes et les ennuis ne tardent plus à disparaître. Même si la décision prise n'est pas la meilleure, le seul fait d'avoir décidé vous donne la force et vous remonte le moral. C'est la crainte de mal faire qui attire les mauvaises décisions. Décidez et agissez, et il est fort probable que tous vos ennuis s'évanouiront - que vous fassiez une erreur ou non. Tous les grands hommes sont des hommes aux décisions rapides et intuitives, qui leur viennent de leurs connaissances accumulées et de leur expérience passée. Alors apprenez à prendre des décisions rapides et à être audacieux dans vos actes.

Je n'ai pas la prétention d'être un quelconque guérisseur, mais tous ceux qui disposent de certaines connaissances de la puissance mentale connaissent les effets d'une pensée émotive sur la condition physique et ils savent également que la suggestion mentale peut apporter la maladie ou la guérir. Dans certains mouvements de guérisseurs, les guérisons se font en niant la maladie et des milliers attestent la validité de cette méthode. Les disciples des autres écoles de guérison n'essaient pas de nier la maladie, mais ils l'ignorent, affirmant qu'ils sont en bonne santé et heureux et qu'ils se sentent de mieux en mieux chaque jour. Les membres des diverses écoles de pensée sont les meilleurs juges des méthodes qui sont les plus efficaces pour eux; mais on doit se souvenir que dans tous les cas, c'est la foi de l'individu qui détermine la réussite de la méthode utilisée. Cependant, il est intéressant de noter que le mouvement qui défend la négation compte un nombre incroyable de disciples et que les adhésions ne cessent d'augmenter d'une façon surprenante.

Les limites de la suggestion mentale pour guérir la maladie ou les maux physiques, sont encore inconnues et ce sujet est très controversé parmi les différentes écoles de guérison et les membres de la profession médicale, mais un fait demeure, c'est qu'il y a, dans notre pays uniquement, des milliers de personnes - et ce nombre s'accroît sans cesse - qui ont été guéries de leurs maux grâce à la concentration mentale.

On sait depuis longtemps que les réactions engendrées par la peur, la haine et l'angoisse peuvent entraîner des maladies, parfois même incurables, bien qu'il y ait encore des membres de la profession médicale qui refusent d'appuyer cette théorie. Cependant, *Life Magazine* (19 février 1945), dans un article intitulé *Médecine psychosomatique* a déclaré que pendant la guerre, on s'est aperçu que quarante pour cent de tous les cas d'invalidité avaient des causes psychosomatiques. (Par psychosomatique, on entend une combinaison de maux physiques et mentaux dus aux émotions et le traitement, dans un tel cas, est un ensemble de psychothérapie et de médicaments.) L'article soulignait qu'un grand nombre des cas de rhume des foins, d'asthme, de maladie du coeur, de haute tension, de rhumatismes, d'arthrite, de diabète, de grippes et de maladies de la peau comme les verrues, l'urticaire et les réactions allergiques sont causés par des troubles émotifs ou par des dérangements physiques aggravés par un facteur émotif. Le traitement consiste à définir la source de ces troubles émotifs et à les supprimer.

Grâce aux expériences menées par les psychiatres et les psychanalystes au cours de la guerre, le sujet d'un traitement mental lié à un traitement physique devra probablement être révisé au complet, et il pourra se traduire par le soin de l'esprit entraînant une guérison totale.

Cependant, ceux qui comprennent la science de la psychothérapie diront qu'une guérison n'arrive pas à la suite du seul traitement de la part du guérisseur, mais qu'il faut que le patient y mette du sien. En d'autres mots, la suggestion, quelle que soit la forme que lui donne le guérisseur (soit conforme aux principes de la psychothérapie ou en conjonction à une croyance religieuse quelconque), est ensuite transmise par autosuggestion au subconscient du patient et c'est là qu'elle devient efficace. Je me rends compte que tout cela peut inviter à la critique, mais le fait demeure que lorsqu'un patient refuse de croire aux suggestions du guérisseur, le but n'est jamais atteint. Les deux individus, le patient et le guérisseur, doivent se mettre *en rapport* pour pouvoir obtenir des résultats et je pense que toute personne connaissant l'emploi de la concentration mentale pourrait obtenir les mêmes résultats sans l'aide d'un guérisseur, à condition qu'elle soit suffisamment forte et consistante dans ses convictions et dans ses suggestions. La même technique, celle des cartes de motivation et du miroir, accompagnée des affirmations adéquates, peut être utilisée au mieux.

Récemment, un nouvel intérêt s'est développé pour tout ce qui est télépathie et transmission de pensée à la suite des expériences et recherches faites dans plusieurs collèges et universités, en particulier celles qui ont été faites sous la conduite de J.B. Rhine de l'Université de Duke. Bien sûr, Joseph Dunninger, médium radiophonique, avec ses transmissions de pensée et la lecture des pensées des autres, a beaucoup fait pour éveiller l'intérêt du public dans ce domaine.

Les dossiers de la *British Society for Psychical Research*, (Société Britannique pour la Recherche Psychique) et ceux de son équivalent américain sont pleins de rapport de télépathie, de clairvoyance et de phénomènes similaires, mais la plupart des gens, en dépit des rapports scientifiques rendus publics, nient encore le fait de l'existence de la télépathie.

J'ai toujours été étonné par le fait que tant de gens, qui prétendent croire en la Bible, dans laquelle on trouve tant de récits de visions, de clairvoyance et de télépathie, déclarent que de nos jours, la télépathie et les phénomènes associés sont impossibles.

Nonobstant un scepticisme général, certains des plus grands penseurs scientifiques de notre monde ont déclaré que la télépathie est possible et qu'en outre, il s'agit d'une faculté que la plupart d'entre nous peuvent utiliser à condition de bien la comprendre. En plus des découvertes faites par les deux sociétés de recherches psychiques et des résultats rendus publics par le Dr Rhine, il y a de nombreux ouvrages, anciens et plus récents, sur le sujet. Certains des plus connus sont *Mental Radio* (La Radio Mentale) par Upton Sinclair; *Beyond the Senses* (Au-delà des sens) par le Dr Charles Francis Potter, prédicateur new yorkais bien connu; *Telepathy* (La Télépathie) par Eileen Garret, éditeur; et *Experimental Telepathy* (Télépathie Expérimentale) par René Warcollier, directeur de l'Institut Métaphysique International de Paris.

Lorsque les résultats des expériences faites par le Dr Rhine à l'Université de Duke ont été rendus publics, beaucoup se sont dépêchés d'aller déclarer que ces résultats étaient le fait du hasard, et ils ont dépensé beaucoup de temps et d'argent à essayer de prouver que la télépathie n'existait pas. Cependant, les expériences se poursuivent à Duke et dans d'autres grandes universités. Je me suis souvent demandé pourquoi tant de savants qui s'opposaient avec tant de force à ces faits n'essayaient pas de prouver l'existence de ce facteur, plutôt que le contraire; mais là encore, j'ai ma théorie, à savoir que la foi fait des miracles et cela est établi par ce que Rhine dit lui-même dans son livre sur la perception extrasensorielle. Il déclare que des résultats satisfaisants étaient obtenus lorsque ceux qui menaient les expériences se trouvaient *dans l'esprit*, et que la capacité de transmettre ou de recevoir s'affaiblissait une fois la nouveauté de l'expérience passée. En d'autres mots, tant qu'ils étaient remplis d'enthousiasme et qu'ils disposaient d'un intérêt spontané et de la foi qu'ils pouvaient réussir, les sujets obtenaient de bons résultats. Mais lorsque les étudiants ont été rappelés plus tard pour poursuivre les expériences en cours d'étude, l'enthousiasme manquait et les résultats étaient alors très faibles.

Peut-être qu'un certain nombre de mes lecteurs se souviendront d'un article paru dans *l'American Weekly Magazine* le 25 août 1946, intitulé *La preuve scientifique de l'existence de l'âme humaine*, rédigé par le Dr J.B. Rhine. Étant donné que son explication traite directement du même sujet que ce livre je cite l'article presque dans son entier.*

Que peut dire la science sur l'âme? Pour trouver la réponse à cette question, nous nous tournerons bien évidemment vers la psychologie, car c'est, littéralement, «la science de l'âme». Mais une surprise nous attend, car nous nous apercevons que la théorie de l'âme humaine ne fait pratiquement pas partie des livres et des conférences psychologiques.

La plupart des psychologues sourient même lorsqu'on leur parle de l'esprit comme s'il s'agissait d'une chose séparée du cerveau. Tout doit être physique pour être réel, selon les maîtres en la matière; tout ce qui est non physique ou spirituel, comme l'âme est censée l'être, ne peut donc pas être. Une telle idée doit tout simplement être rejetée comme pure superstition.

Les principes physiques sont censés expliquer ce que nous appelons le «mental» s'ils continuent à progresser comme ils l'ont fait.

Cependant, il y a des choses qui se passent en ce moment qui n'entrent dans aucune de ces idées physiques de l'homme. Par exemple, une personne peut se réveiller à la suite d'un cauchemar dans lequel un ami ou un membre de sa famille meurt. L'image terrifiante se réalise, à peu près de la même façon et au même moment, bien que l'ami se trouve à des kilomètres de distance.

* Avec la permission de l'auteur, le Dr J.B. Rhine, et avec la permission de l'*American Weekly*.

La caractéristique la plus étrange de tout cela est que, dans certains cas, l'événement ainsi perçu ne se produit pas avant des heures, ou même des jours après le rêve; et pourtant il peut avoir été vu en détails et avec précision.

La première idée est, bien sûr, qu'il s'agit là de coïncidences. Peu de gens dépassent une explication aussi facile, mais heureusement, certains se sont penchés sur ce mystère; et lorsqu'on étudie un grand nombre de ces expériences, on s'aperçoit qu'il ne s'agit plus d'accidents. Donc, l'attitude scientifique à adopter était de se mettre au travail pour découvrir ce qui se cache derrière ces faits.

De toute évidence, si une seule de ces expériences «psychiques» indiquait que l'esprit avait la capacité de se déplacer dans le temps et l'espace, on aurait la preuve qu'il existe une loi physique transcendentale. L'esprit serait alors spirituel et non pas un système physique. Là était la clé de l'âme. Seulement une clé - rien de plus; mais cela nous menait à une évidence fiable.

C'est de ces expériences «psychiques» que les expériences extrasensorielles sont parties. L'abréviation de ce terme est PES [perception extrasensorielle], et cela inclut la télépathie et la clairvoyance. En d'autres mots, la télépathie et la clairvoyance sont deux modes différents d'acquisition d'une certaine connaissance sans avoir recours aux organes sensoriels reconnus comme les yeux et les oreilles. Lors d'une expérience de télépathie type, la personne doit essayer d'identifier la carte, le numéro ou le symbole qu'une autre personne a à l'esprit - cette autre personne peut se trouver dans une autre pièce, par exemple. Dans une expérience de clairvoyance, c'est l'objet lui-même, et non pas sa représentation mentale - une carte habituellement, que la personne doit percevoir. En bref, la télépathie, c'est la PES de l'état d'esprit d'une autre personne; la clairvoyance, c'est la PES d'un objet.

À l'Université de Duke, en 1930 un petit groupe de psychologues a commencé toute une série d'expériences des deux types, télépathie et clairvoyance. Ces travaux étaient parrainés par le grand psychologue anglais, William McDougall, membre de la Société Royale, et qui dirigeait à ce moment-là la faculté de psychologie à Duke. Ces travaux ont été effectués dans ce qui est devenu le laboratoire de parapsychologie [«para» signifiant inhabituel, exceptionnel, bizarre] et ils étaient loin d'être les premiers dans leur genre. Des expériences avaient été faites ici et là, certaines dans des universités cinquante ans auparavant, mais jamais encore il n'y avait eu d'expériences systématiques et suivies à travers les années, comme cela s'est fait à Duke. Cette université a été la première à abriter une recherche active sur les problèmes «psychiques».

Les expérimentateurs du laboratoire de parapsychologie ont découvert la preuve des deux types de PES, télépathie et clairvoyance. Ils ont mis au point de nouvelles expériences qu'ils ont normalisées. Cela a eu pour effet de démarrer un mouvement d'expériences de PES qui s'est répandu dans bien d'autres institutions, aux États-Unis et à l'étranger. Des précautions très élaborées étaient prises pour s'assurer qu'aucun signe ne puisse être donné, qui aurait pu affecter les résultats. Les tests étaient de nature telle que les résultats pouvaient en être évalués selon des méthodes standard, approuvées depuis longtemps. Il est facile de démontrer que les résultats obtenus ne pouvaient pas être dus au hasard ni à aucune lacune de quelque sorte qu'elle soit.

Une fois les expérimentateurs satisfaits du fait que la PES existait bel et bien, ils se sont mis au travail sur la question importante, à savoir quelle était la relation entre cette faculté et le monde physique. La télépathie et la clairvoyance dépendaient-elles des lois physiques? Ou bien dépassaient-elles les limites de la physique, tout comme les expériences «psychiques» semblaient le faire?

Heureusement, il a été facile de faire l'expérience de la PES par rapport à l'espace. Par exemple, il suffisait de faire des expériences en laissant une grande distance entre les cartes et la personne essayant de les identifier par PES et en comparant les résultats obtenus avec ceux des expériences à courte distance. Les expériences de télépathie et de clairvoyance ont donné d'aussi bons résultats à longue distance que de près. Les distances mesurées en mètres, en kilomètres ou en centaines de kilomètres importaient peu sur le fonctionnement de la PES, du moins en ce qui concernait ces expériences. Et dans la même spécialité, les angles, les barrières ou autres obstacles physiques semblaient n'avoir aucun effet sur la réussite des tests.

Que dire du temps? Nous disions que si l'espace n'influençait pas la PES, le temps ne devrait pas l'affecter non plus. Les tests faits pour la PES de l'avenir, ou ce que l'on appelle pressentiment [prophétie est un mot plus familier] ont été facilement tirés des tests réguliers. Les personnes qui pouvaient identifier les cartes à distance ont essayé de définir dans quel ordre les cartes sortiraient après avoir été brassées. Les résultats ont montré qu'ils étaient les mêmes qu'auparavant lorsque les cartes étaient brassées de façon mécanique. De plus, les sujets ont également réussi à prédire l'ordre du jeu de cartes dix jours avant ou deux jours avant l'expérience. La période de temps qui s'écoulait entre la prédiction et la vérification suivant le brassage des cartes ne faisait aucune différence, pas plus que la distance dans les expériences antérieures.

Une seule interprétation de ces expériences était possible - à savoir que l'esprit humain transcende, d'une façon ou d'une autre, les limites espace-temps du monde physique grâce à des facultés appelées «perception extrasensorielle». Alors que ces expériences étaient confirmées par d'autres hommes et d'autres femmes dans d'autres laboratoires, la conclusion a pu être fermement établie à savoir que l'esprit possède des propriétés n'appartenant pas à la physique telle que nous l'entendons. Étant donné que l'espace et le temps sont les bases fondamentales de la physique, l'esprit doit donc, par conséquent, être extraphysique ou spirituel de nature. Les expériences relatives à la PES ont donc donné l'évidence d'une âme humaine.

Pour certains, tout cela semblera être un tout petit début en ce qui concerne le problème de l'âme. Nous ne devons certainement pas exagérer l'importance des découvertes. Pour le moment, nous avons fait un pas de plus que de fournir l'évidence d'une réalité élémentaire de la théorie de l'âme. Il y a bien sûr beaucoup plus, sur le côté religieux de l'âme que ce que nous avons trouvé lors de ces recherches. De très grands problèmes restent encore à résoudre. L'âme peut-elle se séparer du corps? Peut-elle survivre à la mort du corps? Si oui, les âmes désincarnées ont-elles des contacts avec les êtres vivants ou peuvent-elles les influencer d'une façon ou d'une autre? Et que penser de l'idée d'une âme universelle ou d'un Dieu? Les communications entre âmes sont-elles possibles, surtout entre l'âme humaine et Dieu? Toutes ces questions ainsi que de nombreuses autres tout aussi fondamentales liées à la doctrine religieuse n'ont pas été abordées.

La seule chose que nous ayons le droit de conclure, c'est que le concept physique de l'homme qui prévalait de plus en plus dans les cercles intellectuels depuis l'avènement du matérialisme est maintenant erroné.

Il y a quelque chose - jusque dans quelle mesure, nous ne le savons pas - d'extraphysique chez les hommes.

Il y a un ordre de réalité dans la vie humaine qui n'est pas soumis aux lois de l'espace et du temps.

Mais il est tout aussi important, je pense, de reconnaître également les possibilités extraordinaires que nous pouvons *voir. La théorie de l'âme humaine nous offre une base solide sur laquelle pourront se poursuivre les réflexions d'ordre religieux. Nous avons maintenant découvert les fondations principales sur lesquelles la philosophie spirituelle de l'homme a été élaborée à l'origine. Il appartient à la science de continuer par les mêmes méthodes pour trouver tout ce qui peut être découvert sur la personnalité humaine, sa nature, sa destinée - en bref, de reprendre toutes les grandes questions de la religion.*

Il fut un temps où la recherche expérimentale des problèmes religieux aurait rencontré une opposition violente de la part des leaders religieux orthodoxes. Il y a encore de nombreux conservateurs qui se sentent offensés à la suite de l'intrusion de la science dans le domaine de ce qui, d'après eux, devrait être celui de la foi la plus pure. Mais un grand nombre des hommes et femmes les plus religieux aimeraient obtenir une connaissance plus précise de l'esprit humain et de toutes les possibilités que nous ignorons encore.

Il est assez surprenant de constater que c'est de la science orthodoxe que nous est venue l'opposition la plus forte. Les conservateurs scientifiques craignent les divisions de la nature, les dualismes comme celui de l'âme et du corps à un point tel qu'ils refusent de voir les preuves d'un tel dualisme. Une crainte de ce genre n'est pas fondée, car si nous affirmons maintenant que l'homme a un corps et une âme, tous deux fondamentalement différents, les deux n'en demeurent pas moins, en un certain sens, unis.

Il existe une interaction entre les deux; par conséquent, ils ont quelque chose en commun. Deux choses ne peuvent pas s'influencer lorsqu'elles diffèrent complètement. Nous voyons donc qu'il doit y avoir un monde de réalités cachées, probablement ni physiques ni mentales, tel que nous l'entendons, desquelles les manifestations de l'esprit et du corps, le psychique et le physique, émanent.

Ce royaume transcendant l'esprit et la matière est là, presque aussi ignoré que l'Amérique l'était de Christophe Colomb, attendant en silence un explorateur chanceux. Mais il devra être, tout comme ce merveilleux marin génois, quelqu'un qui ait assez d'audace pour remettre en question toutes les cartes existantes de la connaissance et de la foi - et les soumettre à des tests expérimentaux.

J'ai souvent assisté à des séances au cours desquelles le médium a refusé de remplir son rôle, déclarant que parmi les personnes présentes, il y avait un railleur, un incrédule dont les vibrations créaient une atmosphère hostile. Le sceptique matérialiste peut en rire, mais j'ai déjà vu des réunions importantes où un seul incrédule, par son hostilité persistante, réussissait à déranger l'atmosphère, et à rendre vains les efforts du médium.

Je pense que celui qui comprend la théorie des vibrations de la puissance de l'esprit, peut également comprendre pourquoi les vibrations hostiles peuvent représenter les grains de sable jetés dans l'engrenage. On en trouve la preuve dans les expériences de Rhine, qui a découvert par ses tests de psychokinésie que lorsqu'un sujet travaillait en présence d'un observateur qui essayait de le distraire et d'amoindrir ses résultats, ces derniers étaient inférieurs à la moyenne. Et au contraire, lorsque le même sujet se trouvait seul ou en présence d'observateurs neutres ou favorables, les résultats obtenus étaient bien plus élevés.

Il suffit de lire l'histoire de la sorcellerie, des hommes pratiquant la médecine vaudou ou celle des hommes de notre temps que l'on appelle des guérisseurs, pour se rendre compte qu'il existe sans aucun doute une force qui influence les autres, même à distance. Il est vrai que la suggestion implantée dans l'esprit du patient ou de la victime, selon le cas, peut avoir comme but premier le bien ou le mal; mais cela n'affecte pas les résultats, surtout en ce qui concerne la méthode du traitement en l'absence du patient, dans laquelle ce dernier ne sait pas que le guérisseur *travaille* sur lui. Que la télépathie soit ici en cause ou non, cela reste encore à déterminer.

On doit noter ici que presque tous les savants ayant travaillé dans le domaine de l'électricité, comme Edison, Steinmetz, Tesla et Marconi se sont tous grandement intéressés à la télépathie. Le Dr Alexis Carrel ne se contentait pas de croire à la télépathie; il a même déclaré que son étude devrait être entreprise par des hommes de science, tout comme ce qui a trait aux phénomènes physiologiques.

En dépit du fait que le secrétaire de la *London Society for Psychical Research* (Société Londonienne pour la Recherche Psychique) après vingt années de recherches faites par les membres de cet organisme ait déclaré que la télépathie existe et le fait que des expériences faites dans diverses universités continuent à s'accumuler et à apporter des preuves de son existence, il y a encore beaucoup de scientifiques qui refusent d'accepter ces découvertes. De plus, le nombre de personnes faisant des recherches de leur côté augmente sans cesse, bien que dans certains milieux, on les considère comme des excentriques. Je me suis souvent demandé si ceux qui rabaissent ces travaux de recherche font preuve de justice, vis-à-vis d'eux-mêmes et de ceux qui s'intéressent à ces phénomènes, surtout lorsque ces travaux peuvent mener à de grandes découvertes jusqu'alors considérées comme impossibles.

Ceux qui aiment les chiens et les chevaux, surtout ceux qui en ont eu pendant de longues années, affirment avec vigueur l'existence d'une télépathie entre les animaux et eux-mêmes et il existe un grand nombre d'histoires concernant les phénomènes télépathiques parmi les tribus primitives de la terre.

Il y a longtemps, un homme d'affaires m'a dit qu'il se débarrassait de ceux qui l'ennuyaient en se répétant tout simplement mentalement: «Il est temps pour vous de partir; partez tout de suite; partez tout de suite». Le visiteur se sentait alors nerveux, regardait sa montre ou se levait, attrapait son chapeau et sortait peu de temps après.

Vous pouvez obtenir les mêmes résultats lorsque des visiteurs s'imposent chez vous. Lorsque vous aimeriez qu'ils vous laissent, dites-vous: «Allez-vous en, allez-vous en, allez-vous en», et vous vous apercevrez qu'ils chercheront la pendule et qu'ils vous diront: «Je pense qu'il est temps de partir».

Je sais qu'il y a des sceptiques qui diront que la télépathie n'a rien à voir là, que l'expression de votre visage, les mouvements de votre corps, les signes de nervosité ou de fatigue dont vous ferez preuve seront les signaux que comprendra votre visiteur. Mais vous vous apercevrez qu'il y a des fois, surtout lorsque le visiteur a commencé une discussion qu'il tient à terminer, où ce processus ne fonctionnera pas. Mais essayez lorsque la conversation est ennuyante, et vous verrez.

Il y a quelques années, mon bureau se trouvait au deuxième étage d'un édifice. Peu après, la compagnie pour laquelle je travaillais a décidé de déménager au onzième étage. Souvent, en entrant dans l'ascenseur, je disais à l'opérateur: «Onzième, s'il vous plaît», et je pensais aussitôt au deuxième étage et aux diverses associations que cela pouvait avoir avec mon travail. Et à chaque fois, l'opérateur qui ne me connaissait pas, s'arrêtait au deuxième étage et se tournait vers moi.

Un pasteur très connu de la côte du Pacifique qui avait approfondi l'art de la concentration mentale m'a dit qu'à chaque fois qu'il voulait des fleurs pour son église, il envoyait des pensées aux ouailles de sa congrégation et il s'avérait que quelqu'un expédiait des fleurs. Il m'a également raconté que tous les vitraux souvenirs de son église résultaient de suggestions mentales qu'il faisait chaque fois qu'il pensait que le temps était venu d'en avoir un nouveau.

Le Dr Roy Chapman Andrews dans une émission radiophonique d'avril 1945 a raconté l'une des coïncidences les plus étranges qui soit. Il a relaté l'histoire d'un compositeur américain qui, tout de suite après la publication de l'une de ses chansons, s'est aperçu que le même morceau de musique, note pour note, avait été composé et publié en Allemagne quelque temps auparavant. Le fait que ces deux morceaux étaient absolument identiques jusqu'à la dernière note rend cette histoire encore plus inhabituelle que celles, moins rares, de deux personnes concevant, en des lieux très éloignés, des objets semblables. Vivant sur la Côte Ouest, j'ai soumis peu avant d'écrire ce livre un article à un éditeur de l'Est qui m'a répondu qu'il venait d'accepter un article traitant du même sujet et rédigé par un auteur vivant sur la Côte Est. Elisha Gray nous dit qu'il a eu l'idée du téléphone en même temps qu'Alexander Graham Bell. Des découvertes indépendantes et simultanées se produisent souvent parmi les écrivains, les inventeurs, les chimistes, les ingénieurs et les compositeurs.

Même pendant la préparation de ce livre, lorsque vint le temps des suggestions pour les changements et les ajouts, mon agent et moi-même étions souvent surpris de voir que nous avions eu les mêmes idées en même temps. Non seulement nous avions des idées semblables, mais l'emploi de noms identiques pour les personnages nous venait simultanément. Lorsque les éditeurs ont suggéré d'ajouter du texte, j'avais déjà commencé des travaux de recherche depuis une semaine lorsque j'ai reçu une lettre de mon conseiller me disant qu'il avait suggéré à l'éditeur le sujet sur lequel j'avais commencé à travailler. En vérifiant, nous nous sommes aperçus que les mêmes idées nous étaient venues presque en même temps. Naturellement, il n'y a aucun moyen de savoir si mon conseiller à New York avait pu lire mes pensées ou si c'était le contraire qui s'était produit. Je ne fais que rapporter les faits.

VIII/Les femmes et la magie de croire

Alors que me venaient des idées pour ce livre, j'ai souvent pensé aux nombreuses femmes célèbres qui avaient eu recours à la concentration mentale et une fois, alors que je discutais avec Ben Hur Lampman, auteur et naturaliste bien connu, il m'a suggéré de consacrer un chapitre aux femmes, en disant:

«De nombreuses femmes ne se rendent peut-être pas compte qu'elles peuvent utiliser cette science avec autant d'avantages que les hommes et vous devriez être très spécifique dans le message que vous leur dédierez. Lorsqu'elles auront compris et qu'elles mettront en application ce que vous enseignez, elles se trouveront dans une position qui leur permettra de retourner le monde à l'envers. S'il existait un moyen pour que les femmes du monde entier puissent s'unir, il n'y aurait plus de guerres, à l'avenir.

«Les femmes sont suprêmement égoïstes - dans le sens que lorsqu'elles se mettent dans la tête qu'elles peuvent faire quelque chose et que cette idée ne les quitte plus, rien ne pourra plus les arrêter tant qu'elles n'auront pas atteint leur but. Vous connaissez l'adage: *C'est la femelle de l'espèce qui est plus dangereuse que le mâle.* C'est vrai et lorsque les femmes auront compris de quelle puissance elles disposent - et vous pouvez les y aider - plus rien ne les arrêtera. Si elles le voulaient, elles pourraient littéralement mener le monde. *Les cieux ne connaissent rien de pire que l'amour changé en haine, l'enfer ne connaît rien de plus démoniaque qu'une femme méprisée* et lorsqu'elles se seront réveillées et qu'elles sauront ce qu'elles peuvent faire, elles iront de l'avant. Les femmes sont plus versatiles, plus adaptables. Bien que Napoléon ait dit un jour que c'est lui qui créait les circonstances, la plupart des hommes en sont victimes alors que les femmes, de par leur nature et leur façon de penser, se servent des circonstances.»

Puis, lorsque j'ai lu un article écrit par une femme qui se plaignait que les Américaines n'ont aucune chance, je me suis rendu compte que si les femmes d'aujourd'hui n'ont aucune chance, ce n'est la faute de personne sauf d'elles-mêmes. La seule chose qu'elles aient à faire est de suivre l'exemple de toutes celles qui les ont précédées et qui ont créé leur propre chance.

Par conséquent, je tiens à insister sur l'importance que revêt l'adoption de cette science par les femmes selon leurs propres besoins et dans les pages qui suivent, je vais donner des exemples de femmes des temps passés et présents qui s'en sont servi de façon très positive. Il faut bien se rendre compte que lorsque les femmes prennent conscience d'elles-mêmes, elles jouent un rôle plus important que jamais dans les affaires mondiales.

En fait, même les Américaines d'aujourd'hui, bien qu'elles ne s'en rendent peut-être pas compte, sont en excellente position pour obtenir ce qu'elles désirent, car ce sont elles qui contrôlent les richesses de notre nation! Des statistiques établies peu avant la Deuxième Guerre mondiale indiquaient que les richesses totales du pays, soit environ 300 milliards de dollars appartenaient à 70 pour cent, soit 210 milliards de dollars, aux femmes.

Pendant la guerre, nous avons eu des femmes soudeurs, riveurs, des soldates, des Marines et des garde-côtes, et toutes avaient envie d'accomplir des tâches jusqu'alors réservées aux hommes. Pour des milliers de jeunes filles et de ménagères qui n'avaient jamais eu l'occasion de faire quoi que ce soit en dehors de la maison, ces expériences auraient dû leur faire prendre conscience de leurs possibilités et leur donner l'envie de prendre une part beaucoup plus active aux travaux de notre monde.

Dans notre pays aujourd'hui, il y a des milliers de femmes extraordinaires - à partir de merveilleuses éducatrices, en passant par les banquiers et les industriels, sans parler des écrivains, éditeurs et autres professionnelles. Les plus grandes réformes des États-Unis sont dues aux femmes; si l'on pouvait assembler les faits, il serait facile de prouver que ces grandes réformes n'émanaient pas seulement des femmes, mais que les femmes étaient les forces vives en arrière de toutes les grandes idées. Certains lecteurs masculins seront peut-être froissés par ces vérités, mais il ne sert à rien de vouloir nier les faits.

En tant qu'ex-journaliste, il m'a évidemment fallu suivre de près le mouvement de libération de la femme et pendant près de quarante ans, j'ai vu et ressenti la puissance de femmes extraordinaires.

Lorsqu'on m'a pour la première fois demandé d'insister sur l'importance de cette science pour les femmes, j'ai immédiatement pensé à Mme R.E. Bondurant qui a été très active dans les travaux féminins, les organismes de charité, l'instauration des lois concernant le travail des enfants, la construction de maisons et d'hôpitaux pour les jeunes délinquantes, les mesures législatives visant à éveiller l'intérêt des femmes et des enfants et les mouvements publics réclamant de l'aide pour les aveugles et autres handicapés. Ses activités connues de tous et qui se sont étendues sur près de quarante ans sont remarquables et aujourd'hui, à l'âge de soixante et onze ans, bien qu'elle soit à demi-infirme pour le reste de ses jours, elle est tout aussi enthousiaste que jamais et à la recherche de nouveaux mondes à conquérir.

Récemment, Mme Bondurant a travaillé activement pour la cause de Chin-Uppers, qui est un organisme créé par les aveugles, les infirmes et autres hommes et femmes handicapés. Elle envisage maintenant d'ouvrir un magasin où seraient vendus les articles fabriqués par ces personnes. Pour ce faire, elle a l'appui d'un certain nombre d'hommes d'affaires. Mme Bondurant m'a dit que s'il le fallait, elle allait payer le loyer de ses propres deniers, mais que tous les bénéfices resteraient aux Chin-Uppers. J'ai passé un dimanche après-midi avec elle, dans son salon, parmi ses livres et ses fleurs. Une paire de béquilles se trouvait dans un coin, tout près de la porte. (Pendant des mois, Mme Bondurant a dû les utiliser, mais malgré son âge avancé, elle continue à se déplacer en autobus et en voiture sans aucune aide.) Bien qu'aujourd'hui, elle ait encore besoin d'une canne pour sortir de chez elle, elle s'est déplacée devant moi sans boiter. Nous avons longuement discuté du sujet de la foi. Mme Bondurant m'a déclaré:

«*On ne peut en douter, et j'en parle en connaissance de cause après une vie bien remplie. Pendant soixante et onze ans, j'ai élevé une famille et j'ai pris part à divers mouvements et activités que vous connaissez. Il y a quelque chose, qu'il s'agisse d'une puissance, de Dieu ou autre, qui est toujours là pour nous soutenir lorsque nous en avons besoin. Je ne l'ai jamais vu nous abandonner. Il nous suffit d'y croire et lorsque je me penche sur toutes ces années et que je revois toutes ces femmes fantastiques avec lesquelles j'ai travaillé pour la législation concernant l'amélioration des conditions de travail pour les femmes et les enfants, je me rends compte que c'était l'esprit indomptable de ces femmes, qui croyaient entièrement à la justesse de leur cause, qui a permis de concrétiser cette loi et de la mettre en pratique.*

Je m'étonne souvent du fait que la femme moyenne ne se rende pas compte de cette puissance extraordinaire. Je ne parlerais pas de stupidité, car jamais je n'admettrais que les femmes sont stupides, mais je trouve qu'elles manquent d'intérêt. Je m'étonne, lorsque je parle à des groupes de femmes, de voir que la plupart d'entre elles n'ont jamais eu connaissance de ces grands mouvements de réforme visant à les aider elles et leurs enfants, qu'elles ne savent pas que ces mouvements ont été amorcés par des femmes et je pense qu'une fois que les femmes prendront conscience de leur force et de leur puissance, elles feront bien plus pour apporter la paix durable et faire de ce monde un endroit où il fait bon vivre que tous ces mâles guerriers et soi-disant pacifistes. Tous les mouvements d'avant-garde, en fait, et je devrais dire toutes les grandes choses de ce monde sont l'oeuvre d'hommes et de femmes qui étaient des rêveurs qui ont cru à la concrétisation de leurs rêves. Ils n'auraient jamais fait ce qu'ils ont fait autrement. C'est comme l'histoire qui parle de grimper jusqu'en haut de la montagne pour aller y chercher quelque chose d'indéfinissable. Il importe peu de quel côté on se présente, ceux qui grimpent sans arrêt finissent par arriver; il en va de même lorsqu'on croit en quelque chose. Ce n'est pas l'objet de la foi qui importe, c'est la foi et la persévérance qui permettent de réaliser tous les rêves.

Je ne veux pas avoir l'air de critiquer, mais j'ai remarqué que les gens manquent d'énergie et qu'ils ne font pas suivre leurs idées par l'action. Par exemple, certains organismes féminins passent des résolutions pour ou contre telle ou telle chose, et pensent que le problème est ainsi réglé. Les résolutions ne servent à rien à moins que ce qu'elles contiennent ne soit porté à l'attention des personnes compétentes.

Je ne connais aucune satisfaction plus grande dans la vie que celle venant de rendre service. Pendant toutes ces années que j'ai consacrées à parrainer les diverses causes *et à faire voter certaines lois, je n'ai jamais reçu un seul sou, pas plus que je ne me suis fait rembourser mes dépenses. Alors que cela pourrait sembler très optimisme facile aux yeux de certains, le pain que l'on jette à l'eau nous revient toujours. Pour illustrer cela, je peux vous dire que pendant la Dépression, mon mari a perdu $80 000. Il était alité à la maison et c'est moi qui allait au bureau pour ramasser le courrier et vérifier si tout allait bien. Parfois, il nous semblait que nous n'aurions jamais assez d'argent pour nous procurer le strict minimum, mais juste au dernier moment, un chèque nous arrivait par la poste, d'une personne à qui M. Bondurant avait prêté de l'argent. Nous avons connu des jours difficiles, mais nous nous en sommes toujours sortis et nous n'avons jamais perdu la foi.»*

Alors que j'observais et que j'écoutais Mme Bondurant, je me suis rendu compte que j'étais en présence d'une femme extraordinaire, d'une dynamo humaine qui avait l'esprit et la détermination d'accomplir ce qu'elle voulait grâce à sa foi. Lorsque j'ai repensé au fait qu'elle avait fait passer plus de lois pour les femmes et les enfants que toute autre femme ou tout autre organisme de l'État, j'ai vu ce que cela signifiait quand on disait que les femmes pourraient changer le monde si elles se mettaient à utiliser cette science.

Il n'y a pas si longtemps, nous avons pu lire dans les journaux, l'histoire de deux grandes dames; la première concernait Grace Moore, chanteuse talentueuse, et la seconde, ce leader britannique enflammé, Mlle Ellen Wilkinson. Ces deux femmes ont su, très tôt dans la vie, ce qu'elles voulaient.

Comme un grand nombre d'hommes et de femmes qui ont atteint les sommets, Grace Moore a atteint la réussite malgré des difficultés qui en auraient arrêté bien d'autres, même les hommes les plus forts. Alors qu'elle était enfant, elle rêvait d'être chanteuse d'opéra. Alors, la petite fille a décidé de gagner tous les coeurs. Et même à New York, alors qu'elle n'avait pas un sou et qu'il lui fallait souvent chanter dans les petits cafés de Greenwich Village pour gagner son repas, elle ne s'est pas découragée. Elle a fait ses débuts à dix-sept ans et avait atteint l'apogée de sa carrière à quarante-cinq ans. Encore et encore, alors qu'il semblait qu'elle allait être vaincue, avec un courage incroyable, elle ressortait victorieuse. Lorsqu'elle a perdu la voix et qu'un spécialiste de la gorge lui a annoncé que plus jamais elle ne pourrait chanter, elle a livré une bataille formidable et après un an de repos, elle est revenue chanter mieux que jamais. Sa voix merveilleuse lui a apporté la gloire et jusqu'à sa mort, dans l'écrasement d'un avion à Copenhague, au début de 1947, Grace Moore a continué de croire en ses rêves.

Elle était l'une des quelques rares étoiles qui n'avait pas peur d'aider les gens de talent à atteindre leurs buts et de nombreux chanteurs débutants lui doivent leur réussite. Lorsque l'une de ses protégées, qui connaissait la gloire, a commencé à se montrer difficile quant aux rôles qui lui étaient octroyés, Mlle Moore lui aurait dit qu'une grande chanteuse lui avait un jour confié qu'il n'y avait jamais de petit rôle pour les grands artistes, et qu'il n'y avait pas de rôles importants pour les petits artistes.

Ellen Wilkinson, qui a été Ministre de l'Éducation, était une petite femme rousse qui est parvenue à ce poste grâce à sa persévérance. Toute petite, moins de 1 mètre 52, elle ne s'est jamais laissé intimider par le plus influent des leaders britanniques. On dit qu'elle a fait une carrière mouvementée, d'abord comme institutrice, puis comme partisane du droit de vote pour les femmes, écrivain, journaliste et enfin ministre du cabinet. Elle était contente lorsqu'on disait d'elle qu'aucune femme en Angleterre n'avait été plus active, plus persévérante ou plus ennuyeuse qu'elle. La contribution la plus grande qu'elle ait pu faire dans l'intérêt des gens a probablement été la campagne qu'elle a menée pour que les enfants ne puissent pas quitter l'école avant quinze ans, au lieu de quatorze. Elle a gagné cette bataille face à une opposition bien déterminée représentée par ses confrères, les ministres, et par l'industrie britannique, qui avait grand besoin de jeune main-d'oeuvre.

Depuis Cléopâtre jusqu'à nos jours, des milliers de femmes, se fiant à leurs convictions les plus profondes, ont façonné la vie des peuples. On dit que derrière tout homme célèbre, il y a une femme. Cela n'est peut-être pas exact du point de vue historique, mais nous avons assez de preuves pour affirmer que les femmes ont joué un rôle important dans l'histoire. Les noms de plusieurs femmes qui ont connu la réussite grâce à leur foi nous viennent à l'esprit.

L'une d'elles a été la princesse Eugénie, qui a été mariée à Napoléon III. Alors qu'elle était jeune, elle était tombée dans un escalier et s'était blessée. Sa gouvernante, qui était bohémienne, lui a dit de ne pas pleurer, car un jour elle serait reine et vivrait jusqu'à cent ans. Elle croyait aux bohémiennes et la prédiction s'est presque entièrement réalisée. Elle est devenue l'impératrice Eugénie et est morte à l'âge de quatre-vingt-quatorze ans, soit six ans de moins que l'âge fixé dans la prédiction.

Madame Marie Curie, cette femme qui a découvert le radium, vivait à Varsovie alors qu'elle était enfant et un jour, une vieille bohémienne lui a prédit qu'elle serait célèbre. L'histoire, c'est que Marja Sklodomska, connue plus tard sous le nom de Marie Curie, courait pour aller rejoindre un groupe d'amis lorsque la bohémienne l'arrêta, lui demandant de montrer sa main. Les autres enfants ne voulaient pas que Marja écoute la vieille femme, mais cette dernière avait attrapé la main, s'écriant de joie devant les lignes remarquables de l'enfant, y lisant la gloire. Comme nous le savons tous, Marie Curie est l'une des femmes les plus célèbres de notre monde moderne.

Le désir de découvrir ce qu'il y avait derrière cet étrange phénomène qui nous entoure et qui est la radioactivité a entraîné Pierre Curie et sa femme à la découverte du radium. Que la prédiction de la vieille bohémienne ait ou non influencé Marie Curie et sa carrière, nous ne le saurons jamais. Mais lorsqu'on lit l'histoire de sa vie, une conclusion est évidente, c'est que Marie Curie avait, très jeune, décidé de faire de la recherche scientifique. Lorsqu'on lui a refusé la permission d'étudier les sciences à l'Université de Cracovie (la secrétaire lui avait dit que les femmes ne devaient pas se mêler de science, et qu'elle ferait mieux d'aller prendre des cours de cuisine), elle est allée à Paris, à la Sorbonne; elle gagnait sa vie en donnant des cours et en travaillant dans des laboratoires. C'est là qu'elle a rencontré Pierre Curie et lorsqu'elle s'est mise à rechercher au moins une source de radioactivité avec lui, plus rien ne l'a arrêtée. Elle a eu deux filles, elle devait s'occuper de son intérieur, elle a connu les problèmes de la maladie, mais jamais elle n'a abandonné ses travaux de recherches, même lorsque son mari l'en suppliait. Peu de femmes ont connu autant d'honneurs que Marie Curie, cette femme à qui une vieille bohémienne avait dit un jour qu'elle serait célèbre. Marie Curie a tout fait pour que cette vieille prophétie se réalise.

Une histoire étonnante, peut-être l'une des plus étranges que l'on connaisse, et qui elle aussi, prouve la puissance de la foi est celle d'Opal Whiteley. Ce cas bizarre prouve que, comme l'a dit William James, la foi finit toujours par se concrétiser; elle apporte la preuve que les événements sont souvent influencés par nos désirs les plus forts.

C'est l'histoire d'une petite fille qui, si l'on en croit ceux qui l'ont connue enfant, appartenait à une famille d'Américains du nom de Whiteley et dont le père était bûcheron en Orégon. Mais elle se pensait la fille d'Henri d'Orléans, héritier des Bourbons et prétendant à la couronne de France. On dit qu'elle a écrit un journal alors qu'elle aurait eu six ou sept ans, dans lequel elle parlait de son *ange* paternel et de son *ange* maternel de sang royal; tout ceci a été imprimé en 1920 sous les auspices de l'*Atlantic Monthly*. Cela a créé un émoi immédiat et a entraîné une grande controverse littéraire. Plongés dans cette controverse se retrouvaient des psychologues, des scientistes, des astrologues, des métaphysiciens, des éditeurs, des prêtres, des critiques littéraires et presque tous ceux qui avaient un jour connu Opal.

Dans l'*History of Oregon Literature* (Histoire de la Littérature de l'Orégon), d'Alfred Powers, il y a un chapitre rédigé par Elbert Bede, dans lequel Bede déclare: «Je n'ai pas le moindre doute qu'une grande partie du journal d'Opal est une supercherie et qu'une autre partie n'est qu'un plagiat, et j'ai présenté les preuves à savoir que cette parenté est absolument impossible».

Le journal a été imprimé lorsque Opal avait environ vingt-deux ans, et bien qu'Opal n'ait peut-être pas été de sang royal hindou, c'est ainsi qu'elle a été considérée plus tard.

En 1933, quelque treize ans après l'impression de son journal, les journaux ont fait paraître l'histoire d'une Américaine en voyage aux Indes. Alors qu'elle se trouvait dans l'État d'Udaipur, elle a vécu une expérience remarquable. Elle était assise dans sa voiture lorsqu'elle a vu avec étonnement une autre voiture escortée par la moitié d'une troupe de la cavalerie, s'avancer vers elle. Dans l'autre voiture se trouvait Opal Whiteley, la petite fille du camp de bûcherons de l'Orégon; plus tard, les enquêteurs ont révélé qu'Opal Whiteley habitait en fait dans la résidence du Maharaja d'Udaipur, le prince hindou qui dirigeait le pays. Le même article disait comment Ellery Sedgwick, éditeur de l'*Atlantic Monthly* au moment où son journal a été imprimé a vérifié si la jeune fille se trouvait ou non dans le palais royal. Le journal disait également que M. Sedgwick avait reçu des deux secrétaires de la cour de deux maharajas, une somme d'argent pour son histoire et dans son livre *The Happy Profession* (L'Intéressante Profession), M. Sedgwick consacre un chapitre à cette étrange aventure.

J'ai parlé à plusieurs reprises à M. Bede qui, pendant de nombreuses années, a été un journaliste connu en Orégon; il est maintenant éditeur de l'*Oregon Mason*; nous avons parlé de la façon remarquable dont Opal a façonné son destin et M. Bede m'a dit: «C'était étrange, presque surnaturel, la façon dont les circonstances s'adaptaient à ses plans».

M. Bede, comme presque tous ceux qui ont connu la jeune fille alors qu'elle était enfant, est absolument convaincu qu'Opal est née de parents américains, les Whiteley. Il m'a dit qu'il l'avait assez bien connue et que souvent, elle était allée chez lui à Cottage Grove. «Mes premiers souvenirs d'Opal remontent à une convention que je tenais pour les jeunes chrétiens à Cottage Grove; on m'a dit qu'une jeune fille de dix-sept ans, qui habitait un camp de bûcheron non loin de là, avait été élue présidente. Ma première impression d'Opal a été celle d'une personne vibrante, agitée, exotique, fantasque, très cultivée pour son âge, impatiente, sérieuse et très religieuse. Plus tard, elle est devenue pour moi une véritable énigme.

«Elle planifiait tout le temps, sans arrêt et longtemps à l'avance, ce qu'elle allait entreprendre. Il était étonnant de voir comment, pour la préparation d'un livre sur la nature qu'elle était en train d'écrire, *The Fairyland Around Us* (La Terre Féérique qui nous entoure), elle pouvait demander des contributions de personnes comme Andrew Carnegie et John D. Rockefeller et les obtenir. Une brochure faisant la publicité de son livre portait les messages d'admiration de personnes comme la reine Elizabeth de Belgique, Theodore Roosevelt, Nicholas Murray Butler, Gene Stratton Porter et d'autres personnes tout aussi éminentes.»

J'ai été frappé par ce paragraphe de l'histoire de M. Bede: «Avec tous ces plans si bien et longuement préparés avant la sortie d'Opal au Centre de la Culture du Massachusetts, je me suis souvent demandé quels plans elle avait bien pu faire avant de donner son journal aux éditeurs. Et comment Ellery Sedgwick a pu demander accidentellement ce journal».

Alors que j'étudiais ces mots, je me suis demandé si le fait que M. Sedgwick demande ce journal a vraiment été un hasard ou si cette étrange jeune fille n'en avait pas plutôt transmis la pensée à M. Sedgwick par télépathie. Je n'ai pas abordé le sujet avec M. Bede mais si Opal savait comment transmettre ses pensées aux autres longtemps à l'avance, cela explique comment M. Sedgwick en est arrivé à lui demander si elle n'avait pas écrit un journal.

Pendant des années, j'ai été persuadé que les gens qui vivaient près de la nature et que ceux qui se tenaient près des animaux sauvages et domestiques ont une compréhension ou une double vue qui leur permet de voir plus loin que les autres qui vivent dans les villes, par exemple, et qui ne connaissent rien d'une vache en dehors du litre de lait qu'ils achètent. J'ai toujours cru qu'à ces gens, la nature révèle beaucoup de ses secrets que ne peuvent percer ceux qui vivent dans les appartements de nos villes modernes. Que la télépathie, ou capacité de transmettre nos pensées en silence de sorte que les autres puissent les saisir, soit ou non l'un de ces secrets est une question à laquelle je ne puis répondre bien que l'on sache tous que les primitifs et les habitants de la jungle connaissent les secrets de la télépathie et l'utilisent depuis des siècles. Il existe de nombreux livres sur la télépathie chez les peuplades; comme me l'a dit un jour un éditeur: «Accepter l'idée que ces indigènes ne l'utilisent pas nous placerait dans la catégorie des ignorants».

Voyons maintenant ce que M. Bede dit d'Opal et de sa relation avec la nature: «Un livre entier suffirait à peine à résumer la personnalité de cette enfant élevée dans la nature qui, à l'âge de six ans, comme son journal voudrait nous le faire croire, avait confié ses secrets à Michael Angelo Sanzio Raphael (un sapin), et dont les amis, au lieu d'être des gens, étaient Lars Porsena de Clusium (un corbeau), Thomas Chatterton Jupiter Zeus (une chère marmotte), Brave Horatius (un chien berger), Peter Paul Rubens (un porc) et autres caractères portant des noms tout aussi classiques.

«Alors qu'elle était adolescente, Opal ramassait des specimens géologiques, des insectes et des vers par milliers, par pleins seaux. Elle ramassait des chrysalides par seaux entiers et observait comment Dieu transmet la vie à ses créatures des grands espaces. Quelque part, d'une façon ou d'une autre, elle a acquis une connaissance incroyable de toutes ces choses. Sans avoir suivi les cours du secondaire, cette petite fille du mystère s'est présentée à l'Université de l'Orégon qui a fait fi des exigences d'inscription face à ses connaissances en géologie, astronomie et biologie.»

Si l'on en croit M. Bede et tous ceux qui ont connu Opal alors qu'elle était jeune, personne n'a jamais rien entendu qui aurait pu faire croire qu'elle aurait été adoptée et M. Bede déclare que c'est la publication de son journal dans *Atlantic Monthly* qui a donné une indication à sa famille et à ses amis qu'elle prétendait avoir été adoptée.

J'ai demandé à M. Bede ce que M. Whiteley (le père réel ou adoptif d'Opal) pensait de la prétendue descendance royale d'Opal et il m'a dit que le père pensait que *sa fille* s'était fait avoir par quelqu'un qui voulait profiter d'elle.

Peu après la parution de son journal, Opal Whiteley a quitté en secret les États-Unis, voyageant avec un document confidentiel - et non pas un passeport ordinaire - signé par le secrétaire d'État et Sir Edward Grey du ministère des Affaires étrangères. Comment elle a pu s'y prendre pour l'obtenir, M. Bede et ceux qui ont connu la jeune fille dans son enfance ne le savent pas; mais il semble que si elle était véritablement la fille de parents américains et non pas de sang royal Hindou, nous avons vraiment les preuves de la puissance des pouvoirs étranges de l'esprit humain dont on ne connaît encore rien.

Pour le moment, il paraît qu'Opal vivrait en Angleterre. Mais lorsque M. Bede a écrit son article il y a quelques années, il a déclaré: «Lorsque nous en avons entendu parler pour la dernière fois, elle s'était fait accepter comme princesse hindoue par l'intermédiaire d'un soi-disant mariage avec Henri d'Orléans, l'*ange* paternel de son journal. Je lui ai demandé de m'expliquer comment Opal avait pu se faire accepter comme princesse en Inde si elle n'était pas née ainsi, et il m'a dit qu'il en était incapable. Puis, je lui ai demandé s'il pensait que sa concentration, sa foi profondément ancrée d'être une princesse, pouvait avoir quelque chose à voir avec cela.

Il m'a répondu: «Franchement, je ne le sais pas. Peut-être, car nous ne savons encore rien des profondeurs de l'esprit et nous ne connaissons pas l'étendue de sa puissance.»

En lisant l'histoire relatée par M. Sedgwick de cette étrange fille, il semblerait que lui aussi soit convaincu que les véritables parents d'Opal soient les Whiteley et que ses prétentions à la famille royale n'étaient que pures fantaisies. Il s'agit peut-être de fantaisie, mais elle a été acceptée par la royauté, car Opal connaissait de toute évidence des secrets inconnus de la plupart d'entre nous. Voici, en ses propres mots, la théorie de M. Sedgwick sur la façon dont cette enfant de la nature de l'Orégon a pu réaliser ses rêves:

«J'ai une théorie et j'y tiens. Parmi une multitude de lettres, en est arrivée une écrite par un Américain de descendance française, dont le père, à ce qu'il m'a dit, était sergent pendant la guerre franco-prussienne, en 1870. Dans le régiment de ce sergent, le colonel ou peut-être le général était le prince Henri de Bourbon et vers la fin de sa vie, le prince, en voyage aux États-Unis s'est arrêté en Orégon pour parler avec son ex-soldat. Que cela soit vrai ou non, je ne le sais pas, mais mon correspondant n'en a jamais douté et parmi tous ses souvenirs d'enfance ressortait celui de l'arrivée du prince à la porte de la maison de son père. «Je me suis assis sur ses genoux», m'a-t-il dit, et je l'ai cru.

Maintenant, selon ma théorie, la visite d'un prince de sang dans un hameau de l'Orégon représentait tout un événement. La vérité et la légende se sont répandues parmi les camps de bûcherons et il est fort probable qu'un tel conte captive l'esprit d'une enfant seule et imaginative et que ses rêves tournent autour de ce fait. Dans le coeur de toutes les petites filles, il y a une Cendrillon et dans le cas d'Opal, la légende est devenue réalité et cette vérité qui s'est amplifiée au cours des années a fini par occuper tout son esprit, ses idées, sa vie.

Telle est ma théorie de l'enfance d'Opal, mais dans les années qui suivirent, l'histoire est devenue un ensemble de faits et cependant, elle ne perd rien de son mystère. Opal, qui était arrivée à connaître de nombreuses personnes éminentes à New York et à Washington qui l'ont protégée et aidée, en a eu assez. Elle est allée en Angleterre, réussissant toujours à se faire des amis au nom de «son père» et elle s'est établie dans la communauté catholique d'Oxford. Puis un jour, j'ai eu des nouvelles étonnantes la concernant. Une amie d'enfance, Mme Rosine Emmet Sherwood, mère d'un acteur dramatique depuis longtemps célèbre, m'a écrit en me demandant s'il était possible de croire l'une de ses correspondantes qui lui disait qu'elle avait vu, de ses yeux,

Opal assise comme une princesse dans un carrosse, à travers les rues d'Allahabad, conduite par des écuyers royaux qui ouvraient la voie à Sa Majesté mademoiselle Françoise de Bourbon! Cette histoire était en effet possible, car elle était véridique. Je l'ai vérifiée. Jai d'abord écrit à Opal, qui m'a envoyé une série de photos de son voyage aux Indes. Elle était perchée sur le dos d'un éléphant, prête à la chasse au tigre [Henri de Bourbon, soit dit en passant, était connu pour avoir tué trente-six tigres et j'ai ri lorsque je me suis souvenu d'Opal qui chantait des vers français en l'honneur de sa victoire], et elle était là, au centre d'un groupe portant turbans. Les photos, je l'ai souvent remarqué, peuvent être trompeuses et beaucoup d'entre elles parviennent d'Hollywood et sont truquées. Je n'étais pas satisfait et étant donné que le récit d'Opal parlait des deux grands maharajas qui l'avaient reçue, je leur ai écrit. En temps et heure, j'ai reçu deux lettres aux armoiries de ces maharajas, chacune me disant que le maître royal avait prié son secrétaire de me répondre qu'il avait eu l'honneur de recevoir Sa Majesté Mlle Françoise de Bourbon et que toute une série de fêtes avait été données en son honneur. Et le plus étonnant a été cette lettre qui est arrivée, sans que je la demande, d'un lieutenant-colonel de Sa Majesté, qui faisait partie des troupes qui occupaient Aldershot, m'informant que le colonel lui-même avait eu l'honneur d'accompagner Sa Majesté Royale à une fête officielle donnée en son honneur et il voulait savoir qui avait eu la mauvaise grâce de douter du titre de cette dame qui avait ennobli l'occasion.

Je clos ce rapport sur une note mélancolique. Dans le journal qu'Opal a envoyé avec les photos, il ne restait rien de la fascination contagieuse de ses débuts. Elle décrivait les choses telles qu'elles étaient. La rosée du matin était disparue. La dure lumière du soleil des années plombait sur un monde que l'on ne voit que trop bien. Le royaume des fées appartenait maintenant à d'autres. Ses portes s'étaient refermées et Opal était restée à l'extérieur. Mais alors qu'elle était encore l'Opal du "Journal of an Understanding Heart" (Journal d'un Coeur Compréhensif), *elle avait eu une vision et cette vision s'était concrétisée. Il n'existe pas de meilleure vérité que celle capable d'éclairer le coeur d'un enfant.»*

Certains lecteurs peuvent douter de cette étrange histoire, mais les faits sont tels que décrits et il est évident, comme le dit M. Sedgwick, que «l'enfant qui a écrit le journal d'Opal y croyait. Pour elle, c'était la vérité.»

On ne peut avoir de meilleure preuve qu'il existe vraiment une *magie de croire* que cette étrange histoire d'Opal Whiteley qui croyait être née princesse hindoue et qui, plus tard, s'est fait accepter comme telle.

Depuis les temps les plus reculés jusqu'à nos jours, il y a eu des prophètes, des oracles, des devins, des astrologues et des diseurs de bonne aventure. En tant que journaliste (et j'ai la réputation d'en être un sceptique), j'ai étudié un certain nombre de ces prétendus voyants et alors que plusieurs étaient de véritables charlatans, d'autres ont réussi à me mystifier. Beaucoup de ces diseurs de bonne aventure croient dur comme fer à leur talent de prédire l'avenir. Les matérialistes diront que cela est impossible. En ce qui me concerne, ayant consacré des années à la recherche, je ne suis pas aussi affirmatif, car certaines de ces grandes prophéties du passé se sont réalisées.

Bien qu'il y en ait qui nient la compétence des astrologues, des diseurs de bonne aventure et autres, il y a des millions de gens en ce monde, y compris les plus grands financiers de notre temps, les hommes d'Etat et aussi, si l'on en croit certains rapports, les membres de notre cabinet, les acteurs et les actrices et des personnes appartenant à toutes les couches sociales, qui croient en ces prophéties. Peu importent mes idées sur la capacité d'un individu à prédire l'avenir, je crois depuis longtemps que ce n'est pas tellement ce que prédisent les devins qui importe, mais le degré de foi qu'accordent les sujets à la prédiction, qui fait que cette dernière se réalise. En d'autres mots, une suggestion sous la forme d'une prophétie est implantée par le devin dans l'esprit ou le subconscient de l'individu, et là elle se met à l'oeuvre et se réalise. C'est la puissance de la suggestion à l'oeuvre chez un individu qui fait que la prophétie devient réalité. Et je crois que c'est ce qui s'est produit dans les cas que j'ai cités.

Je pense à cette grande comique, Marie Dressler, qui a probablement fait rire plus de monde que n'importe quelle autre actrice des temps modernes. Ceux qui l'ont vue dans *Tillie's Nightmare* (Le Cauchemar de Tillie), *Tugboat Annie* (Annie, le casse-cou) et autres pièces, n'oublieront jamais sa personnalité; ceux de mes lecteurs qui connaissent son histoire savent que Marie Dressler a vécu des moments difficiles, souffrant de privations avant de devenir cette vedette de l'écran connue de tous. Que cela soit vrai ou non, j'ai lu et entendu que c'est à la suite du conseil et des prédictions d'un astrologue que Marie Dressler est allée si loin.

Dans le même ordre d'idées, je cite l'histoire d'une expérience étrange qui m'est arrivée peu avant la mort de mademoiselle Dressler. Pour m'expliquer, je tiens à préciser que je crois fermement que lorsque certaines personnes atteignent un niveau de pensée donné ou qu'elles sont sur la même longueur d'ondes, elles se mettent automatiquement *en rapport* les unes avec les autres.

Peu après que j'ai eu écrit mon livre *T.N.T. - It Rocks the Earth* (T.N.T. La Terre est Ébranlée), j'ai eu l'impression soudaine que tous les grands hommes et femmes de tous les temps s'étaient servi de ce que je présentais et j'ai voulu le vérifier en écrivant à plusieurs hommes et femmes en vue d'obtenir leurs commentaires.

Marie Dressler, probablement parce que j'étais l'un de ses fervents admirateurs, a été l'une des premières femmes à qui j'ai écrit. Je l'ai entendue un soir à la radio et j'ai su immédiatement qu'elle savait quelque chose que les autres ignoraient et je *savais* que si j'écrivais à mademoiselle Dressler, elle me répondrait. Ma secrétaire, lorsque je lui ai dicté la lettre, a déclaré que jamais Marie Dressler ne me répondrait et qu'elle n'accuserait même pas réception de mon livre. Nous avons même parié ensemble, comme je l'ai fait plus tard avec plusieurs autres. (Il est de notoriété publique que très peu de vedettes répondent personnellement aux lettres envoyées par des inconnus et c'est sur ce fait que se basaient ceux qui ont accepté de parier avec moi.)

Alors que je sentais que Mlle Dressler me répondrait immédiatement, j'ai quand même été étonné par sa réponse et ses commentaires et surtout à la vue de ce qu'elle avait joint: un chèque pour vingt exemplaires de ma brochure. Dans sa lettre, elle écrivait:

«Je vous remercie. Quel livre! surtout quand on sait comment l'utiliser. Alors que je le lisais et que je me penchais sur mon passé, ce que je fais rarement, que je revoyais ma propre vie - il m'a semblé que j'avais vraiment pris la bonne voie.»

Naturellement, maintenant que cette femme extraordinaire nous a quittés, sa lettre fait partie de mes souvenirs les plus chers, car je n'ai jamais correspondu personnellement avec une femme qui avait mis tant de son coeur et de son âme dans son travail visant à égayer l'humanité et qui pourtant a connu tant d'ennuis et a eu tant de mal à se hisser au sommet de la gloire.

Soit dit en passant, sa lettre contient deux pensées extraordinaires.

La première, c'est qu'il est inutile de regretter le passé ou d'y penser. Il est évident que Mlle Dressler s'en est aperçue plusieurs années avant sa mort, se rendant compte qu'elle ne pouvait se consacrer entièrement à l'avenir en encombrant son esprit du passé.

La deuxième, comme l'indiquait son chèque commandant des exemplaires supplémentaires de ma brochure, c'est qu'elle a toujours essayé d'aider les gens, ce qui dans bien des cas, peut être un geste inutile; mais elle a dû se rendre compte qu'en accordant une telle aide, elle en obtenait une certaine récompense même s'il ne s'agissait que d'une satisfaction personnelle à l'idée d'avoir tendu la main à quelqu'un.

Le nom d'Helen Keller est connu de tous. Cette femme célèbre m'a vraiment émerveillé. Comme nous le savons tous, elle était aveugle, sourde et muette depuis l'âge de vingt mois et pourtant elle a servi d'exemple à des milliers de personnes qui étaient moins handicapées qu'elle, grâce à ses nombreux articles et livres. L'histoire de sa vie est fascinante, car lorsque Helen Keller, par un effort soutenu, a réussi à apprendre à parler, elle a offert au monde une idée nouvelle de ce que pouvaient faire les handicapés à condition de croire en leur capacité de le faire. Il est intéressant de noter qu'Helen Keller était swedenborgienne. Comme peuvent le savoir certains lecteurs, Swedenborg vivait au début du XVIIIe siècle et il a sûrement été l'un des plus grands mystiques du monde. C'était un homme étrange, du fait que lui aussi pouvait prédire l'avenir; il avait vu l'avènement des sous-marins, de la mitraillette, des avions et des voitures sans chevaux qui pourraient parcourir 32 kilomètres à l'heure.

Je ne sais pas si l'on pourrait dire de Swedenborg qu'il était un spiritualiste dans le sens où on l'entend aujourd'hui, mais il possédait sans aucun doute quelque chose de plus que la moyenne des gens. Il croyait très fort en la puissance de l'esprit, et il lui arrivait d'entrer dans des transes, des visions et des rêves étranges qui venaient probablement de son subconscient.

Une autre femme étonnante de notre temps, qui a fait l'objet d'une controverse et dont le nom est connu de tous à cause d'un film relatant sa vie, qui a été projeté dans le monde entier, est Soeur Elizabeth Kenny, qui a ramené d'Australie, en 1940, l'idée d'un traitement visant à guérir les victimes de la poliomyélite. Alors qu'elle était infirmière en Australie, elle a découvert ce que l'on appelle le système des sacs d'eau chaude, méthode qui consiste à appliquer des sacs d'eau chaude sur les parties atteintes du corps de la victime. En dépit du fait qu'elle a été ridiculisée par beaucoup parmi les professionnels et les non-professionnels, Soeur Kenny et sa vision, par des méthodes forcées a réussi à attirer l'attention du public américain sur elle et sur ses principes et grâce à ses efforts, elle a pu instituer l'Institut Soeur Kenny à Minneapolis.

Il suffit d'étudier la photo du visage de Soeur Kenny pour voir dans ses traits le reflet d'un esprit puissant qui, une fois à l'oeuvre et avec l'aide de la parole, renverse tous les obstacles pour arriver à ses fins. Dans son pays, elle a sans cesse été contrée et ce n'est que par sa persévérance que la profession médicale américaine a fini par lui accorder son attention. Très peu de femmes aujourd'hui ont fait l'objet d'une telle controverse.

D'après ce que l'on peut lire ou entendre sur Soeur Kenny, elle était convaincue de la validité de ses méthodes et bien que le monde entier ait essayé de l'arrêter, elle a continué avec courage. C'est là encore l'exemple d'une femme avec une idée, un but et une foi inébranlable en l'efficacité de la méthode de traitement qu'elle préconisait et qui a apporté l'espoir au coeur de nombreuses victimes de la polio dans le monde entier.

Nous en arrivons maintenant à une histoire qui nous montre comment cette puissance dynamique chez certaines femmes se retrouve au cours de leur vieillesse. Cette histoire est celle du capitaine Mary Converse, dont les exploits ont été racontés dans les journaux au début de 1947. Mme Converse, à soixante-quinze ans, ancienne combattante de guerre avec plus de 55 000 kilomètres en mer, a eu envie de retourner en mer. Née à Boston, elle avait appris à naviguer avec son défunt mari, Harry E. Converse, propriétaire d'un bateau à vapeur. Alors qu'elle débutait dans la Marine, elle a navigué sur les sept mers, a obtenu son brevet de pilote en second en 1935 et celui de capitaine en 1940. Environ 2 600 officiers de la Marine ont appris à naviguer avec elle. Elle leur donnait des cours dans la salle à manger de sa maison de Denver! Et le capitaine Mary Converse est repartie!

Alors que le *Who's Who* des femmes américaines donne la liste de 10 222 femmes choisies parmi les 33 000 noms suggérés des femmes les plus remarquables dans le domaine des affaires et autres, y compris des directrices gagnant plus de $50 000 par an, notre histoire reconnaît que Lydia E. Pinkham est la meilleure femme d'affaires. Son nom n'est peut-être pas très connu des femmes d'aujourd'hui, mais plutôt de celles de la génération précédente, mais l'affaire qu'elle a montée et le produit qu'elle a vendu, le composé de légumes Lydia Pinkham, continuent à bien se porter. À partir d'une seule idée, elle a monté une affaire immense qui lui a rapporté des millions de dollars et qui lui a donné l'occasion d'une carrière telle que le monde n'en avait encore jamais vue.

En tant qu'homme, je ne connais rien de l'efficacité du produit de Mme Pinkham, mais je me souviens qu'étant enfant, j'en ai souvent vu une bouteille dans la pharmacie de la maison. C'est Mme Pinkham et ses associés qui ont vraiment modernisé la publicité. Les idées que l'on retrouve dans certaines annonces d'aujourd'hui tirent leurs origines de celles de Mme Pinkham. Elle insistait sur une certaine philosophie de la maison, en jouant sur les émotions et elle gagnait ainsi le coeur des femmes, le tout se traduisant par des millions de dollars de ventes de son produit et par des tonnes de lettres de remerciements arrivant au laboratoire de Lynn au Massachussets.

Une fois de plus, cette femme remarquable a démontré que la foi en la réussite personnelle peut accomplir des miracles. Au début de la vie de Lydia Pinkham, de nombreuses personnes s'intéressaient à la fabrication de remèdes et elle s'est également intéressée à cette idée. Elle a commencé par préparer le produit dans sa cuisine et, pendant un certain temps, elle en donnait aux guérisseuses du quartier, uniquement pour se rendre compte un peu plus tard qu'elle pouvait en vendre. Elle a alors commencé à en faire la publicité. Comme la plupart des gens qui démarrent à partir d'une idée, elle a connu le découragement - manque d'argent, opposition de la part des autres, et difficultés de fabrication et de vente. Mais rien n'allait arrêter cette femme de la Nouvelle-Angleterre, car son énergie incroyable et son enthousiasme devaient gagner tous les membres de sa famille. Et cela fut particulièrement vrai après que son commerce fut devenu florissant.

Aucun livre sur la grande puissance de la foi ne saurait être complet sans une mention de Mme Mary Baker Eddy, elle aussi originaire de la Nouvelle-Angleterre, qui a monté cet immense organisme religieux connu sous le nom de Science chrétienne. Comme tout le monde sait, Mme Eddy a eu à faire face au découragement, à la contestation et au ridicule. Mais une fois qu'elle a eu l'idée qui lui a permis de donner au monde sa *Science and Health with Key to the Scriptures* (Science et Santé avec la clé des Saintes Écritures), elle a commencé à avoir vraiment confiance en elle, à croire de façon inébranlable à ses enseignements et sa personnalité dynamique a impressionné des millions de personnes à travers le monde. On dit qu'il n'existe que très peu d'écrits qui ont eu autant d'effet sur les sciences et la médecine que les siens. La Science chrétienne est une autre preuve pratique de la puissance de la foi.

Le monde doit beaucoup à Florence Nightingale, qui a aidé à sauver la vie de milliers de personnes et qui a placé la profession d'infirmière au niveau où elle est aujourd'hui, reconnue dans le monde entier. Voici encore un exemple de femme qui a su très tôt ce qu'elle voulait faire et qui a réalisé toutes ses ambitions. Elle est née avec une passion pour le soin des malades et des blessés; au moment où elle a entrepris sa noble tâche, les infirmières n'étaient même pas reconnues comme telles.

Elle venait de l'une des plus riches familles d'Angleterre, mais cela n'avait aucune importance pour cette femme extraordinaire. Elle a commencé par laver les corridors à l'École d'Infirmières Fliedner en Allemagne et très vite, elle a démontré qu'elle pouvait faire plus que de frotter les planchers: elle pouvait soigner les blessures et, par ses paroles encourageantes, elle pouvait redonner l'espoir. Elle aussi a dû lutter, mais la vision du destin qui devait être le sien lui a permis de balayer tous les obstacles. Elle haïssait les bigots, croyant que la seule chose qu'elle avait à faire était de soigner, peu importe la foi, la couleur ou la croyance et elle avait la réplique facile lorsqu'elle était en colère.

Pendant la guerre de Crimée, les soldats du *British War Office* se moquaient d'elle, disant que la tâche de Florence Nightingale se traduirait par un échec. À regret, ils l'ont laissée agir. Elle a organisé, à ses frais, une expédition privée d'infirmières et les a emmenées jusqu'à Scutari et bien que les officiers responsables de l'hôpital ne voulaient voir aucune femme parmi eux, elle s'est installée parmi eux. Sous la direction de cette instigatrice de la profession, les femmes ont eu vite fait de diriger l'hôpital. Durant son séjour en Crimée, sa volonté d'acier a sans cesse combattu le mur de l'opposition. L'un des deux devait céder, et cette fois, ce fut le mur qui s'écroula.

Certains des hommes d'État les plus puissants de Grande-Bretagne ont ridiculisé le travail de cette femme étonnante et ont fait tout ce qui leur était possible pour l'arrêter dans ses réformes; mais ses lettres, *pleines de dynamite*, ont réussi à éveiller ses compatriotes jusqu'à ce que tous l'adorent. On raconte qu'à l'âge de quatre-vingt-deux ans, elle est tombée malade et que son infirmière l'a alitée; elle s'est alors levée et a placé l'infirmière dans son lit, à sa place. À l'âge de quatre-vingt-dix ans, juste avant sa mort, un ami lui a demandé si elle savait où elle se trouvait et elle a répondu: «J'observe l'autel de tous les hommes assassinés et je défendrai leur cause».

Lorsque nous pensons aux martyrs, la plupart d'entre nous pensent à ceux qui sont morts crucifiés ou en prison pour avoir épousé une cause en laquelle ils croyaient. N'oublions jamais que l'histoire a connu plusieurs femmes remarquables qui ont souffert le martyr tout autant que les hommes, depuis Jeanne d'Arc qui a été brûlée vive jusqu'aux femmes modernes qui se sont battues et qui ont été emprisonnées pour les efforts qu'elles ont déployés pour faire progresser les droits des femmes.

La génération actuelle ne connaît peut-être pas le nom de Carrie Nation et même les plus vieux l'ont probablement oublié. Mais au début de notre siècle, Carrie Nation a été l'un des plus grands martyrs de l'histoire. Comme la plupart des gens imbus d'une idée, Carrie Nation était convaincue d'avoir reçu l'inspiration divine et qu'elle devait faire fermer tous les saloons et faire arrêter la vente illégale de l'alcool dans son État du Kansas. Aidée par certains de ses partisans, Mme Nation a réussi, par la prière biblique et la dénonciation à faire fermer plusieurs bars illicites. Lorsqu'elle s'est aperçue que sa méthode était lente, elle a commencé à casser les bouteilles et les caisses de bière et elle a démoli l'intérieur des bars. Elle a été constamment tournée en ridicule et a été emprisonnée plusieurs fois, mais elle était tellement convaincue de ses droits et de la justesse de sa cause qu'elle a accepté le martyr avec joie.

Tout le monde connaît sans aucun doute l'histoire de Sarah Bernhard. Elle avait le tempérament d'une tigresse et pourtant l'histoire nous la dépeint comme la plus grande actrice de tous les temps. Elle a connu de nombreux échecs dans ses débuts à la scène mais elle avait la passion de la réussite et elle a bel et bien réussi; elle est devenue célèbre dès l'âge de vingt-quatre ans. Elle fumait le cigare et buvait de l'alcool très fort, et pourtant elle avait un caractère extraordinaire. Elle allait dans les cimetières et s'asseyait sur les tombes comme si elle pleurait les disparus. Sarah Bernhard n'a jamais semblé être sensible à ce que les autres pensaient d'elle et, en fait, elle se réjouissait des commentaires. Elle était individualiste au plus haut sens du terme. Le souvenir de son jeu dramatique restera dans les annales du théâtre. Et bien qu'à la fin de sa vie, elle ait eu une jambe artificielle, elle a continué à jouer, car rien ne pouvait altérer la foi qu'elle avait eue toute sa vie, à savoir qu'elle était une actrice merveilleuse - et elle l'a été jusqu'à la fin de sa vie en 1923.

Puis, il y a eu cette personne dynamique, Madame Schumann-Heink, qui est elle aussi un exemple de ce que la foi peut faire, une fois que l'idée est suivie de l'action. Elle a été inspirée très jeune, offrant au monde sa voix merveilleuse, alors qu'elle est devenue chanteuse d'opéra à l'âge de quinze ans. Elle aussi a été célèbre dans les vieux pays, mais lorsqu'elle est venue en Amérique, c'était la réalisation d'un rêve qu'elle faisait depuis très longtemps. Son coeur a été déchiré à plusieurs reprises, mais même aux moments les plus difficiles, madame Schumann-Heink s'en est toujours sortie avec le sourire.

C'était une femme dont le fils aîné est allé se battre pendant la Première Guerre mondiale pour le Kaiser alors que ses quatre autres fils se trouvaient dans les tranchées ennemies, mais parmi tous ceux qui l'ont entendue chanter *The Star-Spangled Banner* avec son léger accent étranger, il y en a eu beaucoup qui ont enlevé leur chapeau et qui ont pleuré d'émotion. Lors d'une émission radiophonique, sa voix s'est fait connaître à des millions de gens. Tous l'aimaient et elle avait cette chose fondamentale qui se trouve au fond de chacun de nous, mais que peu d'entre nous développent, la volonté de ne jamais abandonner. C'est à l'âge de soixante-douze ans, lorsqu'elle a succédé à Marie Dressler, que le rideau est tombé pour la dernière fois devant cette merveilleuse artiste.

Quelle que soit sa race, sa couleur ou sa foi, qui a entendu la voix extraordinaire de contralto de Marian Anderson sans en être charmé et profondément ému? Et pourtant peu connaissent les humbles origines de cette grande artiste. Je rappellerai qu'à l'âge de six ans, elle désirait un violon; c'était au moment où elle apprenait qu'elle pouvait gagner cinq ou dix sous en frottant les seuils de porte à Philadelphie. S'il est une femme qui a cru en ses rêves et qui les a réalisés, c'est bien Marian Anderson; elle a atteint la gloire mondiale et pourtant, il lui a fallu lutter, surtout dans notre pays, contre plusieurs préjugés. Son triomphe est l'un des plus spectaculaires de l'histoire de la musique. C'était à Washington, D.C., le dimanche de Pâques de 1939, que cette petite fille noire d'origine modeste, debout devant le monument de Lincoln, émut un public de 75 000 personnes, comprenant les membres du cabinet, des sénateurs, des membres du Congrès et les gens les plus connus du monde des affaires et de la haute société. Lorsque nous lisons l'histoire de Marian Anderson, nous sommes convaincus qu'elle aussi a réussi grâce à sa foi et que la grande source de son inspiration lui venait de son subconscient.

Dans ce livre, on trouvera l'exemple de plusieurs hommes qui se sont servi de leur subconscient pour réussir, mais il est rare de voir de tels récits concernant les femmes. Je vais vous raconter ici l'histoire d'une jeune femme qui nous dit comment son subconscient a été directement reponsable de sa réussite. Il s'agit d'Angela Lansbury, la jeune actrice de cinéma très connue, qui a été interviewée par Mildred Mesirow du *Reach Magazine*. L'intervieweur nous dit:

Angela Lansbury, cette merveilleuse actrice de cinéma, en dehors de sa beauté et de son talent, était une femme exceptionnellement intelligente. Cette belle blonde est bien connue de tous les amateurs de cinéma grâce à sa merveilleuse interprétation du rôle de la jeune fille dans Gaslight, *à l'entrain dont elle a fait preuve dans* National Velvet *et à son interprétation émouvante de la chanteuse de café tragique dans* The Picture of Dorian Gray.

Une telle variété de rôles exige l'intelligence en plus de la beauté. Angela avait les deux.

C'est lors d'un séjour de repos qu'elle faisait à Hollywood qu'elle s'est lancée dans l'un de ses thèmes favoris - celui de la foi en sa propre destinée...

«Ah», se corrigea-t-elle immédiatement, «je pense que je me suis mal exprimée. Je ne veux rien dire de magique ou d'occulte. Peut-être que la foi en la puissance du subconscient serait une meilleure façon de l'exprimer.»

À la façon de Tennyson peut-être ou de Stevenson? lui a-t-on suggéré.

«Exactement! Non pas que je pense que mes capacités ressemblent en aucune manière à leur talent, vous comprenez. Mais je pense que j'ai appris à me servir des ressources du subconscient. Chacun sait que le subconscient dispose de toutes sortes de talents, souvenirs et aptitudes que nous n'utilisons pas toujours... Ce que j'essaie

de dire c'est que lorsque vous avez appris à vous servir des puissances du subconscient, il n'y a plus aucune limite à ce que vous pouvez faire.»

Angela avait appris elle-même la technique de l'autosuggestion. Etant donné qu'elle avait décidé de faire carrière comme actrice, elle a constamment gardé à l'esprit l'image de ce qu'elle voulait réussir. Elle avait même, a-t-elle confessé, écrit à plusieurs reprises les buts qu'elle voulait atteindre. Elle avait évidemment réussi à utiliser les réservoirs de l'esprit créateur que la plupart d'entre nous ignorent. Dans le subconscient se trouve la base même du génie, de la puissance qui, une fois reconnue comme telle, peut se traduire dans le domaine mental de l'activité par des tendances qui dépassent nos possibilités conscientes...

«Et comment faites-vous pour tirer parti de votre subconscient?» lui ai-je demandé.

«Ciel! Je ne veux pas avoir l'air démodée ou snob, mais c'est terriblement facile! Si vous vous répétez sans arrêt qu'il n'y a aucune limite au pouvoir créateur qui se trouve en vous, vous y arrivez. C'est vrai, et je suis persuadée que c'est vrai. Quelle que soit l'intelligence ou la force créatrice, ou autre, qui réside dans le monde, elle est comme...» puis elle fit un geste beau et expressif de la main... «oh, comme l'air, ou quelque chose comme ça. C'est là, à la portée de celui qui sait comment s'en servir.

«Il ne s'agit pas d'une formule toute faite de la réussite, continua-t-elle. Cela ne vous évite pas de travailler fort. Il vous faut vous acharner comme une bête, perfectionnant sans cesse ce que vous avez entrepris de faire; ajoutant sans arrêt à votre talent, qu'il s'agisse de la scène, de la peinture ou même de la confection d'une robe. Comme ça, lorsque se présente la chance de l'expression personnelle, lorsque vient le moment pour vous de faire appel aux forces du subconscient, vous avez en main un beau jeu *d'outils vous permettant de bien travailler; un médium vous permettant de peindre votre désir créateur... Vous comprenez?» ajouta-t-elle avec humour.*

«En ce qui concerne la suggestibilité du subconscient?» demandai-je.

«Cela?! Au moment de vous endormir, dites-vous que demain, vous devez surpasser tout ce que vous avez fait aujourd'hui. Que, quelle que soit la demande qui vous sera faite, toutes vos possibilités, tout ce que vous avez appris, peut-être les choses que vous avez sues un jour et que vous avez oubliées - tout cela se remettra à votre disposition...

Garder à l'esprit l'image mentale de la situation est même mieux. Si vous devez passer un test à l'écran demain, par exemple, vous devez vous voir jouant le rôle mieux que tous ceux qui l'ont fait auparavant. Jouez-le dans votre tête sans arrêt! Soyez Duse; soyez Bernhard! Dans l'image mentale, soyez ce qu'il y a de mieux. Et lorsque viendra le moment du test, vous vous rendrez compte que vous êtes capable de jouer bien mieux que vous ne vous l'imaginiez.

Le subconscient est un facteur de personnalité très important, je pense. C'est comme jouer, chanter, peindre et s'exprimer. C'est comme surpasser vos possibilités. Votre responsabilité est de lui donner les outils lui permettant de s'exprimer, de lui donner une chance et d'en faire un allié secret...»

Un autre exemple remarquable est celui de *La Case de l'Oncle Tom.* On se souviendra que ce livre a été écrit par un petit bout de femme, Harriet Beecher Stowe et son nom restera dans la mémoire de tous tant que l'histoire des États-Unis existera. En 1850, Mme Stowe jura qu'elle allait écrire quelque chose qui permettrait à la nation de se rendre compte à quel point l'esclavage était odieux. Pendant deux mois, elle a essayé en vain de penser à l'histoire qui devait plus tard secouer le monde. En février 1851, alors qu'elle assistait à la communion à la chapelle de l'Université, l'histoire de l'Oncle Tom et de sa mort lui est venue à l'esprit. Selon la légende, Mme Stowe est rentrée chez elle en pleurs et lorsqu'elle a eu fini d'écrire la scène de la mort de l'Oncle Tom et qu'elle l'a lue à sa famille, eux aussi se sont mis à pleurer.

Elle a fait beaucoup de recherches afin de rester près de la vérité, mais lorsqu'elle s'est mise à la rédaction proprement dite, elle ne s'en est pas servie. L'histoire l'obsédait et c'est comme si elle s'était écrite elle-même. De son subconscient lui arrivaient des souvenirs oubliés depuis longtemps et des impressions photographiques, qui se présentaient presque automatiquement dans un ordre chronologique sur le papier. Mme Stowe n'a jamais pensé à ces incidents ni à leur provenance; elle les voyait dans son esprit; et alors qu'à son époque, on ne connaissait que peu de choses sur le subconscient, il est évident qu'il est à la source de cette histoire qui, d'après de nombreuses personnes, a entraîné la guerre entre les États. Mme Stowe a insisté, jusqu'à la fin de ses jours, sur le fait que c'est Dieu qui l'avait inspirée pour écrire ce livre.

Il y a de nombreuses femmes célèbres, y compris les soeurs Brontë, Elizabeth Browning, Susan B. Anthony, Evangeline Booth, Jane Addams, qui ont connu la gloire. Et aujourd'hui, alors qu'il est trop tôt pour raconter toute l'histoire, il existe trois femmes qui resteront dans l'histoire pour avoir influencé le destin de millions de Chinois. Il s'agit des fameuses soeurs Soong, dont la plus connue est probablement madame Chiang Kai-Shek; les deux autres se sont respectivement mariées avec le Dr H. H. Kung et le Dr Sun Yat-sen, tous deux leaders chinois.

Alors que nous arrivons à notre époque et que nous lisons l'histoire de femmes qui font preuve d'idées extraordinaires, nous voyons les noms de personnes comme Mme Matthew Astor Wilks, l'une des femmes les plus riches du monde et fille de la défunte Hetty Green qui avait elle-même amassé une fortune de plus de 67 millions. Mme Wilks a suivi les traces de sa mère.

Puis, nous avons l'histoire de Vera Nyman, qui est encore un cas de pauvresse devenue princesse. Une idée, quinze dollars et une baignoire ont réussi à la mettre sur une affaire pour laquelle elle a déjà refusé un million de dollars. Lorsqu'elle a épousé Bernard en 1920, elle était persuadée que tous deux allaient gagner un million de dollars. Il lui a fallu vingt-sept ans pour atteindre son objectif du million, mais elle l'a eu à portée de la main lorsqu'une compagnie pharmaceutique lui a offert cette somme. Mme Nyman faisait du porte à porte pour vendre un produit de nettoyage et plus tard, en préparant un produit chimique chez elle, tous les soirs. Elle a fini par découvrir un mélange qui pouvait nettoyer 90 pour cent des surfaces peintes. Son produit est aujourd'hui connu de millions de ménagères et l'an dernier, ses ventes ont atteint 2 millions et demi de dollars. Mme Nyman qui, après avoir rencontré plus de 50 000 femmes en faisant du porte à porte, sait ce qu'est le découragement, mais elle avait confiance. Elle savait qu'un jour elle allait gagner un million de dollars.

Who's Who in America raconte l'histoire de dizaines de femmes qui, en tant que directeurs, écrivains et professionnelles reçoivent des salaires allant de $25 000 à $100 000 par an. Par exemple, voici le cas de Mme George T. Gilmer de la Nouvelle-Orléans, plus connue sous le nom de Dorothy Dix, la fameuse publiciste qui est censée recevoir plus de $75 000 par an. Puis il y a Mary A. Bair, présidente de la *Oliver H. Bair Company* de Philadelphie, avec un salaire de $50 000. Et l'on ne doit pas négliger Helena

Rubenstein, propriétaire d'une usine de cosmétologie, et dont les revenus doivent être extraordinaires.

Les histoires de réussite englobent des dizaines de femmes, comme Mary Dillon, présidente de la *Brooklyn Borough Gas Company*, qui a débuté à six dollars par semaine comme employée de bureau dans une compagnie de 5 millions qu'elle dirige maintenant; et Mme Ora H. Snyder de Chicago qui, il y a environ trente-cinq ans et avec un capital de cinq sous a commencé à monter un commerce de bonbons qui comprend maintenant de nombreux magasins et qui, à un moment donné, valait plus d'un million de dollars.

Ajoutez l'histoire d'Alice Foote MacDougall, présidente de la *Emceedee Corporation Cortile Inc.* et de nombreuses autres comme elle, qui ont monté des commerces immenses qu'elles ont dirigés avec autant de talent que les hommes.

On pourrait écrire un livre entier sur les femmes qui ont connu la gloire et la richesse dans le domaine de la radio et du cinéma comme artistes, écrivains et directeurs. Le nom de Mary Pickford est connu de tous, non seulement comme actrice, mais encore comme directrice d'une compagnie de films.

Pendant plusieurs années Bertha Brainard a été directrice des programmes au *National Broadcasting System*, avec un salaire dans les cinq chiffres; on disait qu'elle était la femme la mieux payée. Tout cela lui est arrivé pour avoir eu l'idée d'émissions de radio. C'était en 1922 et sa première tentative lui a rapporté $50!

Le monde entier connaît l'histoire d'Amelia Earhart, aviatrice américaine célèbre, qui s'est perdue avec son avion dans le sud du Pacifique. Alors qu'elle travaillait comme professeur et travailleuse sociale, elle a commencé à s'intéresser à l'aviation et est devenue l'un des meilleurs pilotes au monde. Elle a été la première femme à traverser l'Atlantique en avion. En 1931, elle a fait un vol solitaire au-dessus de l'Atlantique et quatre ans plus tard, elle a traversé seule le Pacifique, d'Honolulu à la Californie.

Un écrivain a dit que la grande majorité des Américains ne croient pas que les femmes puissent être leur égal. Mais lorsque nous regardons les dossiers, nous nous apercevons que les femmes qui ont connu la gloire l'ont fait dans tous les domaines, et que la liste est vraiment impressionnante.

Voici l'histoire d'une femme américaine qui a obtenu un double succès - celui d'une femme au foyer et d'une femme de carrière. Il s'agit de Mary Roberts Rinehart qui, pendant plus de quarante ans, a tenu en haleine les amateurs de romans policiers du monde entier. Le besoin l'a obligée à gagner de l'argent pour pallier à la fortune familiale qu'elle-même et son mari avaient perdue à la bourse. D'un côté, elle écrivait ses merveilleuses histoires qui lui ont assuré plus de 10 millions de lecteurs alors que d'un autre, elle prenait soin des enfants et s'occupait des travaux ménagers.

Il y a beaucoup de femmes qui sont restées célibataires parce qu'elles ont pris le mariage au sérieux et qu'elles ne voulaient pas épouser n'importe qui. Mais si cette science de la pensée positive est bonne pour les hommes, elle peut également l'être pour les femmes - et pourquoi pas, au point de concrétiser un mari dont elles se feraient l'image mentale. En d'autres mots, si une femme célibataire pouvait visualiser l'homme qu'elle aimerait rencontrer et en garder l'image à l'esprit, conformément aux principes de cette science, elle pourrait amener l'objet de ses désirs en face d'elle. Cela peut paraître stupide pour certaines de mes lectrices mais j'ai enseigné cette science à de nombreuses femmes qui en ont tiré le plus grand parti possible. Par conséquent, si vous êtes célibataire et si, de tout votre coeur, vous désirez rencontrer un certain type d'homme, faites-vous-en l'image, peut-être pas physiquement mais mentalement, établissant dans la projection de vos pensées les qualités que vous aimeriez qu'il ait et un jour viendra où vous le rencontrerez.

Il me semble que les femmes d'aujourd'hui ont tout ce qu'il faut à leur disposition pour obtenir ce qu'elles désirent. Les chances ne leur manquent pas. En fait, il n'y a jamais eu de temps plus propice pour les femmes dans toute l'Histoire. Il n'y a que très peu de domaines qui n'étaient avant réservés qu'aux hommes dans lesquels on ne trouve pas de femmes. Aujourd'hui, on trouve des femmes en science, dans les arts, dans le journalisme, la publicité, au gouvernement et dans diverses autres branches, toutes travaillant avec intelligence et avec pleine conscience de leurs tâches et des nouvelles chances et responsabilités qui leur sont offertes.

Il ne fait aucun doute que c'est parce qu'aujourd'hui, les femmes reçoivent la même instruction que les hommes, et qu'elles peuvent maintenant se familiariser avec des sujets qui étaient considérés comme essentiellement masculins; de plus, leur esprit conscient ou leur raison s'en trouve développé. D'une certaine façon, il est peut-être superflu que j'attire l'attention des femmes sur l'importance et l'avantage de l'utilisation du subconscient, car elles s'en servent déjà. En fait, il y en a qui sont expertes en la matière - sauf qu'elles ont toujours pensé qu'il s'agissait de l'intuition féminine. Ce que je veux dire, c'est que le subconscient est bien plus qu'uniquement l'intuition et qu'il possède des forces immenses qui peuvent être mises en action pour le plus grand bienfait non seulement des hommes, mais des femmes aussi, le tout par la mise en application de la puissance de la foi dynamique. Comme je l'ai dit plus tôt, des résultats extraordinaires sont obtenus par le conscient qui transmet la volonté d'agir au subconscient et cela fait immédiatement entrer le subconscient en action aux fins de réaliser le désir de l'individu.

Maintenant, les femmes de notre époque ont un avantage unique, je devrais dire, un avantage mental à deux facettes: à leur subconscient, dont une bonne utilisation est la caractéristique de leur sexe qui a été très bien développée et qui a été leur guide inconscient, presque intuitif, au cours des âges, elles ont l'avantage du conscient qui a été spécialement développé par une méthode scientifique d'éducation moderne. À mon avis, c'est cette combinaison qui donne la vitesse avec laquelle les femmes ont acquis une telle habileté dans tant de domaines soi-disant masculins; et c'est à cela que l'on doit le fait que les femmes commencent à quitter leur foyer et à entrer dans le monde où leur idée des gens et des affaires s'agrandit, est plus objective et plus compréhensive. De plus, cela permet aux femmes qui restent à la maison d'avoir une meilleure compréhension du travail des hommes et de faire preuve d'un intérêt plus poussé dans les études et la carrière future de leurs enfants.

Mon but est de démontrer comment chaque personne peut développer ses pouvoirs, cette graine dans laquelle gît le subconscient. Ce sont ces pouvoirs qui vous permettront d'obtenir ce que vous voulez et d'être ce que vous désirez être en plus de ce que vous avez et de ce que vous êtes déjà. Par cette nouvelle coopération du conscient et de l'inconscient, vous pouvez obtenir ces choses qui sont si nécessaires à votre vie et à votre bonheur, vous pourrez vous développer personnellement et en un mot, vous pourrez progresser.

N'oubliez jamais que le subconscient, en plus d'être le centre de l'intuition, est le récipient contenant une grande puissance intarissable. Plus vous utiliserez ces ressources, plus elles seront à votre disposition. Souvenez-vous également de ceci: le subconscient n'a pas d'âge; il ne vieillit pas, il ne se fatigue pas, et vous pouvez en tirer parti pendant toute votre vie. La seule chose qu'il vous faut avoir, c'est la foi - sincère, forte et totale; lorsque le subconscient a reçu votre message et qu'il a bien compris vos désirs et vos ambitions, il ne faudra que peu de temps avant que votre désir ne soit comblé et que votre ambition soit réalisée. Ce livre raconte l'histoire des hommes qui ont eu recours à cette science et qui ont réussi, mais j'aimerais faire comprendre à mes lectrices qu'elles disposent des mêmes esprits conscient et inconscient et que grâce à eux, elles peuvent réussir aussi bien que les hommes. C'est une question de foi et de collaboration entre les deux esprits, selon les principes énoncés dans ce livre. *La magie de croire* existe vraiment, comme le démontre la vie de plusieurs qui ont vraiment réussi. Vous aussi pouvez le démontrer - par votre propre foi.

IX/La foi concrétise les rêves

En 1944, un magazine populaire a publié l'histoire d'un groupe de savants de Chicago qui faisaient des expériences depuis plusieurs mois. Un papillon femelle d'une espèce rare était placé dans une pièce et à 6 kilomètres de là, un papillon mâle de la même espèce était relâché. En l'espace de quelques heures, le mâle se retrouvait, se cognant contre la fenêtre de la pièce où était enfermée la femelle. L'éditeur disait qu'il pensait que les idées volaient de la même façon que celles de la femelle papillon qui faisait connaître au mâle l'endroit où elle se trouvait, à travers des barrières qui nous semblent infranchissables.

Voici une expérience très simple qui vous fera vous demander si les oiseaux possèdent ou non des pouvoirs télépathiques ou de clairvoyance. Durant la morte saison, mettez des miettes de pain dans votre cour. Il n'y a pas un seul oiseau en vue. Mais vous êtes à peine entré dans la maison que les oiseaux commencent à se rassembler. Il y a d'abord les moineaux, puis les roitelets, puis les rouges-gorges et deux ou trois minutes plus tard, la cour est remplie d'oiseaux. Mettez sur le sol n'importe quoi, sauf de la nourriture, et pas un seul oiseau n'apparaîtra. Qu'est-ce qui les amène dans votre cour? Comment savent-ils que le pain est pour eux? La science ne peut répondre à ces questions.

Edwin C. Hill, dans son émission du 17 février 1947, alors qu'il parlait de papillons, a déclaré que plus on faisait de recherches, plus on était persuadé que les oiseaux et les insectes avaient un moyen de communication entre eux absolument invisible. C'est là une théorie émise par les étudiants naturalistes et en fait, de nombreux livres ont été écrits, un en particulier par William J. Long: *How Animals Talk* (Comment les Animaux Communiquent).

Il est intéressant de noter que durant la dernière guerre, les membres de l'Armée Américaine qui faisaient des expériences avec les pigeons-voyageurs et les radios à ondes courtes ont découvert que les pigeons étaient affectés par les ondes radiophoniques et que souvent, ils ne savaient plus quoi faire, volaient en cercle et se perdaient.

Si l'on tient compte du fait que les hirondelles de San Juan Capistrano, en Californie, quittent la région tous les 23 octobre pour revenir tous les 19 mars avec une ponctualité inégalée; que les saumons marqués relâchés près de la rivière Columbia ont passé quatre ans dans le Pacifique pour retourner ensuite aux endroits d'où ils étaient partis; que des chiens et des chats perdus à des kilomètres de chez eux ont réussi à retrouver la maison de leurs maîtres; que les oies et les canards sauvages réussissent à voler jusqu'à leurs lieux d'origine; que d'autres phénomènes tout aussi étranges sont trop nombreux pour qu'on puisse tous les citer; ne faisons-nous pas face au fait qu'il existe des ondes et des forces télépathiques chez les poissons, les animaux et les oiseaux, en fait dans tout ce qui nous entoure? Certains écrivains prétendent que toutes les créatures vivantes disposent de moyens de communiquer entre elles, et à la lumière des expériences faites à Yale, cela ne semble pas extravagant.

Au début de 1945, les auditeurs radiophoniques ont entendu des soldats aveugles parler de leur *seconde vue* qui leur permettait de détecter les objets qui se trouvaient sur leur chemin, grâce à un sixième sens ou à une espèce de *radar mental*. Le Dr Jacob Levine, psychologue à

Boston, qui dirigeait l'école de Old Farms, dans le district d'Avon dans le Connecticut, où l'on apprenait aux aveugles de guerre à se servir de ce sixième sens, a déclaré qu'il ne pouvait expliquer le mécanisme qui entrait en jeu, mais qu'il savait que cela fonctionnait. Cette *seconde vue* est basée sur l'hypothèse que le corps envoie des rayons bien définis d'une variété inconnue et qui, au contact d'un objet, se rassemblent de façon à former l'image de cet objet, et après quoi, ils retournent, toujours avec l'image, jusqu'à l'aveugle qui *voit* par l'intermédiaire des rayons qui irradient dans son corps.

J'ai longtemps été persuadé que les diverses sortes de télépathie ou de transmission de la pensée sont utilisées tous les jours de notre vie, bien plus qu'on ne pourrait le croire. Je pense que les grands leaders, prédicateurs, orateurs, directeurs et les excellents vendeurs, certains inconsciemment, d'autres avec pleine conscience de ce qu'ils font, exercent ce pouvoir à des degrés variés. Nous rencontrons une personne, et avant même qu'une parole soit échangée, nous l'aimons ou nous ne l'aimons pas. Qu'est-ce qui nous fait éprouver ce sentiment, sinon une espèce de transmission de pensée? J'ai déjà dit que la seule explication possible de la guérison ou de l'influence que l'on peut avoir sur les autres à distance se produit par l'intermédiaire de ce phénomène, duquel nous ne faisons que commencer à obtenir une explication scientifique.

Alors que j'écris ces lignes, j'ai l'image mentale d'un avocat connu que je suis souvent allé voir dans son cabinet alors qu'il dictait des lettres d'affaires qui m'intéressaient. Lorsqu'il dictait, il faisait toujours les cent pas et sa concentration était intense. Une fois, je lui ai demandé pourquoi il restait debout quand il dictait et comment il se faisait que ses lettres lui permettaient toujours d'arriver à ses fins. Il m'a répondu:

«Premièrement, je pense mieux lorsque je suis debout. Donc, avant même de commencer à dicter et pendant que je parle, je vois en face de moi la personne à laquelle j'écris la lettre. Si je ne la connais pas, j'essaie de me l'imaginer. Dans les deux cas, je dirige toutes les pensées et tous mes mots à cette personne comme si elle se trouvait vraiment en face de moi et je lui dis mentalement que mes idées sont correctes et qu'elle devrait y croire.»

Une femme qui réussissait très bien dans la vente des livres m'a dit que lorsqu'un client avait l'argent et désirait vraiment acheter un livre, mais qu'il hésitait entre deux, elle se mettait à se répéter en elle-même en dirigeant ses pensées vers le client, le titre qui semblait le mieux convenir à ce client. Elle a ajouté que la plupart de ses ventes se faisaient par transmission de pensée. Un directeur travaillant dans le domaine de l'automobile m'a dit que lorsqu'un client avait l'argent pour acheter, il se disait toujours: «Vous allez acheter cette voiture, vous allez acheter cette voiture» - et c'est ce que faisait le client.

Je sais que très peu de personnes aiment l'idée d'être influencés par des pensées silencieuses lorsqu'il s'agit d'acheter quelque chose, mais le fait demeure, nous sommes tous sujets à cette influence subtile, qu'il s'agisse de télépathie ou d'autre chose. Le fait demeure également que ces forces invisibles existent et quelques expériences de votre part vous en convaincront.

Je suis persuadé que les mères s'en servent pour leurs enfants et que souvent les enfants l'utilisent sur leurs parents. Il n'est pas rare que les maris et les femmes s'en servent pour influencer l'autre, sans le faire savoir. Ceci est vrai surtout lorsque le mari et la femme s'entendent très bien. Vous qui êtes marié et qui n'avez encore jamais essayé, voilà un nouveau domaine à explorer.

L'un des exemples les plus frappants de cette influence subtile m'a été donné il y a plusieurs années. Un président de compagnie que j'avais aidé n'était pas content de son directeur des ventes, mais étant donné qu'il travaillait dans cette compagnie depuis longtemps, il ne voulait pas le renvoyer. «Je ne savais plus que faire, m'a-t-il dit, lorsque j'ai eu l'idée que je pouvais lui suggérer mentalement qu'il devait démissionner et faire de la vente au lieu d'être directeur. J'y ai pensé jour et nuit mais j'ai failli tomber à la renverse lorsque le lendemain matin il est entré dans mon bureau, me disant qu'il aimerait démissionner de son poste de directeur, car il pensait qu'il pouvait gagner plus d'argent comme vendeur. Je ne sais pas si je dois me sentir coupable d'avoir eu recours à un tel procédé, mais j'ai la conscience tranquille, car cet homme, aujourd'hui, gagne deux fois plus que lorsqu'il était directeur et il est bien plus heureux maintenant.»

Dans le même ordre d'idée, voici une autre histoire, celle d'un homme et d'une femme qui sont venus me voir. L'homme :n'a raconté que jusqu'à il y avait à peine quelques mois, il avait été l'un des fabricants de vêtements les plus importants du Centre-Ouest mais qu'il avait tout vendu pour voyager. Son histoire, prise d'après mes notes, est la suivante:

«Pendant plus de trente ans, j'ai été membre de l'une des organisations secrètes les plus grandes et les plus anciennes du monde, et qui a pour thème la foi de A à Izzard, mais moi, comme des milliers d'autres, je ne me suis jamais rendu compte des vérités qui s'y trouvaient. Cependant, il y a quelques années, je suis allé à une série de conférences sur le thème du contrôle de l'esprit et pour la première fois, je me suis rendu compte des pouvoirs incroyables que l'homme avait à sa disposition. Je pouvais voir comment cela pouvait être utilisé dans mes affaires pour mon plus grand bien. Il est inutile de préciser que les affaires ont commencé à croître de façon spectaculaire dès que j'ai commencé à m'en servir. Pendant la Dépression, lorsque des compagnies comme la nôtre avaient du mal à demeurer en opération, nous n'avons jamais cessé de gagner de l'argent et lorsque j'ai vendu, je pense que je peux dire en toute modestie, que j'étais le meilleur.»

C'est à ce moment-là que sa femme s'est jointe à la conversation: «Mon mari ne se moquait pas ouvertement de moi lorsque j'abordais le sujet et lorsque je parlais de ce que j'avais appris pendant des conférences bien avant lui, mais il me faisait comprendre qu'il pensait que je perdais mon temps. Je savais qu'il y avait quelque chose et je savais que si mon mari pouvait le comprendre - cela se traduirait par des effets bénéfiques dans tous les domaines. Je lui ai demandé d'aller à ces conférences, jusqu'à en être fatiguée, puis un jour, je me suis rendu compte que je n'employais pas le bon moyen. Au lieu de lui parler, il valait mieux utiliser cette science même que je voulais qu'il apprenne. Je l'ai fait avec un brin de vengeance. Ma fille et moi nous répétions plusieurs fois par jour, mentalement: *Papa va y aller, papa va y aller*. Il nous a fallu presque trois semaines, mais il a fini par y aller.»

Puis le mari a repris: «Tu parles de ton idée fixe. Elle s'en est certainement servie sur moi. Lorsqu'elle a commencé à me parler de ce qu'elle avait appris pendant ces conférences, je ne pouvais pas croire que c'était vrai. J'ai été élevé dans un monde pratique d'affaires et je ne pouvais pas croire à quoi que ce soit d'abstrait. Cependant, un jour, quelque chose m'a poussé à me décider à y aller avec elle. Je ne savais pas à ce moment-là que ce quelque chose, c'était ma femme et sa suggestion mentale et je ne savais pas qu'elle et ma fille avaient *travaillé* sur moi. Mais c'est en fait la meilleure chose qui me soit arrivée. Après la première conférence, j'ai fait quelques expériences et mes affaires ont commencé à s'améliorer et elles n'ont cessé de le faire jusqu'au jour où j'ai vendu.

«Ne vous méprenez pas. Je ne suis pas religieux, et ce dont je vous parle là n'est pas un truc de bonne femme. Il s'agit d'une science précise. Ce que nous pensons ou ce que nous voyons se concrétise. Nos pensées rayonnent, peut-être est-ce inconscient, jusqu'aux autres et les influencent. Nous transmettons des vibrations de haine qui prennent vie en nous - et elles nous reviennent. Tout ce qu'il suffit de faire, c'est d'étudier et de comprendre la loi de cause à effet et tout est simple. On a parlé de la pensée comme d'une influence puissante et invisible, et c'est vrai. Il y a très peu de gens avec lesquels vous pouvez aborder ce sujet. La plupart de ceux qui l'ignorent vous regardent d'une drôle de façon lorsque vous en parlez et je comprends pourquoi, maintenant, notre Maître a parlé avec l'aide de paraboles. Cependant, j'ai déduit la conclusion qu'il ne faudra plus tellement de temps avant que les gens ne se passionnent pour cette science car il y a des milliers de personnes qui ont déclaré que nous étions au seuil d'une ère où s'exercerait la puissance de la pensée; et le nombre de ces personnes s'accroît de jour en jour. Je me demande pourquoi il n'y a pas plus d'hommes dans le domaine des affaires qui ont recours à cette science pour améliorer leur travail - mais je pense que la plupart d'entre eux doivent être comme j'étais - ils ne veulent rien savoir et ils n'ont pas de femme pour les influencer, comme l'a fait la mienne. Tout ce qu'il faut faire, c'est *croire*, totalement et sincèrement qu'une telle puissance de l'esprit existe et ensuite, il faut mettre cette science en application. C'est comme vous le dites: lorsqu'on commence à avoir recours au subconscient, au nôtre ou à celui des autres, tout se met en place comme par magie. Est-ce que cela donne des résultats? Et comment!»

Alfred F. Parker, agent d'assurance très connu à la *Pacific Northwest* m'a donné la permission de citer une lettre qu'il m'a envoyée en 1937, en rapport avec l'utilisation de cette science. Je ne sais pas si M. Parker s'intéresse à la télépathie, mais je sais qu'il croit en la puissance de la foi. Sa lettre parle d'elle-même:

Récemment, j'ai eu la chance de mettre à l'épreuve votre idée et j'ai pensé que vous seriez peut-être intéressé à en connaître les circonstances. J'ai un jeune fils qui m'est évidemment aussi précieux que la prunelle de mes yeux. Le 29 décembre 1936, il a attrappé une maladie étrange et pendant des jours, il est resté à l'hôpital, dans un état critique. Nous ne savions pas s'il allait survivre. J'étais dans un état terrible, mais j'avais décidé de faire face à la situation du mieux que je pouvais. Me souvenant de ce que vous aviez dit, j'ai placé sa photo sur mon bureau et j'en ai mis une autre dans ma poche. Toutes les heures de la journée, je la regardais en me répétant: «Il va guérir. Il va guérir». Au début, j'avais l'impression de me mentir, vu qu'il n'avait pratiquement aucune chance. Mais j'ai continué et je me suis aperçu que je commençais à croire à ce que je répétais. Presque à ce moment-là, grâce aux soins médicaux dont il a été l'objet et au sang qu'un ami est venu donner pour lui, mon fils a commencé à aller mieux. Il est maintenant à la maison et il reprend très vite ses forces. Il s'agit peut-être d'une coïncidence, qu'au moment où des mots vides ont commencé à se transformer en une foi profonde mon fils a commencé à guérir, mais une telle coïncidence, dans ce cas, vaut la peine d'être notée.

Certaines personnes ont déjà eu à passer dans une pièce noire en sentant qu'il y avait quelqu'un, avant même qu'un mot soit prononcé. Il ne peut s'agir de rien d'autre que des vibrations d'un individu invisible qui a indiqué à l'autre qu'il était là. Preuve de la télépathie? Qu'en pensez-vous? On dit que si la première personne qui se trouve dans la pièce pense, au moment où la seconde entre, à quelque chose qui lui est totalement étranger et fasse sortir de son esprit toute pensée de sa découverte possible, la seconde personne ne percevra pas sa présence. Il y a des milliers de personnes qui ont pensé à quelqu'un et qui en ont entendu parler peu de temps après sans comprendre ce qui s'était passé. On pense généralement qu'il s'agit là de coïncidences; mais lorsqu'on observe la puissance de la pensée en profondeur, n'avons-nous pas l'explication qui s'impose? Je ne peux m'empêcher de penser que celui qui a l'esprit ouvert et qui veut en faire l'expérience ne pourra faire autrement qu'arriver, tôt ou tard, à la conclusion que le phénomène de psychokinésie et la télépathie sont des réalités et, comme l'ont souligné ceux qui ont fait des recherches dans ce domaine, que ces pouvoirs existent en chacun de nous, mais plus ou moins développés.

Hudson, dans son *Law of Psychic Phenomena* (La Loi du Phénomène Psychique), paru pour la première fois en 1893, raconte les diverses expériences prouvant l'existence de la télépathie, et parmi lesquelles se trouvent les jeux de cartes. Un membre d'un groupe portait un bandeau sur les yeux, puis un autre membre du groupe choisissait une carte sur laquelle on demandait à tous ceux qui étaient présents de se concentrer. On demandait à la personne qui avait le bandeau de dire de quelle carte il s'agissait, d'après la première impression mentale reçue. Les résultats prouvaient une fois de plus l'existence de la télépathie.

Voici une expérience très simple qui peut être faite par trois personnes. Coupez cinq bandes de papier de couleur d'un magazine par exemple, chacune d'environ un demi-centimètre de largeur et de 7 centimètres de longueur. Plus les couleurs seront vives, comme un rouge vif ou un bleu électrique, mieux cela sera et plus vous serez sûr de mieux les distinguer les unes des autres. Une personne devrait ensuite les placer en éventail, entre le pouce et l'index de la main droite, de la même façon qu'on tient un jeu de cartes. L'une des deux personnes restantes touche alors l'une des bandes de couleurs, sans que la troisième personne puisse la voir. Immédiatement après, la personne qui tient les bandes se concentre sur la couleur choisie, en essayant de communiquer l'information à l'esprit de la troisième personne à qui l'on demande d'indiquer la couleur choisie. Il est important que la troisième personne donne une réponse immédiate et spontanée et qu'elle fasse le vide dans son esprit ou qu'elle pense à quelque chose d'entièrement étranger à l'expérience. Elle ne doit pas essayer de deviner ou de penser de façon consciente à la couleur de la bande choisie, mais elle doit agir dès réception de la première impulsion mentale. Le nombre de fois que la troisième personne réussira à nommer la couleur choisie vous étonnera. Avec un peu d'expérience, les personnes - qui sont plus ou moins en rapport, comme un mari et sa femme, le mari tenant les bandes et la femme étant la troisième personne - arriveront même à un meilleur pourcentage de résultats. J'ai déjà vu des personnes le faire vingt ou trente fois sans faire une seule erreur. Là encore, la foi doit entrer en action. Celui qui tient les bandes doit pouvoir se concentrer, mais il doit être persuadé qu'il peut transmettre l'image de la couleur à l'esprit de la troisième personne.

Laissez-moi vous donner un mot d'avertissement. Cette expérience, comme toutes les autres présentées dans ce livre, ne devrait jamais être faite en présence de railleurs ou de ceux qui ne croient pas aux phénomènes psychiques, car par leurs pensées négatives, ils peuvent gêner la transmission, surtout si leur scepticisme est du genre agressif. N'oubliez jamais que la foi est une puissance qui peut fonctionner de façon positive ou de façon négative, selon l'emploi que l'on en fait. Souvenez-vous de la découverte du Dr Rhine à savoir que les incrédules peuvent influencer les résultats des tests. De plus, notez bien ce qui suit: le Dr G.R. Schmeidler de la clinique psychologique de Harvard, où de nombreuses expériences sur la télépathie ont été faites, a souligné que les sujets pour qui la télépathie était un mythe ou soutenant qu'une telle hypothèse était fausse, avaient immanquablement des résultats plus faibles que les autres. Là encore, nous avons une preuve de la *magie de croire*. Croyez que cela fonctionnera et cela fonctionnera. Au contraire, pensez à l'échec et les résultats seront mauvais.

Le grand astronome et savant français, Camille Flammarion, qui a exposé au début la transmission de la pensée, s'en tenait en quelque sorte à la théorie des professeurs Eddington et Jeans. Il prétendait qu'il y avait un esprit non seulement chez les hommes et les animaux, mais également dans tout ce qui existait - les plantes, la matière et même l'espace - et il a déclaré que l'on retrouvait l'esprit dans le moindre petit atome.

Au début de 1947, le Dr Phillips Thomas, dont on a déjà parlé a annoncé publiquement qu'au moment de prendre sa retraite, il avait l'intention de se consacrer à la recherche dans le domaine de la télépathie. Le Dr Thomas a déclaré: «Vous pouvez penser que je suis fou, mais j'ai l'intention de passer mon temps à la recherche dans ce domaine au moment où je prendrai ma retraite dans deux ans. Nous n'avons pas encore d'explication scientifique de la télépathie, mais nous ne pouvons pas plus expliquer la réussite de ceux qui lisent dans les pensées».

Cette annonce a entraîné le commentaire suivant dans l'*Oregonian* de Portland:

L'autre jour, dans ce journal, est parue l'entrevue d'un professionnel connu qui a parlé de prendre sa retraite; il a déclaré qu'il consacrerait son temps à la recherche dans le domaine étrange de la télépathie et phénomènes associés, que l'on classe habituellement dans la catégorie des perceptions extrasensorielles. Avant de vous écrier «Tiens, encore un fou!», considérez le fait que le Dr Phillips Thomas est un savant éminent qui a passé de nombreuses années comme ingénieur de recherche à la Westinghouse Company. Il a maintenant décidé de devenir explorateur d'un dernier continent inexploré, l'esprit humain, dans lequel résident plus d'aventures, de merveilles et de mystères que dans un continent comme l'Afrique.

Il doit être évident pour les sceptiques que le Dr Thomas, autorité internationale en matières d'électronique, est convaincu - par des preuves que l'on ne peut négliger - que nous avons négligé, en nous consacrant aux sciences conventionnelles, les phénomènes qui portaient dans le temps, les stigmates de la sorcellerie...

L'attitude rationnelle face aux phénomènes de l'esprit - si c'est bien de cela qu'il s'agit - sera celle d'une recherche scientifique, exacte, qui ne pourra résister à l'obtention de preuves. Pour le moment, il ne peut y avoir de choses comme des phénomènes surnaturels, mais seulement la manifestation d'une loi naturelle qui nous est encore inconnue. Il ne s'agit pas là d'un précédent, car il y a déjà eu des hommes de science qui se sont penchés sur le continent inconnu de l'esprit... L'incrédulité dogmatique que l'on retrouve souvent chez les scientifiques face à la télépathie et autres manifestations est loin d'être une attitude scientifique.

Quel est l'avantage pour l'humanité d'une recherche comme celle du Dr Thomas? C'est là une question à laquelle il est difficile de répondre, car ces secrets sont peut-être inviolables. Mais si de cette recherche, on réussit à avoir une meilleure compréhension de nous-mêmes et des forces qui résident dans notre esprit, il se peut qu'il en résulte un plus grand bonheur pour tous.

Au cours des deux dernières années, on a beaucoup parlé du Dr Robert Young, président énergique et dynamique de la *Chesapeake & Ohio Railway*, et de ses plans d'amélioration et de développement des voies ferrées. Alors que je n'ai jamais rien lu disant que M. Young a recours à son subconscient, je pense que celui qui a une certaine connaissance du sujet concluera, après avoir lu ces articles, que M. Young s'en sert pour faire adopter ses idées. Dans un article paru dans *Life* au début de 1947, on disait que M. Young croyait en la *perception extrasensorielle* et que lui-même était un grand mystique.

Qu'il s'agisse de l'esprit, tel que nous l'entendons habituellement, ou de vibrations électriques, c'est du phénomène lui-même que nous traitons, peu importe le nom qu'il porte. La conclusion est que ce phénomène existe.

Lorsque nous considérons le subconscient comme un individu qui n'est qu'une partie infime d'un tout et que des vibrations s'en dégagent et se répandent partout, nous avons une meilleure compréhension du fonctionnement de la psychokinésie et des phénomènes du même genre.

En expliquant la psychokinésie, le Dr Rhine souligne qu'il doit y avoir une attitude mentale d'attente, de concentration de pensée et d'enthousiasme pour que la personne puisse obtenir les résultats voulus. Là encore, nous avons un exemple de la *magie de croire* à l'oeuvre. Le sujet doit avoir la foi pour pouvoir influencer les dés.

Cette foi est le facteur de base dans la possibilité de démontrer la psychokinésie (contrôle de l'esprit sur la matière) et la télépathie et cela a été confirmé lors des expériences faites à l'Université de Duke, tel que le rapporte le *New York Herald Tribune*, dans un article du rédacteur scientifique, John J. O'Neill. M. O'Neill déclare que ces expériences ont prouvé qu'il était possible de tromper une personne et de lui prouver l'existence de la psychokinésie et de la télépathie.

Il raconte comment une jeune femme, en distrayant un jeune homme essayant de contrôler la chute des dés, et en se moquant de sa soi-disant capacité de démontrer la puissance de son esprit sur la matière, a réussi à injecter un tel facteur négatif qu'elle a réussi à amoindrir sa confiance en lui et a lui faire obtenir de mauvais résultats pour le reste de la journée. M. O'Neil a émis une hypothèse intéressante, à savoir: «L'inverse de cette expérience, qui reste à faire, serait un test au cours duquel on essaierait d'améliorer les résultats en inspirant confiance par des paroles positives, serait intéressante à constater».

Au moment où j'écris ces lignes, le résultat d'une telle expérience n'est pas connu, mais à la lumière des milliers d'expériences faites à Duke et dans d'autres universités, il est évident que les résultats sont meilleurs lorsque les sujets croient et ont confiance aux résultats. Rien n'est plus logique que les paroles positives qui devraient aider ceux qui manquent de confiance ou qui n'ont pas la foi, qui devraient les aider à améliorer les résultats.

Si les coups au golf peuvent être influencés par des attitudes mentales ou par une visualisation adéquate et si les joueurs obtiennent les résultats désirés en se concentrant, qui pourrait prétendre que les événements ne peuvent pas être influencés par les pensées et que devant nous se trouve un domaine qui révèle peu à peu à l'homme moderne certains des secrets de l'antiquité? Les expériences faites à l'Université de Duke prouvent que le facteur chance est en fait une influence résultant de vibrations puissantes de la pensée et qu'il ne doit rien à la coïncidence ou au hasard. Les écrivains, bien avant les expériences faites à Duke, ont déclaré que le facteur chance venait d'un esprit déterminé - une combinaison de visualisation, de concentration de la pensée, de volonté et de foi. Pensez à cela en rapport avec vous-même et les buts que vous vous êtes fixés, car c'est là le premier secret de cette science.

Tous ceux qui ont déjà fréquenté des joueurs savent ce que l'on dit de ceux qui semblent connaître toute une série chanceuse. Lorsque la période de chance les quitte, les joueurs se retirent du jeu ou perdent. Pourquoi cette période de chance? Ce n'est rien qu'un sentiment de savoir, une foi bien ancrée qu'ils vont gagner. Même dans le jeu, la *magie de croire* joue un rôle primordial.

Bien sûr, ce livre n'a pas été écrit pour les joueurs professionnels, mais pour les hommes et les femmes sincères qui veulent réussir dans la vie. Cette référence au jeu n'est là que pour donner une preuve de plus de ce que l'on peut faire par la concentration de la pensée, l'attente et la foi, qui toutes ensembles mettent en mouvement des vibrations qui concrétisent ce que l'on désire.

Comme je l'ai déjà dit, les breloques, les amulettes, les fétiches, les talismans, etc. n'ont aucun pouvoir en eux-mêmes, mais ceux qui croient en eux finissent par développer une espèce de force connue sous le nom de psychocinétique. J'ai essayé d'expliquer comment cette puissance de la foi peut vous emmener aussi haut que vous le désirez. Il est cependant nécessaire de souligner qu'il est facile de perdre la foi. Des milliers de gens ont atteint les cimes de la réussite pour trébucher et retomber vers les abîmes profonds. D'autres, désirant la santé ont semblé être miraculeusement guéris pour ne s'apercevoir que quelque temps plus tard que la maladie reprenait le dessus. Il existe de nombreux facteurs et influences - tous de nature suggestive - qui, alors que nous nous méfions le moins, pénètrent dans notre subconscient et qui, une fois installés, commencent leur travail destructeur et défont tout le bien accompli par les forces constructives. Alors allez de l'avant, marchez face au soleil, que les ombres ne croisent jamais votre chemin.

Je sais qu'il est difficile pour la personne moyenne qui ne connaît rien du sujet d'accepter l'idée; mais même la personne la plus matérialiste doit réaliser qu'en ce qui la concerne, rien n'existe en dehors d'elle à moins qu'elle en ait connaissance et qu'elle en ait conscience. C'est l'image créée dans l'esprit qui donne la réalité au monde qui nous entoure.

Le bonheur que nous cherchons tous et que très peu d'entre nous trouvent, est donc uniquement en nous; notre environnement et les événements quotidiens de notre vie n'ont aucun effet sur notre bonheur, sauf dans la mesure où nous permettons aux images mentales extérieures de pénétrer notre conscience. Le bonheur ne dépend ni de notre position, ni de notre richesse, ni de nos possessions matérielles. C'est un état d'esprit que nous avons le pouvoir de contrôler - et ce contrôle se trouve dans notre pensée.

«Considérez le fait que tout est une question d'opinion et que l'opinion est en votre pouvoir» a dit le grand philosophe romain Marc-Aurèle. «Retire donc ce qui doit l'être selon toi, et comme un marin du haut du promontoire, tu trouveras le calme, la stabilité et la baie sans vague».

On trouve une interprétation moderne de cela dans les paroles de l'homme de soixante-dix-huit ans dont j'ai déjà parlé, et qui a dit: «Le malheur ne vient qu'à la suite des attitudes mentales. Les déceptions, la tristesse, la dépression, etc. - sont toutes de nature émotive et viennent de la façon de penser. Si les tendances émotives sont combattues par la volonté de façon à résister à de telles influences, la base des pensées disparaîtra, de même que l'angoisse. On notera que cette faiblesse à résister aux pensées négatives venant d'un réflexe émotif se traduit par un échec à savoir se maîtriser et à prendre en main les situations auxquelles il nous faut faire face. Cessez de penser! Refusez de penser de cette façon. Dites-vous que vous êtes le créateur ou le directeur de votre propre façon de penser - en fait, devenez imbattable. Personne n'est encore venu à bout d'une volonté inébranlable. Même la mort recule devant une telle volonté».

Emerson a dit: «Quelle est la tâche la plus difficile au monde?» C'est de toute évidence celle-ci, si l'on considère le fait que la plupart d'entre nous sommes victimes de la pensée de masse et que nous vivons d'après les suggestions des autres. Nous savons tous que la loi de cause à effet est inviolable, pourtant combien d'entre nous s'y arrêtent pour en voir les conséquences? La vie entière d'un homme peut être changée par une seule pensée qui, lui venant sous forme d'éclair, peut devenir une puissance qui modifiera le cours des événements. L'histoire est pleine de récits d'individus volontaires, forts qui, s'en tenant à leurs convictions les plus profondes, ont été capables d'influencer leurs semblables, face à une opposition déterminée et qui à partir de rien, ont créé des entreprises énormes, des empires et des mondes nouveaux. Ils n'avaient pas le monopole de la puissance de la pensée. Vous, comme tout homme, toute femme, l'avez autant qu'eux. Tout ce qu'il vous reste à faire, c'est de l'utiliser. Vous deviendrez alors la personne que vous souhaitez être; car à cause de la loi de cause à effet, vous amènerez dans votre vie les nouveaux éléments que vos pensées dominantes créeront pour concrétiser vos désirs.

La pensée positive entraîne à l'action et à la matérialisation, mais la véritable force, plus forte que l'action elle-même, est la pensée. N'oubliez jamais: «*Ce que l'homme peut concevoir mentalement, il peut le matérialiser*». La santé, la richesse et le bonheur doivent suivre si vous créez les images mentales requises et si vous les gardez à l'esprit, car la loi de cause à effet est immuable.

«Connais-toi toi-même». Connais ta puissance. *Lisez* et *relisez* ce livre jusqu'à ce qu'il devienne partie de vous et de votre vie de tous les jours. Utilisez les cartes de motivation avec confiance, de même que la technique du miroir et vous obtiendrez des résultats insoupçonnés. Croyez qu'il existe une magie créatrice dans le fait de croire - et la magie sera là, car la foi vous donnera la puissance qui vous permettra de réussir dans tout ce que vous entreprendrez. Appuyez votre foi d'une volonté inébranlable et vous serez invincible - un maître parmi les hommes - *vous-même.*

Lithographié au Canada